강원구 박사의

중국문화 탐방

강원구 박사의

중국문화 탐방

전남대학교출판부

서안 병마용

양귀비의 화청지(서안)

삼국성에서 전투하는 실제장면(무석)

청도시 해안가

광저우시의 랜드마크 오양 석상

코끼리 걷는 바위(곤명)

황산의 기암괴석

계림 풍경

무릉도원의 장가계(장가계)

양자강 삼협시작의 석보채

죽림칠현이 살았던 운대산(정주시)

중국인이 가장 많이 찾는 여산 폭포

삼국지의 무대 형주 고성(형주)

중국 제일의 누각 황학루(무한)

신농계의 배끄는 사람들(양자강)

삼협댐의 5단계 갑문(양자강)

| 책을 펴면서 |

이번이 중국에 관한 글을 두 번째 쓰게 된다. 말로는 잘 할 수 있지만, 글을 쓴다는 것은 어려운 일이다. 생각하고 있는 것을 말할 수 없고, 말할 수 있는 것 일부만 글로 쓴다면 훌륭한 글이 될 것이다.

중국에 200여 차례 다녀 보았지만, 주마간산(走馬看山)격으로 보기 때문에 아는 것보다 모르는 것이 더 많을 수밖에 없다. 글이란 용기 있는 사람만이 쓰는 것 같다. 한 번 갔다 온 사람이 쓴 것을 보면 대단하게 생각한다.

중국에 다니면서 느끼는 것은 구미(歐美)나 일본(日本)과 다르게 너무나 빨리 변하고 있기 때문에 독자들에게 틀리게 전달되는 것이다.

여행은 긍정적인 사람을 만들고, 마음속에 생기를 불어넣어 준다. 중국에 여행하기 위해서는 단순한 구경을 하는 것보다 많은 책을 읽고 가야 더 많은 지식을 가져 올 수 있다.

중국을 알기 위해서는 여행자가 역사적으로나 지리적으로 보다 많은 정보를 가지고 여행하기를 바라는 마음으로 이 책을 쓰게 되었다. 아무쪼록 여행객에게 중국문화를 안내하는 길잡이로 유용하기를 바란다.

2006. 10.

강 원 구

차례

여행은 위대한 학문이다

'여행은 위대한 학문이다'라고 까뮈가 말한 적이 있다. 학생들에게 강의할 때 '해외여행을 일주일간 다니면 대학생활 한 학기와 같다'는 말을 한다. 여행을 자주 다닌 사람은 보고 듣는 것이 많기 때문에 다른 사람들보다 무언가 다르다.

영국 속담에 '여행은 현명한 사람을 더욱 현명하게 만든다'는 말을 한다. 여행을 통해 문화와 역사 유적지를 빛나게 하고, 많은 사람들과 교류할 수 있다. 사람 사귐에 있어 주변 사람도 좋지만 외국인을 많이 알고 지내는 것도 유익한 일이다.

'귀여운 자식에게 여행을 시켜라'는 일본 속담이다. 아시아에서 일본만큼 여행을 많이 즐기는 나라는 없을 것이다. 우리가 일본과 어깨를 나란히 하기 위해서는 젊은이들이 외국 여행을 많이 다녀야 할 것이다.

나는 '여행은 평화를 상징한다'라고 말한다. 여행은 전쟁이 일어나거나, 나라가 혼란하면 여행객이 끊어진다. 그래서 평화를 상징한다고 말할 수 있다.

나이 많은 사람은 구경에 불과 하지만, 젊은이들에게는 미래를 위한 투자라고 보아야 한다. 여행만큼 즐거운 일은 없을 것이다. 여행의 참 맛을 모르는 사람들이 많은데 참으로 안타까운 일이 아닐 수 없다.

여행과 관광은 같은 말이다. 그러나 여행에 대한 인식은 고급스럽게 여겨지는데, 관광이란 버스에서 술 마시고, 춤추고, 노래하며 흥청망청 뛰어 노는 모습을 떠올리는 사람이 많다.

관광이란 주역에서 나온 말이다

관광이란 말이 여행이란 말보다 먼저 나온 것 같다. 관광의 어원을 살펴보면 중국 주(周)나라시대 주역(周易)에 '관국지광 이용빈우왕(觀國之光 利用賓于王)'에서 유래를 두고 있다.

이 뜻은 '다른 나라를 돌아다니면서 그 지방의 풍속. 제도 등 아름다운 문물(光)을 보고(觀), 얻은 지식을 임금에 인도하고 세상에 혜택을 준다'는 뜻이다.

중국에서 여행이나 관광이란 글자 보다 여유(旅游)를 많이 쓴다. 여(旅)라는 글자를 보면, 모 방(方)변이다. 방(方)이란 글자는 깃발을 나타낸다.

여(旅)란 옛날 임금이나 제후들 한 두 명이 수레를 타고 다니면서 세상을 둘러보는 것을 말한다. 유(游)는 깃발을 들고 단체로 여행하는 것인데, 수양제가 경항대운하에서 제일 먼저 여행한 사람이다. 지금도 단체 여행은 깃발을 들고 다니는 것을 볼 수 있다.

우리는 생활의 질적 향상으로 여가시간을 활용하기에 이르렀다. 또한 교통과 통신의 발달로 누구나 여행을 쉽게 할 수 있게 되었다.

여행을 보다 즐겁게 하기 위해서는 여행지의 정치 · 경제 · 사회 · 문화 · 역사를 알아야 한다. 음악과 미술에 대한 지식도 쌓아두어야 하며, 항공, 공항, 호텔이나 여행사에 대한 지식도 있어야 한다.

여행이란 이동하는 학교이며, 아는 것만큼 즐겁고 유익하다.

여행은 종합학문이라고 부르기도 한다. 우리나라가 세계에 많이 알려진 데에는 올림픽이나 월드컵이 큰 역할을 했다.

그러나 그것보다도 많은 홍보는 여행자가 우리나라를 홍보하고 있다는 것을 알아야 한다. 외국에 나가면 다 애국자가 된다는 말이 있다.

중국인 '한국인들이 좋아요'

한국인들의 중국인에 대한 호감도나 중국인들이 한국인에 대한 호감도가 상호 높은 것으로 나타났다. 세계 각국 중 한국의 남성과 여성은 중국인들의 이성 호감도에서 높게 나타났다.

중국에서 한국과 한국인에 대한 이미지가 좋아지고 있는 것과 대조적으로 일본에 대한 호감도는 떨어졌다고 한다. 일본 남성에 대한 호감도가 크게 떨어진 것은 역사 왜곡 등의 문제로 중국에서 일본에 대한 부정적 이미지가 높아지고 있기 때문으로 보인다.

1980년대에 수교가 없었을 때 들어가 보았어도, 일본에 대해서는 싫어한 빛이 역력히 보였고, 한국에 대한 이미지는 좋게 갖고 있었다.

그 동안 양국간에 발전하는 모습이라던가, 60여개의 항공노선, 12여개의 카페리노선이 생겼다는 것은 그 만큼 교류가 있다는 것을 증명하고 있다.

우리는 중국을 어떻게 부르는가?

한국인들 대부분은 중국을 '중국'이라 부르지 않고 '쭝국'이라 부른다. 역시 중국사람을 '쭝국사람', 중국말을 '쭝국말'이라 부른다.

'중국'을 중국어로 '쭝궈'라고 발음한다. 아마도 그 발음에서 유래된 것이 아닌가 싶다. '중국'이라는 말이 출현한 시기는 늦어도 춘추시대에까지 거슬러 올라간다.

당시 큰 나라라 해도 지금의 성(省)에 미치지 못했으며, 작은 나라는 오늘날의 현(縣)에 불과했다. 지리상 중심지역에 있는 나라를 중국이라 불렀는데 즉 '세계의 중심이 되는 나라'라는 의미이다.

영어로 중국을 China라 한다. 중국이 세계에 알려진 것은 진(秦)나라 시대이다. 진의 중국음 표기 Chin(친)에서 유래되었다. 요즈음 중국에서는 Qin(친)으로 대만에서는 Ch'in(친)으로 표기하고 있다.

중국은 통합과 분열이 반복하는 나라

중국은 역사적으로 분열과 통합이 반복되는 나라다. 망하는데 50년, 다시 시작하는데 50년, 그리고 100여 년간 태평성대를 누리다 다시 기울기를 거듭해온 부침의 역사다.

통일과 분열이 반복되는 긴 역사 속에서 중국인들은 '합친 지

오래면 갈라지고 갈라진 지 오래면 합친다(合久則分 分久則合)'는 믿음을 얻었다.

중국의 통일과 분열에 관해 역사학계에는 다음과 같은 시각이 있어 왔다. 중국역사상 통일의 기간은 길었고, 분열의 기간은 짧았다. 통일의 단계가 길수록 분열의 단계는 더욱 짧다. 통일은 주류이고 분열은 지류이다.

통일은 역사발전 법칙에 부합되며 진보적이나, 분열은 역사발전 법칙에 위배되고 반동적이다. 중국은 이제 태평성대를 향한 발걸음을 내딛는 시기가 아닌가 생각된다. 지금 중국은 최고 발전과 희망이 넘치는 시기라고 보아야 할 것이다.

중국 왕조 흥망의 열쇠

홍콩대 연구팀 전란 1,672건을 분석 '혹한기 때 전쟁·농민 반란 급증' 한 것을 발표하였다. 중국 역사상 왕조의 흥망과 전쟁은 이상(異常)기온 같은 기후 변화와 밀접한 연관이 있다는 주장이 나왔다.

홍콩대 지리학과 연구팀은 852년 당나라 후기부터 1911년 청말(清末)까지 전란을 분석한 결과, '기온이 냉각기였을 때 전란이 발생한 수치가 평소보다 2배 가까이 높았으며, 이는 인구 감소와 기아·반란 등을 촉발했다'고 밝혔다.

특히 기온이 냉각됐을 때는 흉작으로 식량 수확량이 평균 10~25% 정도 감소한 반면, 온난한 시기에는 식량이 풍부해지고 인구도 증가했다.

기온이 내려갈 시기에 식량과 경작지 등을 차지하기 위한 왕조 간, 지역 간, 종족 간 전쟁이 급증했다. 중국 한족(漢族) 국가는 날씨에 의지하는 농업국가였던 만큼 기후 변화의 영향이 더 컸다는 분석이다.

중국 역사상 왕조에 저항하는 반란이 주로 농민들에 의해 조직됐다는 사실은, 기후 변화가 왕조 전복의 시발점이 됐음을 보여준다.

중국의 땅은 어디까지?

중국의 지도는 '수탉'과 같이 생겼다고 한다. 전에 만들어진 몽고까지 합쳐진 지도는 '뽕잎' 같다고 했다. 중국의 영토는 위도 상에서, 북으로는 흑룡강(黑龍江) 중심선인 북위 53°선에서, 남으로 북위 4°부근 남사군도의 증모암사에 위치하고 있다.

남북 간의 위도 차는 약 50°나 되며, 그 직선거리는 약 5,500 km에 이른다. 대부분의 영토는 사계절이 뚜렷한 온대와 아열대 기후대에 속하고, 일부지역이 열대와 적도대에 놓여 있다. 중국은 이렇게 다양한 기후대로 구성되어 있기 때문에 다각경제를 발전시키는 데 유리하다.

경도 상에서 보면, 동으로는 흑룡강과 우수리강이 만나는 지점인 동경 135°선에서, 서로는 신강 위구르자치구의 파미르고원 부근의 동경 73°선에 이르고 있다.

동서 차는 62°이고, 거리는 약 5,200km에 이르며, 시차는 4시간 이상이나 된다. 따라서 동부의 우수리강에서 해가 떠오를 때, 서부의 파미르고원은 아직도 별들이 총총한 새벽인 것이다.

중국의 내륙 국경선은 약 22,800km로서, 북한·러시아·몽고·카자흐스탄·아프가니스탄·파키스탄·인도·네팔·부탄·미얀마·라오스·베트남 등과 접경을 이루고 있다.

여름에 중국 전역이 덥지만, 겨울에 해남성은 여름, 복건성은 봄, 흑룡강성은 영하 30°의 각기 다른 기후를 나타낸다.

중국의 행정구역

중국은 23개성(대만 포함), 4개 직할시, 5개 자치구(티베트, 내몽고, 광서장족, 위구르, 영하회족), 2개 특별행정구(홍콩. 마카오)로 구성돼 있다.

우리나라의 광역시에 해당되는 중국의 직할시는 북경·상해·천진·중경 등 4개시가 있다. 한 가지 특이한 것은 중국의 수도인 북경이 특별시가 아닌 직할시이라는 것이다.

그러나 중국의 직할시는, 우리나라의 특별시나 광역시의 10배 이상 넓다. 그리고 직할시가 아닌 광주(廣州)는 1천만 명이 넘는 도시이며, 심양(瀋陽)은 8백만 명이 넘는다. 무한(武漢), 청도(靑島), 항주(杭州) 등도 6백만 명이 넘는 큰 도시들이며, 보통 적다고 하더라도 5백만 명이 넘는 도시는 대부분이다.

중국에는 시(市) 아래 다시 시와 현(縣)이 있다. 우리나라의 일반적인 시는 중국의 현급시에 해당된다. 현 아래는 진(鎭)과 향(鄕)이 있다. 진은 우리나라 읍(邑)에 해당되고 향은 면(面)에 해당된다.

중국의 인구는 얼마나 되는가?

'한서지리지'의 기록에 의하면 한나라 평제(平帝) 2년(AD 2) 전국의 103개 군(郡). 국(國)에 등기된 인구는 59,594,978명이고, 청나라 태평천국의 난(1850년)이 일어나기 전 인구는 4억 3천만 명에 이르렀다. 1960년 초에 6억이었으며, 현재는 13억이라고 하지만 정확한 수는 알 수 없다.

중국에서 한족(漢族)은 한 부부가 자녀 한 명만 낳게 되어 있다. 그러나 소수민족은 두 명까지 허용된다. 그러다 보니 많은 문제가 있다. 두 명 이상을 낳으면 벌금을 물리므로 아이를 낳아도 호적에 올리지 못하는 흑해자(黑孩子)가 많다.

이제 중국에서도 한 명만 낳아 많은 사회 문제를 안고 있다. 아이를 하나만 낳다 보니 황태자나 공주를 만들어 한 명의 아이를 6명이 키운다. 아이의 부모와 할아버지 내외, 외할아버지 내외가 한 명에 의지하고 살아가는 꼴이 되어 버렸다.

우리 한민족이 많이 살고 있는 연변조선족자치주도 처녀들이 한국으로 시집을 가거나 도시로 나가기 때문에 총각들이 처녀들을 구하지 못해 장가를 못 드는 사람이 많다. 지금 연변은 3명 낳아도 좋다는 규정이 생겼으며, 아울러 출산 장려금까지 지급하고 있다.

중화민국 탄생

중화민국은 1912년 1월 1일 손문(孫文)이 임시 총통에 취임함으로써 탄생했다. 손문은 취임 3일 전 17개 성(省)으로 구성된 대표자 모임에서 16표라는 압도적인 지지를 받고 임시 총통에 선출됐다.

중화민국 수립은 1911년 10월 양자강 인근의 무창(武昌)에서 혁명군이 봉기하고 1개월 만에 17개성이 호응해 궐기한 신해혁명에 의해 이뤄졌다.

임시 헌법을 제정하며 공화국으로 골격을 갖춰나갔지만 중화민국은 군사·재정적인 자립 역량이 부족했다. 일곱 살의 선통제 부의는 손문과 북양군벌 원세개(袁世凱)의 타협으로 2월 12일 퇴위, 진시황 이래 2,200여년 동안 이어온 봉건적인 중국 왕조의 역사도 대단원의 막을 내렸고, 청조도 268년 만에 역사 속으로 사라졌다.

손문도 어쩔 수 없는 힘의 열세로 3월 11일 총통 자리를 원세개에게 넘겨주고 제2의 혁명으로 기회를 노렸으나 실패하고 다시 망명길에 올랐다.

중국의 방언(方言)은 외국어나 마찬가지다

처음 홍콩을 갔을 때 깜짝 놀란 것은 중국어를 전혀 알아들을 수 없었기 때문이다. 중국인도 어떤 사람은 알아듣고, 어떤 사람은 전혀 알아듣지 못한 것이다.

중국의 방언으로 광동어(廣東語)가 있다는 것은 알았지만, 이렇게까지 통하지 않으리라고는 생각지 못했다. 광동어란 광동성 지방의 언어로 광동 지방의 말이다. 홍콩이나 마카오는 원래 광동성이기 때문에 광동어를 사용하는데 북경어와는 전혀 다르다. 마치 우리말의 음과 중국음이 다른 것과 같았다.

예를 들면

한자어	一,	二,	三,	四,	五,	六,	七,	八,	九,	十
북경어	이,	얼,	싼,	쓰,	우,	리우,	치,	빠,	지우,	스
광동어	얕,	이,	쌈,	쎄이,	음,	록,	찯,	빧,	까우,	삽
소주어	엩,	니,	쎄,	쓰,	음,	록,	첻,	빧,	저우,	삽
한국어	일,	이,	삼,	사,	오,	륙,	칠,	팔,	구,	십
일본어	이찌,	니,	산,	시,	고,	로꾸,	시찌,	하찌,	규,	쥬

그러나 요즈음은 홍콩에서도 북경어를 많이 배우고 있어 쉽게 통할 수 있다. 우리나라에 광동어 교재가 없지만 일본에서는 홍콩과 무역을 하기 위해 광동어를 가르치고 있는 학원이 있으며, 광동어 교재까지 팔고 있는 것을 볼 수 있다.

중국에 방언이 많다는 것도 누구나 아는 사실이지만 복건성의 복건어(福建語)나, 광동성의 광동어 상당 부분이 한자(漢字)로 표기가 안 된다는 점은 잘 알지 못한다.

현재 중국의 표준어는 북경어이다. 영어로 북경 표준말을 '만다린(mandarin)'이라고 부르는데, 이는 만주족 대인을 일컫는 '만대인(滿大人)'이 변형된 것으로 북경어가 청대 만주족 언어적 영향을 많이 받았음을 말해주는 흔적이랄 수 있다.

중국의 방언을 크게 보면 북경어, 광동어, 복건어, 소주어, 객가어로 크게 나뉜다. 또한 중국어를 한어(漢語), 보통어(普通語), 국어(國語), 화어(華語), 만다린으로 부른다. 객가어(客家語)는 황하 중하류 지역에서 이동하여 정착한 광동성 매현(梅縣)지방을 근거지로 매현어라고도 한다.

중국어를 한어(漢語)라고 부른 것은 한나라 시대부터 사용했으며, 한족(漢族)의 말이기 때문이다.

간체자(簡體字)는 변하고 있다

중국은 현대화할 때 한자(漢字)가 너무 복잡하여 쉽게 쓸 수 있는 간체자를 만들어 보급했다. 그 결과 한자문화권의 나라에서도 중국의 한자를 읽지 못하는 기현상이 벌어졌다.

중국은 지금과 같은 컴퓨터 시대가 오리라고는 생각도 못했다. 그러나 요즘 들어 크게 변하고 있다. 상해의 중심지인 남경로(南京路)와 회해로(淮海路) 일대의 간판을 보면 깜짝 놀라게 된다. 중국의 간체자가 아닌 정자로 쓰여진 간판이 30% 이상이기 때문이다.

외국인과 접촉하는 중국인들의 명함에 거의 정자를 쓰고 있다는 사실은 앞으로 중국 한자가 어떻게 변할 것인가를 가늠케 한다. 전 국가 주석인 강택민(江澤民)이 직접 쓴 비문이 많이 보인다. 이 비문들은 역시 정자로 쓰여져 있다.

우리나라는 중국이나 일본, 대만, 홍콩의 관광객 유치를 위해서라도 한자표기가 이루어져야 한다. 서구의 학생들이 중국어와 일본어를 배울 때 최초로 부딪치는 벽은 복잡한 그림과 같은 한자를 암기하는 일이다. 중국도 간체자만 가지고는 동양의 국제화가 어렵다는 것을 알고 정자를 묵인하고 있는 실정이다.

우리나라에서도 중국 관광객을 유치하기 위해서는 도로표지판을 한자로 표기해야 한다. 한자의 정자를 쓰자는 것이지 간체자를 쓰자는 것은 아니다.

중국의 사찰이나 옛날 유적지는 모두가 정자로 표기되어 있으며, 새로운 관광지를 만들 때는 정자를 많이 넣기도 하며 노래방의 가사는 대만이나 홍콩에서 온 것은 정자가 많다.

외국에 살고 있는 중국인

외국에 살고 있는 중국인의 후손을 일반적으로 화교(華僑)라 부른다. 그러나 엄격히 말해 화교는 중국 국적을 갖고 있는 사람이다. 외국 국적을 갖고 있는 후손을 화인(華人)이라 부르며, 화인의 2, 3세를 가리켜 화예(華裔)라 부른다.

그러나 대체적으로 중국인의 후손들을 가리켜 화교라 부르는데, 전 세계에 9천만 명이나 된다. 중국이 개혁 개방하면서 가장 많은 덕을 본 것이 화교 자본이다.

화교들의 상인을 가리켜 화상(華商)이라 부른다. 화상은 1990년대 이후 세계적인 관심 대상으로 부상했는데, 여기에는 그들의 엄청난 경제력이 숨어 있다.

우리나라도 한반도 밖에서 살고 있는 동포들을 통칭하는 호칭을 만들어야 한다. 법적으로는 재외국민이라고 부르는데 해외동포란 말도 있다.

재미교포는 재미동포로, 재일교포는 재일동포, 중국동포는 조선족, 러시아 동포는 고려인, 이렇게 각기 다르게 부른다. 교포로 하지 말고 동포로 한다고 할 경우, 동포 사회의 교민회 명칭에서 교자를 빼야 한다는 것이다.

요즈음은 한인회로 많이 사용되고 있다. 그렇다면 해외 동포들에게도 무엇인가 통일된 명칭을 사용해야 할 것이다.

중국인은 누구의 후손인가?

몇 해 전에 전국의 초등학교에서 단군상의 목이 잘리는 사태가 발생했다. 기독교인들이 우상을 숭배하지 말라며 저지른 사건으로 알려졌다. 그러나 우리나라 사람들은 오래 전부터 단군(檀君)을 우리의 국조로 받들고 있다는 사실은 부인할 수 없을 것이다.

중국에 가면 외국에서 온 화교들을 환영하는 글이 눈에 띈다.

'우리는 염황(炎黃)의 후손'이라고 쓰여 있다.

염황(炎黃)이란 염제(炎帝)와 황제(黃帝)를 가리킨다. 염제는 염제 신농씨(炎帝神農氏)로 성은 강(姜)씨이며, 중국 최초의 성이기도 하다.

황제(黃帝)는 황제헌원씨(黃帝軒轅氏)로 성은 희(姬)씨이며, 그 뒤로 요(姚), 사(姒), 규(嬀) 등…… 성이 백개에 이르러 백성(百姓)이라고 부른 것이다.

중국에서는 요순시대를 가장 좋은 태평시대라고 말한다. 요(堯)임금은 한족이지만, 순(舜)임금은 동이족이다. 우(禹)나라는 한족이나 은(殷)나라는 동이족이다.

중국인들은 역대로 조상을 숭배해 왔는데, 염황(炎黃)은 공동 조상이기 때문에 염제릉과 황제릉을 보수하고 매년 융숭한 제사를 지내고 있다. 염제릉은 호남성에 있으며, 황제릉은 섬서성에 있다.

중국 사람들이 자기 나라를 자상스럽게 일컫는 말로 화려함을 나타내는 화(華)와 대국이라는 하(夏)를 사용하는 화하(華夏)라는 말을 많이 사용하고 있다.

중국인이 좋아하는 색

중국인이 좋아하는 색깔은 적색과 황색이다. 그들의 시조를 염제와 황제인데 염제는 불을 나타내기 때문에 적색이고, 황제는 누루 황자가 있기 때문에 황색이다. 우리는 빨간 색을 싫어하지만 중국인은 누구나 적색과 황색을 좋아한다.

특히 그들이 싫어하는 색깔은 검정색과 흰색이다. 그래서인지 축의금은 붉은 색 봉투에 넣는다. 만일 흰 봉투에 넣는다면 큰일이다. 흰 봉투는 조문 때 사용하기 때문이다.

마카오의 택시들은 거의가 검정색이다. 마카오는 도박의 도시이기 때문에 마카오에 들어와 검은 택시를 타면서부터 재수가 없도록 만든다는 의미가 들어있는 것이다.

중국을 나타내는 대표적인 글자는 누루 황(黃)자다. 그들의 조상은 황제(黃帝)이고, 후손들은 황인종(黃人種)이며, 황제가 입는 옷은 황포(黃袍), 그들이 먹고살기 위해 생활하는 땅은 황토(黃土), 그들이 죽으면 가는 곳이 황천(黃泉)이며, 그들이 제일의 명산으로 생각하는 곳은 황산(黃山)이다.

또한 세계 4대 문명의 발상지이며, 중국문명의 발상지는 황하(黃河)이고, 현재 중국 최고의 발전을 이끌어 가는 곳은 황포강(黃浦江)이며, 이 두 강물이 흘러가는 바다는 황해(黃海)다. 뿐만 아니라 그들이 가장 싫어하는 황사(黃沙)도 중국에서 시작된다.

중국의 민족

다민족 국가인 중국은 청나라 때는 200여 민족이 존재했다. 그런데 불분명한 민족과 인구수가 적은 민족은 염황(炎黃)의 후손이기 때문에 한족으로 둔갑 해 버렸다. 그래서 오늘날은 한족, 만주족, 몽고족, 회족, 장족, 티베트족, 위구르족, 조선족 등 56개 민족으로 구성되어 있다.

그 중 한족(漢族)이 가장 많아 인구의 92%를 차지하고 있고, 나머지 55개 민족이 8%를 차지하고 있다. 얼마 전 발표에 의하면 중국민족인 한족도 두 가지 계통이 있다고 한다. 실제로 북방과 남방은 상당히 다른 면이 있다.

비록 민족들마다 경제와 문화에 있어 그 발전 정도가 다소 다르긴 하나 나름대로 유구한 역사를 지니고 있는 것은 사실이다. 이들 민족 중 중원을 지배했던 민족으로는 크게 한족, 만주족, 몽고족을 들 수 있다.

중국의 55개 소수 민족은 과거 한족과의 투쟁 속에서 중국역사에 편입된 중국 변방의 민족들이다. 성급 자치구를 갖고 있는 민족도 있으나 중국의 오지에 불과하다. 중국 전 영토의 50% 이상이 자치구를 가지고 있지만, 인구의 8%에 불과한 그야말로 소수민족이다.

이들이 고유한 문화를 가지고 있으나 한족의 폭발적인 증가와 소수민족만이 살고 있는 지역에 한족이 많이 살고 있어 차츰 소수민족의 문화는 중국 한족 문화에 흡수되어가고 있는 실정이다.

중국이 여러 민족을 아우를 수 있었던 것은 소수민족에 대한 우대 정책 때문이라고 볼 수 있다. 한족은 아이 하나를 낳을 수 있지만, 소수민족은 2명까지 낳을 수 있다. 또한 대학입시에도 혜택을 주고 있다. 그러나 조국이 있는 민족은 비행기 조종사가 될 수 없다고 한다.

한자(漢字)를 알면 여행하기 쉽다

창힐(倉詰)이 한자를 제정했다는 전설은 반드시 믿을 것은 못되나, 갑골문의 한자(漢字)가 적어도 3천여 년의 역사를 가지고 있음을 증명하고 있다. 일찍이 춘추시기의 한자는 이미 공통적인 문자였다.

진(秦) 왕조 이후 중원 왕조의 영역이 확대됨에 따라 한자의 사용범위는 더욱 넓어졌다. 한자의 기본 체계에 변화가 발생하지 않았고, 해서(楷書)가 출현한 이후에도 글자의 형태는 기본적으로 바뀌지 않았다.

우리는 한자를 알고 있기 때문에 일본이나 중국을 여행할 때 불편을 느끼지 않는다. 한자교육을 제대로 받은 사람이라면 일본어나 중국어를 학습하는데 용이하다. 동양 3국은 한자가 유일한 공통 문자이며, 동양의 국제어라고 할 수 있다.

우리 학생들에게 한자교육을 강화할 필요가 있다. 길을 물을 때 한자를 쓰면 중국인들은 대단히 좋아한다. 흔히 영어만 알면 통하는 것처럼 말하는 사람이 많지만, 중국인들 중에 영어를 구사하는 사람은 극소수에 불과하다.

뜻이 다른 한자(漢字)도 많다

잘 아는 사람이 무턱대고 '별적동서'가 뭐요? 라고 묻기에 무슨 뜻인지 모르겠다고 말하니, '다른 물건' 이던데 하는 것이다.

별적동서란 '별적동서(別的東西)'를 한 말이다. 별적(別的)이란 '다른'이며, 동서(東西)는 물건이다. 즉 '다른 물건'이란 말인데, 이상하게 생각하여 나에게 물어본 것이었다.

중국에는 우리가 생각지 못한 낱말들이 있다. 물건을 동서(東西: 뚱시)라고 하는데, 아무리 생각해도 알 수 없다. 또한 자동차(自動車)를 기차(汽車: 치처)라고 부른다. 기차는 화차(火車: 훠처)이며, 자전거(自轉車)는 자행차(自行車: 쯔싱처)다.

짐을 행리(行李: 싱리)로, 미안합니다는 대불기(對不起: 뛔이부치), 비상구(非常口)는 태평문(太平門: 타이핑먼), 세관(稅關)은 해관(海關: 하이꽌)으로 사용하고 있다. 우리식으로 중국말을 이해하자면 황당할 때가 많다.

어떤 한국인이 중국인에게 여자 한 사람을 소개해 주었다. 그러자 중국인이 중매쟁이에게 이 사람이 어떤가? 라고 물어 보자 '성미(性味) 호(好)'라고 답하자 깜짝 놀랐다는 이야기가 있다. 우리말은 성미가 좋다는 말이다. 그러나 중국에서는 성(性)의 맛이 대단히 좋다는 뜻이다.

중국에는 용이 살고 있다

'중국에 용이 살고 있다' 이 말은 중국은 무서울 정도로 발전하고 있다는 뜻이다. 경제, 사회, 문화는 물론 모든 부분에서 눈부시게 발전하고 있는 중이다. 그 중에 가장 빠른 속도로 변하고 있는 것은 경제로 특히 상해를 꼽을 수 있다.

해안의 중심부에 위치한 상해는 잠에서 깨어 달리고 있다. 만일 상해가 50여년 동안 자본주의 체제로 발전했다면 세계에서 가장 영향력이 도시가 되었을 것이다.

상해는 이동 인구까지 포함하면 무려 2천만 명이 북적대고 있다. 서울 크기의 10배에 달하며, 포동(浦東) 지역만 서울의 크기와 비슷하다. 중국의 새로운 모습을 보려면 상해를 보면 알 수 있다.

중국의 시골은 마치 우리나라 7·80년대 새마을 운동을 벌이고 있는 것과 같다. 그러나 중국은 단순히 도로나 지붕을 개량하는 수준이 아니다. 각 도시를 '세계 속'으로란 슬로건을 걸고 가꾸고, 건물을 높이 올리며, 새롭게 정신을 개조하고 있다.

중국을 우습게 여기는 사람이 많다. 그러나 중국이 이런 속도로 발전한다면, 오래지 않아 우리와 경제적 수준이 맞먹을 것이다. 중국 경제의 엔진이라 할 수 있는 상해를 주목하고 상해 쪽으로 여행가는 것을 권한다.

한 때 일본이 우리나라를 가볍게 여겼었다. 우리가 얼마나 빨리 따라갔던지 일본이 우리를 보고 놀랐다. 한국에 일본 학생들이 우리나라에 수학여행을 와서, 머지않아 한국이 일본을 능가할 것이란 위기감을 갖고 돌아가 정신을 가다듬는다고 한다.

한국과 중국은 가깝게 지내고 있다

우리나라는 미국이나 일본과 가깝게 지내고 있다. 그러나 정서적으로 중국을 더 가깝게 여긴다. 또한 중국 역시 우리나라에 대해 많은 호감을 갖고 있다.

실제로 우리나라 자치단체 중에서 중국 지역과 자매결연을 맺지 않은 지자체가 없을 정도이다. 단적인 증거로 불과 몇 년 만에 국제노선이 일본보다 훨씬 많아진 것을 보면 알 수 있다.

일본으로의 항공노선은 서울, 부산, 제주에 국한되나, 중국은 서울, 부산, 대구, 청주, 제주, 광주, 양양에 이르기까지 다양한 노선이 있다는 것은 놀라운 발전이며, 어떻게 보면 우리가 중국에 가는 것이 우리나라 어느 지방을 가는 것과 같다는 생각이 들 정도이다.

북경공항에서 북한으로 가는 항공편은 일주일에 3편이지만 한국에는 70여 편으로 대단히 많이 취항한 것을 알 수 있다. 공항에서 평양으로 가는 승객들과 함께 대기할 때도 뚜렷이 나타남을 볼 수 있다. 중국과 한국은 무언가 모르게 상호 이끌어 가고 있는 느낌이 든다고 한다.

우리나라에 많은 중국 유학생이 있다. 그러나 이보다 한국에서 중국에 간 학생이 훨씬 많은 약 10만 명 정도 있다. 이 중에 중국어를 공부하는 학생도 있지만, 한의학을 공부하는 학생이 많다.

한의학을 배운 학생들이 갑자기 한국으로 들어오면 사회문제가 될 수밖에 없을 것이다. 부모의 도움을 적게 받고 열심히 노력하는 학생도 있지만, 한국의 좋은 대학에 갈 수 없기 때문에 어쩔 수 없이 가는 학생들도 많은 것이 사실이다.

쇼핑센터에 가면 많은 교포 아가씨들을 만나는데, 그들은 3개국어를 구사할 수 있다. 태어나면서부터 한국어를 할 줄 알고, 생활하면서 중국어를 배우고, 학교에서 일어나 영어를 배우기 때문이다.

만일 쇼핑센터에서 중국인을 채용한다면 일어나 영어를 할 줄 아는 사람을 채용해야 하는데 교포 1명이면 해결되는 것이다. 그래서 우리 교포들을 많이 채용하는 것이다.

중국어 사전에 한류(韓流)가 정식으로 올랐다. 홍콩 경제일보는 2003년에 출판될 신화(新華) '신사어사전(新詞語詞典)'에 한국문화의 조류(潮流)를 뜻하는 '한류'라는 낱말이 오른 것은 우리의 문화가 중국에 유입되어 유행하기 때문인데, 이처럼 중국과 우리나라는 문화적으로나 정서적으로 어떤 나라보다 가까운 것이다.

중국인의 우월성을 느낄 수 있다

중국인은 우월성을 나타내기 위해 스스로를 중화(中華)라 부르며, 이민족을 동이(東夷), 서융(西戎), 남만(南蠻), 북적(北狄) 등으로 부른다. 상대적으로 이민족을 가볍게 보았기 때문이다.

중화사상은 중국문화를 이루는 근간의 하나다. '중국이 세계의 중심이 되고, 세계는 중국으로 중국은 세계로 통한다'는 것이 중화사상의 근본이다.

중국에서 천하(天下)라는 말을 자주 사용한다. 이것은 온 세상을 뜻하기도 하지만 대부분 중국을 지칭하는 말이다. 스스로 천하의 주인으로 여긴 중국인들은 우월한 문명을 가진 '중화(中華)'와 그렇지 못한 주변의 나라로 구별한다. '중화'는 '문명의 중심'이란 뜻이다.

'온 하늘 아래에 황제의 땅이 아닌 것이 없다'는 이야기는 2천여 년간 중국인의 생각 속에서 전해졌고, 이것은 누구라도 부인할 수 없는 사실이다. 수천 년 동안 지속되어 온 봉건적 황제는 비록 신해혁명으로 사라졌지만, 중국인의 마음속에는 항상 존재하고 있다.

1911년 신해혁명(辛亥革命) 후 새 공화국의 이름을 '중화민국'이란 이름이 첫 공식 국호를 사용하였다. '중화'를 중국 민족의 이름으로 쓴 것이다.

중국인은 서양에 의해 민족의식에 눈떴지만 민족 이름을 스스로 '중화'라 짓는 데서 그들의 민족주의가 과거의 '중화주의'를 아주 벗어나지 못했음을 엿 볼 수 있다. '천하의 주인'은 아니라도 '세계의 중심'이라는 자존심은 그대로 이어지고 있는 것이다.

그런데 중국의 남성들은 여성들에 비해 자존심을 상하고 사는 사람들이 많은 것 같다. 여성들이 남성들보다 큰소리치며 사는 사람이 많다는 것을 뜻한다.

언젠가 상해에서 부부 행상이 싸우는 것을 보았는데, 부인이 어찌나 큰소리치던지, 남편이 슬금슬금 눈치만 보는 것이었다. 보통 부부간의 싸움은 대부분 여자가 이긴다.

중국인, 즉 한족 남성들은 우리 교포 여성들을 좋아한다. 한국 여성들은 아직은 남편에게 고분고분 순종하는 성격이기 때문이다.

중국의 국부 손문 선생이 송경령여사와 결혼하면서 부부 평등의 결혼 서약을 만방에 공포하였다고 한다. 이것은 중국 대륙만이 아니다.

홍콩이나 대만에서도 남성들은 집에서 밥 짓고 빨래하며 아기

보는 것이 보편화되어 있다. 여성들은 마작놀이 하면서 신문이나 TV나 본다고 한다.

중국인의 포용성

중국인은 자연의 섭리에 순응하며 살아간다. 어머니의 품과 같은 대륙적인 기질을 가지고 있는가 하면, 대국적 기질도 갖고 있다. 우리는 일본의 기질을 섬 기질이라 말하고, 우리를 반도 기질이라고 말한다.

역사적으로 중국은 외래문화나 이민족을 우월한 민족이라고 생각하지는 않았지만, 무조건 배척하지도 않았다. 그것의 문화를 존중하면서 점차 그것을 중국화 시켰다. 주변 민족이 중국의 문화를 받아들이기만 하면 침략하지 않고 오히려 보호해준다.

한국과 중국은 주변의 다른 나라보다 친밀히 지냈으며, 조선시대에 우리는 스스로 소중화(小中華)라는 말을 하였다.

공항에서 수속할 때 보면 중국인들의 습성을 대충 알 수 있다. 외국에서 자국민이 들어 올 때, 중국과 우리는 판이하다. 중국인들이 많은 물건을 가지고 들어가더라도 그것에 대한 문제를 별로 삼지 않는다.

우리나라에서 불법 체류하다 잡혀 돌아가는 중국인과 같이 상해에 간 적이 있었는데, 불법 체류하다 들어가도 공항에서 아무 말 하지 않고 곧 입국도장을 찍어 주는 것이 보통이다.

중국인의 참을성

미국인 일본인 한국인 중국인 네 사람을 돼지우리 안에 넣었더니, 미국인은 한 시간 만에 나오고, 일본인은 하루만에, 한국인은 일주일, 보름 만에 돼지가 나오더란 이야기가 있었다. 이것은 참을성이 강하다는 이야기이다.

이러한 참을성을 중국인의 천부적인 재능이라고 감탄한 것은 청나라 말기 중국을 방문한 아더 스미스라는 선교사였는데, 중국인의 강한 성격은 처첩(妻妾) 동거의 대가족주의에 의해 키워졌다고 주장하는 사람이 많다.

현재 중국에서는 첩을 두는 것이 금지되어 있고 대가족주의도 사라지고 있으나, 옛날 일부다처제가 공인되었었고, 또 사세(四世) 동당(同堂)이라 하여 할아버지, 아버지, 아들에 이르기까지 한집에 사는 것을 매우 경사스러운 일로 여겼다.

고부(姑婦)관계에다 첩이 한 다리 끼고, 시누이, 시동생이 있으며, 숙부, 조카 등 겹겹으로 복잡하게 얽히고설킨 인간관계 속에서 처신을 하지 않으면 안 된다. 그런 가운데서 중국인의 인내심이 길러졌다고 한다.

중국이란 나라는 넓기 때문에 인내심이 생기는 것 같다. 우리 같으면 버스나 기차를 2시간 이상 타면, 아주 지루하게 생각한다.

그러나 중국에서 10시간 이내면 가까운 거리이며, 복잡한 기차 칸이라 일어서면 자리가 없어지기 때문에 하루 동안 화장실 한 번 가지 않고 참는 경우가 허다하다. 이런데서 인내심이 길러지는 것 같다.

백범일지에 보면 중국인들의 성격에 관한 글을 보면 '중경에서 폭격을 당할 때 중국의 국민성이 위대한 것을 깨달았다. 높고 큰 건물이 삽시간에 재가 되는데도, 집주인들은 한편으로 가족 중 피살자를 매장하고, 다른 한편으로 생존자들은 불붙지 않은 나머지 기둥과 서까래를 모아 임시 가옥을 건설하였다.

그 일을 하는 중에 웃는 얼굴로, 비장한 빛을 보이지 아니하므로, 나는 그들을 볼 때 이러한 생각을 금할 수 없었다.

만일 우리 동포들이 저 지경을 당하였다면 어떠할까? 화가 나느니 성이 나느니, 홧김에 술을 마신다, 성남 김에 싸움을 일으킨다하여, 소란만 일으키고 태만하지나 않을까'

중국인의 교통질서

오늘날 중국의 교통질서는 예전보다는 좋아졌지만, 아직도 엉망이라고 보아야 한다. 우리나라 교통이 엉망이라고 말하지만, 그것은 선진국에 비해서 그렇다는 것이지 중국보다는 훨씬 양호하다.

중국에서 교통사고가 났을 때 처신을 잘해야 한다. 한국인이 자동차를 운전하고 가다 자전거를 탄 중국인과 부딪쳤다. 다행히 가벼운 접촉 사고였는데 그는 갑자기 차도로 뛰어든 중국인에 대해 화를 내며 나무랐다.

하지만 현장을 에워싼 중국인들은 한국인을 비난했다. 민족차별에 대한 비난이 아니었다. 잘잘못을 따지기 전에 다칠 뻔한 사람의 안위부터 먼저 살펴야 한다는 것이 그들의 논리다. 그는 얼마 후 똑같은 사고를 경험했다.

이번엔 차에서 내려 자전거에서 넘어진 중국인에게 다친 곳은 없느냐, 부드럽고 다정하게 말을 걸자 중국인들은 이번엔 한국사람의 인품을 칭찬하며 교통질서를 위반한 중국인을 꾸짖었다. 이러한 경험담은 중국에 와 있는 한국인들 사이에 중국을 이해하는 중요한 교훈으로 이해되었다.

중국의 음식은 다양하다

중국인들의 음식문화는 재료를 준비하고, 요리에 이름을 붙이고 그것의 모양과 느낌을 평가하는데도 어지간한 공을 들이는 게 아니다.

음식점에 들어가 메뉴를 보면 희한한 글들이 많이 있다. '화산백설(火山白雪: 불타는 산에 흰 눈이 내리다)', '맹룡과강(猛龍過江: 사나운 용이 강을 건너다)' 등의 멋진 이름들이 눈에 띈다.

중국의 음식문화가 갖는 특징 중 대표적인 것 두 가지만 지적하자면 다음과 같다. 첫째는 재료의 선택이 자유롭고 무궁무진하다. 중국인들은 날아다니는 것들 중에서 비행기, 네 발 달린 것들 중에서는 책상다리만 빼고 다 먹는다고 할 정도로 음식 재료가 다양하다.

둘째는 음식의 색과 향, 맛을 모두 중시한다는 점이다. 음식을 주제로 한 사진을 보면 '과연 이토록 아름다운 요리들을 먹기 위해 만드는 것일까?'하는 의문이 생길 정도로 예술의 경지로 승화된 작품들이 많다. 이는 미각적 만족이나 후각적 만족과 더불어 시각적 만족까지 함께 충족될 때 진정한 '요리'라고 할 수 있다고 믿는 중국 사람들의 사고방식이다.

이처럼 음식에 대해 각별한 애정을 가진 중국인들이 한국을 찾았을 때 느끼는 가장 큰불만은 '먹는 문제'일 수밖에 없다. 대부분 값싼 패키지 상품을 이용하는 중국 관광객들에게 제공되는 형식적이고 부실한 식사는 한국을 '다시는 못 올 동네'로 생각하게 만든다.

중국 음식은 식의동원(食醫同源)이다

우리는 여행갈 때, 김치나 고추장 등을 갖고 다닌다. 그런데 '중국에서 입맛에 맞지 않으면 자장면을 먹으면 되지…' 하는 사람들이 많다.

그러나 중국에 가면 우리 식당과 같은 것이 없다. 자장면은 원래 산동성 지방의 국수를 우리 입맛에 맞도록 화교들이 만든 우리나라 음식이다.

그래서 요즈음 북경이나 심양에 가면 우리나라 사람들이 직접 차린 식당들이 있어 인기를 끌고 있다. 아마 머지않아 중화요리인 자장면이 한국 사람에 의해서 중국 곳곳에 많이 보급 될 것이다.

중국인들이 우리 자장면을 먹어 보고 꿀맛이라고 하며, 이것을 먹기 위해 멀리서 배달을 시키면 택시비까지 주며 먹는다.

나는 어려서부터 생선을 좋아하지 않았다. 특히 비린내 나는 것을 매우 싫어했다. 왠지 모르게 먹기 싫었으며, 먹고 난 후에 비위가 상하기 때문이다.

만일 비린내 난 음식을 먹고 난 후에 설탕을 몇 숟갈 먹고 나면 뱃속이 후련하였다. 그러나 그것이 왜 좋아지는지를 몰랐다가 중국을 여행하며 비로소 알게 되었다.

중국은 먹는 것(食)과 의학(醫)은 한 뿌리로 보고 있다. 그래서 식의동원이란 말이 있다. 우리나라 동원참치에도 식의동원 이라는 문구가 있는 것을 볼 수 있다.

중국인들은 먹는 것을 하나의 예술행위로 생각한다. 세절쾌초(細切快炒)라는 말이 있다. 가늘게 썰고 빨리 볶는다는 말인데, 가늘게 썰기 위해서는 칼이 무거워야 하기 때문에 우리나라 칼보다 훨씬 크고 무겁다.

빨리 볶기 위해서는 불이 활활 타야한다. 불이 좋아야 잘 볶아지지, 시원치 않으면 국수가 나오는 것이 아니라 죽이 되기 때문이다.

그들은 모든 것을 준비해 놓고 기다리다, 10~20분이면 충분히 요리를 만들 수 있다. 그래서 중국요리는 동작이 빠른 남자들이 많이 하는 것도 그런 연유일 것이다.

젓가락 문화

젓가락을 많이 사용하면 손바닥, 손목, 팔꿈치 등 30여 개의 관절과 50여 개의 근육을 움직일 수 있고 대뇌에 자극을 준다는 것이다.

그 때문에 젓가락을 많이 사용하는 민족은 손의 근육이 유난히 발달할 수밖에 없고 젓가락질이 뇌 운동을 촉진하기 때문에 머리도 좋아지게 된다고 한다.

한국, 중국, 일본을 한자문화권이라고 말하는데 또 한편으로는 '젓가락 문화권'이라고 말해도 과언이 아니다. 우리나라나 일본의 젓가락은 크기가 거의 같지만 중국의 젓가락은 우리 것보다 훨씬 길다.

우리는 요즈음 1회용 나무젓가락을 사용하지 않기로 되어있는데, 일본은 허용하고 있다. 일본도 금했으나, 나무를 자른 후 자투리로 만들기 때문에 허용하였다.

중국의 것은 대나무로 좋게 만들어 1회용으로 사용하기는 너무 아까울 정도다. 더 좋은 젓가락은 고기 뼈로 만든 것을 많이 사용하고 있다.

삼국(三國)의 젓가락을 보면 한국은 쇠로 만든 젓가락이 많으며, 일본은 나무젓가락, 중국은 기다란 젓가락으로 되어 있다.

우리는 콩이라던가 우리 음식 먹기에 알맞고, 일본은 생선을 좋아하는 관계로 생선 먹기가 좋고, 중국은 식탁이 넓고, 돌리면서 먹지만 먼 거리에 있는 것도 먹을 수 있게 만들어진 것이 특색이다.

중국음식은 한꺼번에 나오는 것이 아니라 여러 차례에 걸쳐 음식이 나오는데 갈수록 좋은 음식이 나온다. 우리는 반찬을 제외한 국과 밥은 개인별로 나누어 상을 차리는 것과는 달리, 중국은 일반적으로 회전이 가능한 원탁에 한 가지 요리를 한 접시에 담아 판을 돌려가며 나누어 먹는 습관이 있다.

원탁을 만드는데도 자유롭게 크기를 조절할 수 있어 합리적이다. 우리는 네모진 상에 차려 있기 때문에 건너편의 맛있는 음식을 체면상 먹을 수 없는 것이 단점이 있다.

중국은 음식을 하나의 밥 먹는 것으로 생각하지 않고, 사교하는 장으로 생각하며, 식사는 보통 두 시간 정도 걸린다. 우리나라 사람들이 식당에 들어가면 '빨리 빨리' 하는 데 이것은 장단점을 갖고 있다.

단점은 너무 급하다는 것이고, 장점은 식당이 좁아도 많은 사람이 이용할 수 있다는 것이다. 우리나라 구내식당에서 식사하는 시간이 평균 7분 정도라는 통계가 발표됐는데, 이 같은 결과로 볼 때 중국과 우리의 생활습관 차이는 엄청나다.

중국 식당에 들어가면 보통 깨진 그릇이 많이 있다. 깨진 그릇이 많은 것은 오래된 식당이라고 자랑스럽게 생각한다. 그런데 우리는 깨진 것 준다고 기분이 나빠 '이봐, 빨리 바꿔 줘'라는 말을 하는데 그릇이 깨진 것은 오래 되고 좋은 식당이라는 것이다.

중국 음식은 거의 향채(香菜)가 들어 있다. 요즈음 외국인들이 많이 다니면서 향채를 먹지 않아 지금은 넣지 않은 곳이 많지만, 그러나 향채를 먹다 보면 맛이 괜찮은 것을 느낄 수 있다. 중국요리는 볶음요리가 대부분이다. 배추를 우리는 그냥 먹는데 그런 우리를 보고 이상하다고 생각하는 중국인이 많다.

중국요리는 채(菜)가 우선이다. 그래서 요리를 차이(菜)라 한다. 한국은 밥이 우선이며, 채는 부식이다. 그러나 중국에서 채가 주식이며, 밥은 부식에 불과하다. 그래서 우리는 밥맛이 좋으며, 중국의 밥은 떡밥이다.

중국인들은 특별히 음식을 잘 해 먹는 사람도 많지만, 가난한 사람들은 밥에 국을 말아, 밥 그릇 하나만 가지고 길에 앉아 혼자 먹는 사람들도 많이 보인다.

중국요리의 특징

중국은 땅이 넓은 만큼 먹는 음식도 지역마다 다르며 다양하다. 4대요리, 10대요리가 있지만, 일반적으로 동서남북으로 나누어 4대요리라고 말한다. 대표적인 북쪽 요리는 북경요리, 동쪽 요리는 상해요리, 서쪽 요리는 사천요리, 남쪽 요리는 광동요리가 있다.

10대 요리는 북경요리 계통인 산동요리, 상해요리 계통인 강소요리, 절강요리, 안휘요리 사천요리 계통인 호남요리, 광동요리 계통인 복건요리가 있다.

북경요리는 경채(京菜)라고 부른다. 북경을 중심으로 산동성, 산서성, 하북성 등을 포함한 요리이다. 황실의 중심지이기 때문에 궁중요리가 발달했으며, 날씨가 추워 겨울을 이길 수 있는 기름기가 많은 고칼로리 음식이 발달되었다.

청나라 말에 60여 년간 수렴청정(垂簾聽政)을 한 서태후(西太后)의 식단은 아침, 점심, 저녁의 정찬에는 주식이 50여 종, 요리가 120여 종이었다고 한다. 최근 500근의 고기와 100여 마리의 닭과 오리가 소요됐으며, 매끼 식사 때 시중드는 사람이 450여 명이었다고 한다.

서태후가 다 먹지도 못할 요리를 왜 이렇게 많이 장만하였을까. 그것은 궁중의 법규 때문이며, 황제나 황후들은 독살의 위험을 피하고자 '오늘 무엇을 먹고 싶다'라는 말을 하지 않았다. 그래서 수많은 음식을 내놓도록 하였다는 것이다.

따라서 매 끼니 120여 종의 요리를 차려 놓고 무작위로 골라 먹었으며 숟가락이 세 번 이상 갔던 요리는 궁중 법규에 의해 25일간 다시 식탁에 오를 수 없었다.

가장 유명한 중국요리 중의 하나인 북경 오리구이는 이름 그대로 북경요리이다. 이 오리구이를 파는 전취덕(全聚德) 식당은 우리나라에도 분점을 둘 정도로 세계적인 음식점이 되었다.

상해요리를 강채(江菜) 또는 소채(蘇菜)라 한다. 중국 중부의 동해안 쪽인 상해, 항주, 소주, 남경지방의 요리를 총칭한다. 양자강 유역에서 나오는 풍부한 생선과 미곡, 따뜻한 기후를 바탕으로 이 지방의 특산물인 장유(醬油)를 사용하여 만드는 것이 특징이다.

옛날에 시인과 묵객인 선비들이 많아 고급요리가 발달하였는데, 값이 가장 비싸다. 맛은 담백하며 약간 단맛이 나고 새우, 게 등 생선 찜 요리가 유명하다.

사천요리를 천채(川菜)라 한다. 내륙요리의 진수로 중국의 서부 지역의 요리를 대표하며, 양자강 상류의 산악지대인 중경, 성도가 있는 사천성을 중심으로 발달하였다. 산악지대이기 때문에 소금절이라든가, 건조시킨 저장 요리가 발달하였다.

사천요리는 고춧가루, 후춧가루, 생강 등을 많이 이용하기 때문에 맵고 짜 우리 입맛에 맞다. 두부와 돼지고기, 삼겹살 야채

볶음, 닭고기 조림 등이 유명하다.

광동요리는 월채(粵菜)라 한다. 월(粵=越)이라고 한 것은 옛날 이곳이 월나라였기 때문이다. 홍콩 주변의 광동성의 요리로 세계적으로 가장 널리 알려진 요리이다.

16세기 이후 외국인들의 왕래가 빈번하여 전통요리에 서양요리를 결합, 독특한 특성을 지니고 있다. 우리나라, 일본을 제외하고 전 세계에 광동사람들이 차이나타운을 형성하고 있으며, 그곳의 요리가 광동요리이다.

광동요리는 약간 달짝지근하면서 깔끔한 맛을 내며, 부드럽고, 미끈거리는 것이 특징이다. 재료가 풍부하여 생선은 물론 원숭이, 토끼, 고양이, 쥐 등으로 요리하며 살아 움직이는 것은 무엇이든지 만들 수 있다고 한다.

얼마 전 사스로 인하여, 원숭이나 쥐 요리 등은 없어지고 있지만, 뱀 요리는 아직도 잘 먹고 있다. 외국인 명사들에게도 스스럼없이 내놓곤 한다.

황제들이 먹는 쌀도 옛날에 정해져 있었다. 연변의 용정 바로 옆에 화룡이란 지역이 나온다. 우리 민족이 많이 살고 있는 곳으로 청나라 때 봉금(封禁) 지역이었기 때문에 이 지역은 오염이 전혀 되지 않은 곳이다.

만주족들도 그들의 조상이 백두산에서 기원을 했기 때문에 이 지역을 신성시하고 있다. 이러한 이유 때문에 청나라 황제가 화룡 지역에서 생산되는 쌀을 먹었다.

중국호텔의 이름

호텔이름으로 대만에는 반점(飯店)이 많고, 홍콩이나 마카오에 가면 주점(酒店)이 많다. 중국에는 반점, 주점 이외에도 빈관(賓館), 대하(大廈)라는 이름을 많이 사용한다. 우리의 여관이나 여인숙 같은 것은 여관(旅館), 여사(旅社), 초대소(招待所) 등도 있다.

우리나라에 있는 화교들은 중국과 국교 되기 전 70년대부터 대만에 자주 다녔다. 화교들이 우리나라에서 중화요리를 많이 하였기 때문에 반점이라는 명함을 갖고 다니면 그들은 화교들이 호텔을 한 줄로 알았다.

우리나라 여관과 여인숙(旅人宿)은 원래부터 그 기능이 달랐다. 여관의 여(旅)나 여인숙의 여인(旅人)은 똑 같은 나그네라는 말이지만 관(館)과 숙(宿)은 달랐다. 관은 밥 식(食) 변이 있기 때문에 아침이나 저녁에 식사가 나왔고, 숙자는 잘 숙(宿) 자이기 때문에 잠만 재워주었다.

반점과 주점은 같은 말이다. 옛날에는 밥집에서 잠도 재워 주었고, 주막집에서도 잠을 재워주었기 때문에 반점이나 주점은 같은 말이다. 또 빈관은 빈은 손님 빈(賓)이라 손님을 재워주는 것이고, 대하는 큰 건물이라 하여 호텔은 물론 여러 가지 복합으로 이루어진 건물을 말한다. 찬청(餐廳)이나 주루(酒樓)는 식당이며, 야총회(夜總會)는 나이트클럽이다.

중국의 음주문화(飮酒文化)

중국인들은 술을 좋아해 점심시간에도 술을 거나하게 마시고, 야간에는 코가 비뚤어지게 마신다. 깐베이(乾杯)라는 말이 있다. 이것은 '마를 건, 잔 배'자로 술을 완전히 비워버린다는 뜻이며, 술잔을 거꾸로 머리 위로 올려 술이 한 방울도 없이 마셨다는 것을 나타낸다.

빤베이(半杯)는 반배라는 뜻으로 반 정도 마신다, 즉 적당히 알아서 마시는 것이다. 우리는 술잔을 돌리며, 첨잔 하지 않지만, 중국인들은 술잔을 돌리지 않으며 첨잔 한다.

세계 어느 나라나 첨잔 하며, 술잔을 돌리는 나라는 없다. 우리도 술잔 돌리는 것은 없애야 할 문화가 아닌가 생각한다. 중국인들은 술잔에 술을 따라주면 감사하다는 표시로 식탁을 가볍게 두 번 두드린다.

이것은 황제와 신하가 신분을 감추고 대궐 밖을 잠행할 때 황제가 신하에게 술을 따라주자 신하가 황제에게 말로 고맙다는 표시를 할 수가 없어 손가락 두 개를 구부려 식탁을 탁탁 쳐서 고맙다는 신호를 한데서 생겼다고 한다.

우리나라 사람 중에 여행을 할 때 소주를 갖고 가는 사람이 있다. 외국에서 소주 한 병은 최소한 10달러다. 그래서 많이 가지고 가는데 중국에는 안 가져가는 것이 좋다.

중국에서 우리의 소주 맛과 같은 이과두주가 있는데, 값이 싸 구하기 쉽다. 중국에서 낮술을 마시는 것은 술이 50도가 넘기 때문에 술이 빨리 깨며 정신이 흐려지지 않는다.

중국에서는 물은 사 마셔야 한다. 북경, 상해, 광주, 심양 등은 산악지역이 아닌 평야 지대이므로 물이 좋지 않아 석회질이 많이 섞여 나온다. 중국인들이 물을 마시지 않고 차를 마시는 것도 이러한 연유이다. 어느 식당에 가더라도 차가 나오지만, 우리처럼 생수가 나오는 것은 아니다.

식당에서 물을 달라고 하면 돈을 요구한다. 처음 중국에 간 사람들은 식당에서 물 값을 받기 때문에 많은 실랑이가 일어난다. 중국인들이 차를 즐겨 마시는 이유 중의 하나가 찻잎이 표면의 불순물을 흡착하는 기능을 갖고 있다. 중국인들은 어디를 가나 물병에 차를 담아 들고 다니면서 마시는 사람이 많다.

우리나라를 옛날부터 고려(高麗)라는 말을 사용한 것은 중국인들이 동쪽 땅에 와보니 산고수려(山高水麗) 했다. 산이 높고, 물이 아름다웠다. 그래서 고려(高麗)라 했다는 말도 있다.

중국인의 대륙적인 기질

중국의 물건들은 큰 것은 크고 작은 것은 아주 작다. 미세한 세공술로 세계를 깜짝 놀라게 하는 것들이 많다. 대만 고궁박물관에 상아구(象牙球)가 있다. 그 공속에 아름다운 조각들이 17개가 있어 돌아가면서 볼 수 있게 만들어져 있다. 이러한 세공품들은 2~3대에 걸쳐 만들어진 것이 많다.

조그만 살구 씨 하나에 산수화 한 폭을 그리고, 한쪽은 낚시질을 하고 한쪽은 장기를 뒤면서 한 사람은 이겼다고 껄껄대고, 한 사람은 낙담하는 장면을 볼 수 있는데 이것을 육안으로 볼 수가 없고 돋보기로만 볼 수 있게 만들었다.

칠보라든가 도자기는 중국의 뛰어난 작품이며, 유리병에 안에 산수화를 그리고, 향수나 아편을 넣어 양반들의 사치스런 향락에 빠져들게 한 것들도 많다. 만일 중국인들이 이러한 것을 과학 기술로 승화시켰다면, 아마도 중국이 세계 제일의 국가가 되지 않았을까 하는 생각이 든다.

이처럼 중국인은 여유 있고 대륙적인 기질을 갖고 있다. 중국의 자동차에는 '비상구'라는 것이 없고 '태평문(太平門)'이 있다. 정말로 멋진 글이 아닐 수 없다. 만일 불이 났다고 하면, 서두르면 위험하지만 태평하게 나가면 전부가 살 수 있다는 뜻이다. 이러한 정신을 만만디(慢慢地) 정신이라 한다.

만만디 정신이란 빨리 하려고 하면 이루지 못한다(욕속즉부달: 欲速則不達)는 말로 중국인은 무엇이든지 서두르지 않고, 천천히 가면 이루어진다고 믿는다.

이러한 정신을 '우공이산(愚公移山)' 정신이라고 한다. 옛날 우공이란 사람이 자기 집 앞의 높은 산을 파서 옮기려 하자 마을 사람들이 '이렇게 높은 산을 언제 파 옮길 수 있느냐?'고 물으니 '내가 못하면, 내 아들이, 아들이 못하면 손자가 그리고 대대로 이어서 하면 된다'라고 말했다.

침묵은 처세의 으뜸

중국인들은 화가 날수록 웃는다. 우리는 조그만 일에도 화를 잘 내지만. 중국인들은 웬만하면 참고 웃으면서 대한다. 웃음 속에는 얼마만큼의 자존심을 상해가면서도 참는 것도 있다.

중국인들은 치욕적인 것을 참는 자는 큰 인물이 될 수 있다고 한다. 그래서인지 언짢은 일도 잘 참는 것이 중국인이 아닌가 생각한다.

중국에서 벌어지는 많은 의식들은 모두 체면 차리기와 무관하지 않다. 상점을 개업한다고 할 경우 얼마나 체면을 차렸는가에 결정된다. 상점에서 제일 중요한 이름은 반드시 중요한 권력자가 그럴싸하게 붓글씨로 적어 준 것을 간판으로 걸어야 한다.

상점 안에는 높은 사람들과 찍은 사진이 많이 걸려 있어야 체면이 서게 되며, 국가기관에서 수여한 상장과 상패가 전시되어야 한다. 합작회사는 반드시 정치인들이 배경으로 등장해야 성공을 보장받는 첫걸음이 된다.

중국에서 침묵은 처세 철학의 으뜸이다. 우리나라 사람들은 자녀가 길을 떠날 때 '꿋꿋하게 살아라'라고 말한다. 그러나 중국인들은 만사에 말조심하고 남의 일에 참견하지 말며, 침묵이 살아가는데 많은 보탬이 된다고 교육을 시킨다.

중국은 수많은 전쟁과 독재자들이 나와 많은 사람들이 희생을 당했다. 그래서 되도록 남의 일에 뛰어 들지 않는다. 자동차 사고가 나도 구경하는 사람은 많아도 끼어들어 해결해 주려고 노력하는 사람이 별로 없는 곳이 중국이다.

중국인들이 많이 사용하고 있는 말에 '구동존이(求同存異)'란 말이 있다. '뜻이 같으면 공동 노력하여 힘을 합치고, 나와 뜻이 다르면 그대로 놓아둔다'는 뜻인데, 나와 뜻이 맞지 않다고 해서 나쁘게 보지 않는다는 것이다.

중국에서는 새 지도자가 부상할 때마다 출세의 비결이 있다. 유교적 전통과 사회주의 이념이 혼재하고 있는 중국에서의 처세술이다. 공산당에 대해 해당행위를 절대하지 말아야 한다. 당의 지도 방침에 이의를 제기하는 것은 자살행위다.

천안문사태이나 티베트 독립운동 같이 체제에 도전해 오면 배짱을 보여주고, 강경 진압을 해야 한다. 그러나 야망을 드러내지 않아야 한다. 무엇이 있는 것처럼 보였다가는 살아남지 못하기 때문이다.

정치적 식견보다는 첨단과학이나 기술을 과시하는 지식을 갖는 것이 좋다. 무색(無色) 무취(無臭)한 이과 전공의 지도자가 선호되고 있다. 부유층이나 자본가들과 사이좋게 지내야 한다. 친구를 가려 향응도 선별하고, 국제적인 분위기를 읽을 줄 알아야 하며, 매사에 비밀을 지켜야 한다.

중국인들이 중요시하게 말하는 '꽌시(關係)'는 그들의 삶에서 대단히 중요한 인간관계를 말한다. 정권이야 어떻게 바뀌든 법률이야 어떻게 바뀌지든 간에 오직 나를 위해서는 높은 사람들과 관계를 맺어야 한다는 것이다.

특히 외국인들이 사업을 할 때는 그 지역의 높은 사람들과 관계를 돈독히 맺어야 한다. 중국만이 아니고 우리나라도 사업을 하기 위해서는 높은 사람들과 관계를 맺어야 하는 것은 사실이다. 그러나 중국은 우리보다 더 좋은 관계를 맺어야 된다.

인내심이 강한 사람들

요즈음은 옛날에 비해 비행기 탑승시간이 거의 정확하다. 예전에는 오전에 9시에 출발한다는 비행기가 오후 5시에도 출발하여도 중국인들은 희한하게도 따지지 않는다.

중국의 기차 여행은 침대칸이 아니면 힘들다. 콩나물 시루와 같다. 다행히 자석에 앉았다 해도 화장실에 한번 가려면 더욱 힘이 든다. 그런데 그들은 이런 것을 잘도 참고 산다.

중국에는 그 동안 '총은 얼굴을 내미는 새를 쏜다' 또는 '뾰족한 서까래가 먼저 썩는다'라는 말이 많다. 머리를 내밀지 않아야 살고, 썩지 않기 위해서는 뾰족하지 않아야 한다. 그래서 중국인들은 잘 나서지 않거니와 친절함에 익숙하지 않는 나라이다.

처음 홍콩을 거쳐 중국을 들어갈 때 깜짝 놀란 것은 여승무원들의 인사였다. 사람들이 기내에 들어가도 '니하오' 한 마디 말이 없고, 서로 눈만 말똥말똥 뜨고 있는 것이다.

우리가 먼저 '니하오'라고 말을 걸면 그 때는 대답을 한다. 지금은 좋아졌지만, 아직도 많은 항공사 승무원들의 불친절은 알아주어야 한다.

백화점이나 시내 국영 상점에서, 거스름돈을 내 줄 때도 던져준다. 이것은 오랜 기간 사회주의 사회에서 살아 왔던 것이기 때문이다.

중국인이 좋아하는 숫자

중국인이 싫어하는 숫자는 '4'다. 우리와 마찬가지다. 四를 싫어하는 것은 죽을 사(死)와 발음이 비슷하기 때문이다.

좋아하는 숫자는 6, 8, 9다. 六을 좋아하는 이유는 발음이 '리우'로 소리 나기 때문에 流(리우) 발음과 같아 모든 일이 흘러가듯이 잘 풀린다는 뜻이다. 八은 돈을 벌다 파차이(發財)의 발자와 발음이 비슷하다고 좋아한다.

중국에서 가장 좋아하는 숫자는 9다. 9는 양(陽)의 가장 큰 숫자이다. 그래서 자금성의 방도 9,999칸이며, 큰 명절이면서 양이 가장 많은 중양절(重陽節)인 9월 9일이다.

중국인들처럼 복을 좋아하는 사람들은 없을 것이다. 새해가 되면 온통 복(福)자 판이다. 그런데 이상하게 복자를 거꾸로 메달아 놓는다. 복이 하늘에서 떨어지라는 뜻이다.

복자를 거꾸로 메달아 놓은 이유 중의 하나가 다름 아닌 박쥐에서 나왔다고 한다. 박쥐는 한자로 편복(蝙蝠)이다. 편복의 복(蝠)자가 복(福)과 발음이 같기 때문에 복자를 박쥐처럼 거꾸로 메달아 놓는데, 하늘에서 복이 떨어지라는 뜻이다. 우리나라에도 옛날 그림에 박쥐들이 많이 들어가 있는 것을 볼 수 있다.

소주의 졸정원에 5복이란 그림이 있다. 여기에 다섯 마리의 박쥐를 만들어 놓은 것이 있다. 우리는 박쥐를 좋아하지 않지만 중국은 복으로 사용한 것을 보면 좋아하는 것 같다.

중국인의 묘지

중국의 장례문화는 거의 화장제도를 실시하고 있다. 등소평(鄧小平)도 화장하여 재를 전국에 뿌렸다. 우리나라는 묘지 문제가 심각하다. 그러나 중국은 어디를 가도 묘지 문제에 대해서는 걱정이 없다. 가끔 옛날 묘가 보인다. 그리고 현재 우리 묘처럼 봉분을 하는 곳도 있다.

백두산으로 가는 길은 마을이 별로 없다. 그래서 사람이 죽으면, 화장하기 힘들기 때문에 묘지를 써도 괜찮은 지역이 있다. 대련에서 심양을 기차를 타고 가다 보면 묘지가 많이 보이는데, 이것은 옛날에 매장했던 것들이다.

우리 민족이 많이 살고 있는 용정의 일송정을 오르다 보면 공동묘지가 많다. 독립운동을 하다 무명의 인사들이 쓸쓸히 묻힌 곳이다.

항주에서 산 속으로 들어가면 개인 묘지가 있다. 요즈음 매장한 것들인데, 힘이 있는 사람은 매장해도 된다는 곳도 있다. 서안 지방은 밭 가운데에 묘지들이 보인다. 마카오를 지나 주해나 중산시에도 대만이나 일본의 오키나와의 무덤과 같은 것들이 많이 보인다.

대체적으로 무덤이 없지만 도시에서 멀리 떨어진 곳, 간혹 지방에 따라 많이 보인다. 홍콩은 땅이 좁기 때문에 묘지 값이 아파트 값보다 비싸며, 대만은 묘지에 일반인들이 사는 집 같이 만들어 논 것도 있다. 묘지 문에 편지함까지 있는 것을 볼 수 있다.

티베트는 신국(神國)으로 육신에 대한 관심이 별로 없다. 윤회사상을 중시하는 그들에게 중요한 것은 현생이 아니라 내생이고, 육신이 아니라 정신이다. 육신은 정신을 담는 '영혼의 집'이지만 정신이 떠난다면 아무 데도 쓸데없는 고깃덩이로 인식한다.

따라서 티베트 사람들은 죽으면 자신의 몸을 독수리나 까마귀에게 보시한다. 천장(天葬)이라는 그들만의 장례의식이다. 끔찍하기 이를 데 없지만 종교적 열정으로 가득한 티베트 사람들만이 할 수 있는 장엄한 종교의식이다.

'신체발부 수지부모(身體髮膚 受之父母)'라 해서 죽어서도 몸이 훼손되는 것을 두려워하는 한국인들과는 달리 티베트 사람들은 죽으면 자신의 몸을 과감히 자연으로 되돌리는 것이다.

이들은 장례의 모든 것을 관광객에 공개하지만 천장만큼은 공개하지 않는다. 여행객이 이 광경을 멀리서 카메라에 담다 봉변을 당하는 일이 비일비재하다고 한다.

풀 한 포기 나무 한 그루 없는 황량한 황무지에 시체를 땅에 누인 뒤 천장사가 칼로 둔부와 종아리 그리고 팔을 마치 회를 뜨듯 떠낸다. 섬뜩할 정도로 충격적이지만 독수리가 조금이라도 먹기 편하도록 시신에 칼집을 낸다는 것이다.

천장사가 칼질을 마친 후 비켜나면 기다리고 있던 독수리들이 몰려들어 시체를 뜯는다. 독수리들이 마지막 남은 살 한 점까지 깨끗이 먹어 치운 뒤 완전히 시체를 육탈시키고 물러난다. 독수리가 물러나면 유족들은 해골과 무릎 뼈를 챙겨들고 천장 터를 나선다.

중국진출은 어떻게 해야 하는가

사업상 중국인과 첫 대면에서 중국인은 자기회사를 소개하게 된다. 가령 종업원이 몇 명이고, 일년 매출이 얼마며, 기업의 역사는 어떠하며, 실력은 어느 정도라는 식의 각종 통계자료를 늘어놓으면 약간 무시해도 좋을 때가 많다.

예를 들면, 중국에서는 호텔에서 문 여는 일만 하는 도어맨이나, 엘리베이터 단추만 누르는 사람, 주차장에서 주차지도만 하는 사람, 호텔 엘리베이터 입구만 지키는 사람, 호텔 각층의 복도만 지키고 있는 사람 등도 지배인 한 명과 같은 숫자이며, 같은 의미의 종업원이다. 기업의 역사는 건물만 세워 놓고도 유구한 역사를 지닌 회사들이 많기 때문이다.

중국 국영회사는 인원은 많은데 일의 효율이 떨어진다. 우리나라 같으면 4분의 1의 인력으로도 더 높은 효율을 올릴 수 있을 텐데 하는 느낌이 자주 든다. 또 중국의 기업은 작은 업체라도 회사의 홍보를 위해서 홍보책자를 가지고 있을 정도로 적극적으로 회사를 소개하고, 무언가 할 수 있음을 보여 주려고 노력한다.

과장하지 않고 있는 그대로 정직하게 소개하면 오히려 별 볼 일 없는 회사로 오해받을 수도 있다. '조그만 기업체를 운영하고 있습니다만', 또는 '저희 회사는 창업한지 1년밖에 안되었지만, 성실과 노력을 다해 운영하고 있습니다' 등의 소개는 중국인의 입장에서 보면 시시하게 보인다.

'중국에는 잘 알려져 있지 않았지만, 이 분야에서 우리 회사는 어느 회사에도 뒤지지 않는다'는 식으로 다소 과장을 섞어야 믿음과 신뢰를 얻는데 도움이 된다.

아직도 중국이나 한국은 부패한 점은 비슷하다고 본다. 부패는 공직자의 권한이 너무 클 때 생기는 것이다. 우리나라나 중국이 세계 정상이 되기 위해서는 부패를 없애야 할 것이다. 그래서 중국은 부패척결을 취해 고위직들이 많이 처형되기도 했다. 부패를 척결하지 않고서는 선진국 대열에 들어가기 어렵다.

중국인들과 '꽌시'를 맺는다는 것은 어려운 일이다. 본시 속마음을 잘 드러내지 않는 중국인들이기 때문에 처음에 만나서 꽌시를 맺는다는 것은 파격적인 일이 아니면 힘든 것이다. 많은 은혜를 준다거나, 그렇지 않으면 금전적으로 많은 도움을 주어야 가능하다. 그렇다고 해서 바로 맺어지는 것은 아니다.

중국인들 역시 고위층에 있는 사람일수록 꽌시를 맺는데 부단히 노력한다. 법은 나를 구해주지 못한다 하더라도 '꽌시'는 나를 구해줄 수 있다고 믿는다.

알아야 망하지 않는다

중국에서 사업을 망하는 지름길 다음과 같다. 예쁜 동포아가씨 통역을 데리고 다니면서 일은 현지인에게 시키고 본인은 결제만 한다. 가라오케 · 사우나 · 한국식당을 전전하며 한국인하고만 어울린다.

중국에 온 지 4~5년이 되도록 중국말은 하나도 모르고, 중국인 친구도 사귀지 못한다면 쉽게 망한다. 철저하고 처절한 자세가 아니면 중국의 벽은 무너지지 않는다.

잘 나가는 한국인 사업장 옆에서 같은 사업을 하거나, 중국인과 관계를 맺은 후 편법으로 사업하는 방법만 배우는 것도 망하는 지름길이다. 처음에는 사업이 되는 듯 하지만 반드시 도산에 이르게 마련이라는 지적이다.

또 중국인의 복장·화장실·목욕탕 문제를 거론하며 중국을 무시하거나, 중국은 한 나라이니 남쪽·북쪽 어디서든지 같은 방법으로 접근하거나, 중국말을 대충 알아들으면서 대충대충 답변하는 것도 망하는 지름길이다.

술자리에서 사업 얘기가 나오면 결론을 쉽게 내려 답변하거나, 한 번 통한 편법(탈세·밀수·임금체불·보험가입 등)이 계속 유효하다고 생각하는 것도 망하는 길이다.

장소와 사람, 날씨에 따라서 변하는 곳이 중국이며, 통했던 법이 안통하고, 안 통했던 법이 통하는 사례는 중국에서는 흔한 일이다. 중국에서 스스로 성공했다고 자랑하는 사람의 말을 믿고 똑같이 하거나, 연변조선족자치주를 한국의 지방 소도시쯤으로 생각하는 것도 잘못이다.

동포는 믿을 수 없고 한족은 믿을 수 있다고 생각하거나, 동포는 같은 민족이니 우리와 의사소통이 잘 된다고 생각하는 것도 쉽게 망하는 길이다.

중국의 이민족

중국의 중화사상은 중국인이 역사를 바라보는 시각의 한 중요한 축이었다. 고대에서 중세까지 이민족은 약탈자였다. 그들은 대개 중국의 변경에 수시로 침입해 약탈을 일삼았고, 어쩌다 중심부까지 침략해오는 일이 있어도 '천하'를 빼앗아 다스릴 생각은 하지 않고 재화를 약탈해 갔을 뿐이다.

그런데 일부 이민족은 들어와 '정복자'가 되기도 했다. 중국의 중심부에 중국식 왕국을 세우고 천하를 다스리는 일이 거듭 일어난 것이다. 요나라를 비롯해 금나라・원나라・청나라가 그런 예다.

이른바 '정복왕조'들은 처음부터 천하를 다스릴 욕심으로 중국을 침략하지는 않는 것이 보통이었다. 물론 몽고제국의 원나라는 예외다. 대개는 약탈이나 교역을 통해 중국의 재화를 가져갈 생각으로 국지적 분쟁을 일으켰다가 중국 내부의 사정변화에 따라 왕조를 세우게 된다.

요나라는 당나라 멸망 후 오대십국의 혼란 속에 용병으로 끌려온 거란족이 용병수당의 담보물처럼 맡았던 북부중국에 세운 왕조였다. 송나라가 요나라를 견제하기 위해 끌어들인 여진족은 송나라의 거듭된 위약을 추궁하다가 금나라를 세우게 됐다.

만주족은 명나라의 혼란으로 인해 자립을 도모하고 나섰다가 싸우는 도중에 명나라가 내란으로 붕괴함으로써 천하를 맡게 됐다. 정복왕조의 교체를 촉진하는 요소 중 하나가 엘리트계층의 이반이다. 구체제의 한계에 환멸을 느낀 엘리트 일부가 정복자에게 새로운 체제 건설의 희망을 걸고 넘어가는 것이다.

명나라가 망할 때 청군과 대치하고 있던 총사령관 오삼계 같은 인물들이 청에 귀순, 명나라 부흥운동을 궤멸시키고 청 왕조의 천하장악을 도운 것이 그런 예다.

새로운 직업 대로원(帶路員)

중국에는 각양각색의 직업들이 많이 있다. 그런데 최근에 새로운 직업들이 생겨났다. 상해에서 고속도로를 타고 항주 시내에 들어가기 전 '대로(帶路)'란 글자를 써들고 서 있는 사람들을 볼 수 있다.

대로원은 중국 대도시에서 일반화되어가고 있는 직업이다. 즉 길 안내원을 가리킨다. 간선 도로변에 대로라고 쓴 팻말을 들고 있는 이들은 외지인들이 오면 같이 차를 같이 타고 길을 안내하여 준다. 값은 흥정에 의해서 결정된다.

'도측원(導厠員)'이란 직업도 있다. 도측원은 화장실 안내원이다. 구(舊) 시가지가 많은 북경이나 상해는 좁은 길만큼이나 공중변소가 부족하다. 따라서 뒤가 급한 여행객에게 변소를 가르쳐 주면서 돈을 받는다.

성도나 중경의 공원에 가면 돈을 받고 귀를 파주고 돈 버는 사람들이 많이 있다. 이러한 직업들 외에도 앞으로 전혀 새로운 직업이 생겨날 것으로 예상된다.

중국의 국화(國花)

중국은 아직까지 국화가 없는 나라이다. 그 동안 국화 선정 작업을 벌여 오던 해당 부서는 1994년 말에 4종의 국화 후보를 선정하여 발표하였다. 모란, 매화, 국화, 연꽃이 그 최종 후보 명단이다.

국화 선정이 늦어진 연유가 건국한 지 46년밖에 되지 않는 신중국의 짧은 역사에도 있지만 자연미보다는 인공미를, 생화보다는 조화를 더 좋아하는 중국민족들의 민족문화와도 무관하지 않다.

위의 네 종류 이외에도 총 25종이 1차 국화 후보로 선정되었는데 난, 진달래, 계화, 수선화, 군자란, 도화, 석류화, 개나리, 옥란화, 백합, 자색 장미 등이 있었다.

나라가 넓은 중국답게 국화를 하나로 할 것이 아니라 위 4개 모두를 선정하여 춘하추동 각기 다른 국화를 지정하자는 의견도 제시되었다. 중국 전체의 48%에 해당하는 15개 성 및 직할시 지역은 한 종류의 국화로 모란을 추천하였다.

20여년을 끌어오고 있는 중국의 국화(國花) 논쟁이 '한 나라, 두 국화'라는 결과로 마무리될 것으로 보인다고 상해 동방조보(東方早報)가 발표한 적이 있다.

중국은 그 동안 '한 나라, 한 국화'를 주장하며 모란꽃을 국화로 삼아야한다는 '모란파'와, '한 나라, 두 국화'를 주장하는 '모란꽃, 매화파'가 맞서 지루한 논쟁을 벌여오고 있다.

매화와 모란꽃 두 가지 모두가 중국에서 오랜 재배 역사를 갖고 있고 지난 1987년의 '중국 10대 명화(名花) 선정 활동'에서 매화가 1위, 모란꽃이 2위를 차지했다고 말해 '두 국화' 쪽에 무게를 두었다.

다리가 튼튼한 자전거 왕국

세계적으로 중국만큼 자전거가 많은 나라는 없으며, 자전거를 자행차(自行車: 쯔싱처)라 한다. 우리나라도 처음 자전거가 들어 왔을 때 자행차라 했으며, 축지법을 쓰는 기계로 생각하기도 했다.

중국은 자전거도로가 세계 어느 나라보다 발달하였다. 중국 인구 13억 가운데 그 절반인 6억대는 있다고 하니 놀랄 만하다. 몇 년 전까지만 해도 길거리에서 자전거가 등록된 번호 판을 달고 있나 없나 일일이 검사했으나, 지금은 아무나 타고 다닐 수 있다.

중국 자전거 치고 새 것은 별로 없고 헌 것이 많은 것은 도둑의 표적이 되기 때문이다. 북경시내에 있는 각 대학에서도 자전거 도둑이 많다고 한다. 우스갯소리로 잃어버리면 반대편에서 자전거 한 대를 가져오면 된다고 말한다.

부귀병이 급증하고 있다

강태공의 조어(釣魚: 낚시질)는 유명하다. 조어대란 낚시질 한 곳이라는 뜻이다. 그래서 강태공의 낚시터로 생각하는 사람이 많다. 그러나 조어대는 중국을 찾는 국빈이 머무르는 곳으로 청조 건륭황제의 별궁이 있던 자리이다.

원나라 때 김장종이 이곳에서 낚시를 했다하여 조어대(釣魚臺)라 칭해졌다. 국빈이 아니더라도 중국정부의 공무로 인한 출장자는 머물 수 있으나, 매번 출입 시 신분을 확인하고 출입등록을 해야 하는 등 번거로워 한 번 이용해 본 이들은 사양하는 곳이기도 하다.

중국의 신흥 부자들이 상상을 뛰어넘는 호화로운 생활을 즐기고 있으며, 이로 인해 빈부격차 문제가 심각한 사회문제로 제기되고 있다.

워싱턴포스트지는 '중국 부자들은 거부(巨富)가 되고 싶어 한다'라는 제목의 기사에서 자본주의 물결을 타고 부동산업으로 백만장자가 된 중국인을 소개했다.

윤택한 생활을 찾아 미국으로 이민을 떠났던 그는 최근 더 큰 부자가 되기 위해 중국으로 돌아왔다. 그는 '많은 외국인들이 중국에는 부자가 없다고 생각하지만 이는 큰 착각'이라며 '미국에서 그냥 부자가 되는 것보다 중국에서 갑부가 되는 것이 훨씬 쉽다'라고 말했다.

현재 북경에만 BMW와 벤츠가 수 천대가 등록돼 있으며 중국의 고급차 시장이 급성장하고 있다고 전했다. 수백만 달러가 넘는 프랑스풍의 호화 저택들은 없어서 못 팔 정도라고 했다.

그러나 빈부 계층 간 갈등은 중국에 심각한 사회 불안을 야기할 수 있다. 중국 사회과학학회의 조사에 따르면 중국내 총 저축액의 80%를 상위 20%의 부유층이 소유하고 있으며 부유층 자제를 위한 일부 호화 유치원의 등록금은 중국 최고 북경대학보다 비싸다. 그러나 중국 정부는 빈부 격차의 부작용을 우려하기보다는 신흥갑부들의 생산력에 국가 발전의 기대를 걸고 있는 것으로 보인다.

중국에 잘 먹고 잘 사는 탓에 생기는 이른바 부귀병이 창궐하고 있다. 이 상태로 가다가는 향후 국가 경쟁력에도 치명적인 영향을 미칠 가능성이 농후해 대책 마련이 시급한 것으로 지적되고 있다. 최근 중국 위생부가 밝힌 통계에 따르면 상황의 심각성이 무엇보다 확연히 드러났다.

예컨대 생활수준이 올라갈수록 늘어나는 질환으로 알려진 고혈압, 심장병 및 각종 암과 호흡기 질병, 비만에 따른 합병증 등의 비전염성 질병으로 숨지는 사망자 수가 비자연적 사망자에서 차지하는 비중이 무려 75%에 이르고 있다. 고지방 식품 섭취의 증가와 운동 부족의 자연적 결과인 비만 및 합병증 역시 구구한 설명이 필요 없다.

중국인은 특정 말·글의 사용을 피했다

중국에는 예를 지키기 위해, 혹은 미신 때문에 특정한 말과 글의 사용을 피하는 피휘(避諱)란 관습이 있다.

두보의 경우 자신의 시에서는 아버지 이름 한(閑)을 절대 쓰지 않았다. '원래(原來)'라는 한자는 본래 '元來'였다. 그러나 원나라를 혐오한 명나라 주원장은 '명나라가 있는데 어찌 원나라가 다시 올 수 있는가'라며 원래(原來)로 바꿔 버렸다.

당 태종의 이름은 이세민(李世民)이다. 그런데 어떤 문헌에도 그 의 이름이 정확히 기재돼 있지 않다. '世'자 중 아랫부분 획을 긋지 않았던 것이다.

이는 임금의 이름을 함부로 써서는 안 된다는 금기 때문이었다. 잉어의 리(鯉)자도 이세민의 성씨와 발음이 같다는 이유로 당시 민간인들은 잉어를 잡거나 매매하면 처벌을 받았다.

심지어 잉어를 '붉은 생선님 적선공(赤鮮公)'으로 불러야 했다. 청나라 때 왕석후는 황제 건륭(乾隆)의 이름을 그대로 써 자신뿐만 아니라 주변인물까지 죽임을 당하기도 했다. 이런 중국적 전통은 현대 중국인의 일상생활에도 남아있다고 한다.

중국판 킨제이 보고서

마카오를 통해 처음 중국에 들어가 주해나 중산시 등을 여행할 때 공산국가인 중국에서, 길 곳곳에 성병치료라는 벽보가 많이 붙어 있는 것을 보고 깜짝 놀랐다.

얼마 전 성에 관해 개방적인 중국인의 면모를 여실히 보여주는 중국판 '킨제이 보고서'가 처음으로 출판됐다. 화제의 보고서는 중국 인민대학 사회학연구소가 1999년 8월부터 1년간 20~64세 남녀 4,842명을 무작위 추출해 실시한 성 관념 조사를 토대로 작성된 것으로 최근 한 토론회에서 발표됐다.

보고서에 따르면 중국의 기혼 여성 70%는 부부관계에서 남편보다 더 능동적으로 섹스를 즐긴다고 응답해 중국의 전통적인 여권 강세를 입증했다.

결혼 유무를 막론하고 '지속적 관계를 맺고 있는 섹스 파트너가 다수 있다'고 응답한 비율이 30~34세의 연령층에서 남자 45.8%, 여자 17.7%인 것으로 나타났다.

특히 이 연령대에서는 기혼 남자의 36%와 기혼 여자의 19.4%가 다수 섹스 파트너와의 혼외정사를 갖고 있다고 답했다. 40대 이상의 남녀에서는 각각 20.8%와 5.5%였다.

25~29세 미혼 남녀 중 성 경험이 있다고 답한 비율은 남성 72.2%, 여성 46.2%였으며, 남성의 매매춘 경험은 25~29세 16.7%, 40세 이하 11.3%, 40세 이상 6.4%로 조사됐다.

다른 아시아국과 달리 매매춘 경험자들이 의외로 적은 것은 중국의 성 개방 풍조 때문이라고 보고서는 분석했다. 낙태 문제도 예사롭지 않아 40세 이하 여성의 49.1%가 유산을 1회 이상 경험했다고 응답했다.

보고서는 또 변태나 동성애자로 추정되는 비율이 1~4%에 이르며, 섹스와 결혼은 별개라고 생각하는 관념이 광범위하게 퍼져가고 있다고 덧붙였다

지금 중국에서는 대체혼인이라는 새로운 방식의 혼인이 유행하고 있다. 대체혼인이란 할아버지와 아주머니들의 만남을 말하는 것이다. 쌍방의 연령 차이는 대개 20세 이상의 차이가 나며 경제조건이 좋은 할아버지가 선호하는 일종의 계약결혼인 것이다.

한 퇴직간부는 아들 하나와 딸 하나를 두고 있는 할아버지는 퇴직금으로 생활에는 문제가 없지만 부인이 죽은 후 몸이 불편한 관계로 살아가는데 많은 장애를 겪고 있었다.

그는 자녀들의 도움으로 새로운 생활을 시작하기로 결심하였다. 잘 아는 사람의 도움으로 50세 전후의 아주머니를 소개받았는데 특별히 직업이 없었던 주부는 자신의 몸을 의탁할 집을 구하는 중이였다고 한다.

남자는 경제조건이 좋고 여자는 나이가 젊다는 장점이 있어서 이 두 사람은 혼인하기에 이르렀다. 혼인 후에 5년 동안 정성껏 남자를 봉양한다면 집을 여자에게 준다는 조건이었다.

폭죽의 천국 중국

중국의 가장 큰 명절인 춘절(春節, 설)에 0시를 기하여 여기저기에서 잇따른 폭발음이 들려 왔다. 마치 전쟁터 같은 착각이 들 정도였다. 거리엔 갖가지 폭죽놀이가 밤하늘을 가득 채우고 있었다.

잡귀를 물리치고 복을 빌기 위해 폭죽놀이를 즐기는 춘절의 세시풍속이지만 1993년부터 북경 시내에서 폭죽놀이가 금지되기도 했으나, 전통을 중시하는 중국인의 정서 때문에 당국이 묵인하고 있는 상태이다.

중국사회과학원의 한 교수는 예로부터 제왕이 폭죽놀이를 통해 백성들과 어울리며 운을 빌었던 이 풍속이 1천년 가까이 지속된 것은 그 만큼 가치가 있기 때문이라고 말한다.

폭죽놀이는 지켜보는 것만으로도 흥미롭다. 외국인의 눈에는 더더욱 그렇다. 귀가 터질 것 같은 폭발음도 폭죽의 종류에 따라

달라지기 때문에 흥미로움을 더해 준다. 우리나라 세시풍속에 대보름날 들판에 나가 불 깡통을 돌리다가 하늘로 내던져 밤하늘에 아름다운 불꽃을 수놓게 하는 것을 연상시킨다.

이름이 좋은 코카콜라(可口可樂)

죽의 장막이라고 불렸던 공산주의 국가 중국에 맨 처음 침투한 것은 콜라였다. 달작지근하고 시금털털한 이 자본주의의 첨병은 어느새 자본주의의 상징이 되었다.

이 코카콜라를 한자를 중국에서는 어떻게 부르는지 재미있는 일이다. '커 커우 컬 러' 중국에서 받아들인 외래어 가운데 발음 좋고, 의미 좋은 단어로 첫손 꼽히는 Coca Cola를 可口可樂으로 번역한 사람은 중국 출신의 미술학자 장이(1903~1977)이다. 중국 미술의 진가를 서방에 알리는데 일생을 바친 사람이다.

1933년 그가 영국 런던으로 유학을 떠날 무렵, 대륙에 진출한 코카콜라가 그럴싸한 이름을 찾지 못해 헤매다가 중국어 이름을 현상 공모했는데, <可口可樂>이라는 4자성어를 응모해서 당선되었던 것이다. 그가 받은 상금은 미화 30달러, 영국 돈으로는 6파운드 정도에 불과했다.

처와 자식을 고향에 남겨두고 그가 영국으로 떠날 때, 3개월 정도 지낼 수 있는, 단돈 100파운드만 달랑 갖고 갔다는 말이 있다. 6파운드의 상금이 그에게는 큰돈은 아니었다.

이 사람은 유학 중에 영국정보국에서 번역을 했고, 전쟁이 끝난 후에는 미국 국적을 취득하고 콜럼비아대학에서 교수로 정년 퇴직을 했다. 말년에는 홍콩에 거주하면서 계속 중국 본토를 기웃거리다가 1975년과 1977년 두 번 중국을 방문하여, 아내와 자식을 상봉하고, 여생을 마감했다.

한국의 화교

'바닷물 닿는 곳에 화교가 있다' 세계 구석구석에 화교가 있다는 것이다. 미국의 시그레이브는 '보이지 않는 제국, 화교'라는 저서에서 화교를 '어느 한 국가에 속하지 않는 세계적 규모의 세력'이라고 했다.

우리나라 화교의 역사는 1882년 임오군란 때 한국에 파견된 군대를 따라온 40여명의 상인들이 한국 화교의 효시(嚆矢)다. 같은 해 청나라와 통상조약을 맺어 화교 유입의 길이 터지자 주로 산동성 출신들이 서해를 건너왔다.

구한말 때 서울과 인천에 약 300명 정도의 화교가 있었는데 상업을 천시했던 당시 우리나라의 풍조에 힘입어 급속도로 주변 상권을 장악했다.

1923년에는 6천명에 이르렀으며, 1970년대는 12만 명에 이르기까지 번성하던 화교사회는 한국적 풍토를 견디지 못하고 쇠락의 길로 접어들었다.

대부분 대만 국적을 가진 화교들은 1992년 한중수교를 위해 대만과 단교 후 더욱 어려움을 겪게 되었다. 청천백일기(青天白日

旗)가 내려지던 날 많은 화교들은 눈물을 흘렸다. TV방송을 본 우리도 눈물을 흘렸다. 그 당시 나는 대만에 많이 다녔기 때문에 너무나 미안한 감이 들었다.

서울 명동 중국대사관 부근은 한국 화교 상권의 중심지였다. 예전에는 인근 한성소학교의 화교어린이들의 재잘거림과 중국 음식점 및 각종 가게의 한문간판이 어우러져 '차이나타운' 특유의 활기가 넘쳐 났었다.

화교학생들은 이곳에서 태어나 한국말을 잘하고 한국의 정치나 문화 역사 등을 공부하는데, 대만에 있는 일반고등학교와 똑같은 교과과정을 이수한다. 졸업생의 1/3은 매년 대만의 대학으로 진학했다.

현재 전국에 거주하고 있는 화교는 약 2만 명이며, 1970년대에 비하면 너무나 줄어들었다. 주로 대도시에 몰려 살고 있으나 과거의 영화는 찾아볼 수 없다.

한국의 화교사회는 왜 쇠락하고 있을까. 화교들이 한국을 등지는 이유는 한국사회의 법적 제도적 차별이었다. 1997년 관련법이 개정되기 전까지 한국에서 태어나 성장하고 교육받으며, 한국여성과 결혼을 했어도 은행대출이나 자기 이름으로 집 한 채 갖기 어려웠다.

1997년 이후 개정법으로 외국인도 주식 또는 부동산을 소유할 수 있게 되었고 국적법이 바뀌어 국제 결혼한 한국여성의 자녀들도 한국 국적취득이 가능해졌으며 거주지 등록기간도 3년에서 5년으로 연장되었다.

화교의 직업은 식당업이 주류를 이루고 중국 음식점이 전국적으로 500여 곳에 이르고 있다. 하지만 최근 변화가 일고 있다. 주역은 20~30대의 젊은층, 이들은 중국대륙을 겨냥한 무역이나 여행업에 주력하고 있다. 또 한국에 정착하기 위해 한국대학을 지원하는 학생들도 점차 늘어나고 있다.

한국의 화교들은 대만에 가면 한국사람 취급을 받는데 한국에서는 철저히 '외국인' 대접을 받는다. 우리 한국사회는 앞으로 화교에 대한 마음의 문을 열고 이해하는 것을 게을리 하면 안 된다. 그래야 국제화시대에 걸맞게 되는 것이다.

신화교가 몰려온다

신(新)화교가 몰려오고 있다. 글로벌 마인드와 신지식으로 무장한 신화교는 오랜 시간 한국 땅에서 규제와 차별에 억눌려온 노(老)화교들에게 새로운 희망을 불러일으키고 있다.

노화교는 중국음식점 경영이나 통역가이드, 한의사 등 제한적인 직업을 가진 한국사회의 잊혀진 소수였다. 반면 신화교는 중국뿐만 아니라, 미국·영국 등에서 글로벌 교육을 받고, 한국 내에서도 정보통신·생명공학 등 최첨단 분야에서 핵심적인 역할을 담당하고 있다.

노화교가 한국 땅에 뿌리를 내리고 대대손손 정착한 사람들만을 지칭했다면, 신화교는 국제화·개방화 시대에 중국인 출신으로 한국에 새롭게 진출해 일하는 사람들을 통칭한다.

앞으로 신화교 숫자가 10만 여명에 이를 것으로 추산한다. 이

들 중 대학 이상을 졸업한 엘리트도 기존 화교 2만의 2배를 넘는 5만 여명에 달할 것이라는 계산이다.

현재 한국에 진출한 중국 기업의 숫자가 1,200개를 넘어섰다. 그리고 한국을 제2의 고국으로 생각하는 신화교의 숫자도 갈수록 늘어날 것이라고 말한다.

한국 내 중국기업 근무를 통해서가 아니라, 아예 한국기업에 근무하며 한국 땅에 정착하는 신화교의 숫자도 늘고 있다. 모 기업이 중국인을 선발한 것은 이들의 본격적인 한국 진출로 받아들여져 화교사회에 신선한 충격을 던져줬다.

신화교의 급성장으로 이들을 기존 화교사회로 끌어안기 위한 단체들도 생겨나고 있다. 서울에 '중국 교민협회'가 만들어진 데 이어, 인천. 광주 등 화평통일촉진회가 설립됐다.

대만 대표부의 지원을 받는 기존 화교협회와는 달리 중국 대사관의 후원을 받고, 중국 대륙 출신의 신화교를 지원하기 위해 새로운 단체를 만들었다. 갈수록 규모가 커지는 신화교를 기존 화교사회로 끌어들여 화교 전체의 목소리를 키우겠다는 복안이다.

신화교의 적극적인 한국사회 진입은 기존 화교사회에 희망과 동시에 위기감도 던져주고 있다. 화교 3세, 4세들은 여전히 대만 국적을 가진 '이방인' 취급을 받는 반면, 중국 본토 출신의 신화교는 중국경제 급성장에 따른 수혜를 받는다는 인식 때문이다.

한편 중국과 대만 사이에서는 화교들을 자기편으로 만들기 위한 노력도 있는 것 같다. 마치 일본에 있는 민단과 조총련과의 관계가 될 것 같지나 않을까 생각한다.

속내를 드러내지 않는 기질

중국어에는 회색지대 같은 표현이 많다. '좋다' '나쁘다'라는 단적인 표현은 삼가한다. 늘 한 바퀴 돌아서 말한다.

우선 '하이싱(還行)'이라는 말을 보자. '괜찮다'는 뜻이다. 뭐가 좋은지 나쁜지 말해달라고 주문하면 중국인들은 대개 "하이싱"이라고 대답한다. "도대체 좋다는 거냐, 나쁘다는 거냐" 다그쳐 물어보지만 중국인들은 그저 웃으며 "하이싱"이다.

'하이싱'은 사람의 속내를 좀체 들여다보기 힘들게 하는 회색의 관용어다. 인내심을 갖고 다시 하오 부 하오(好不好)를 물으면 그때서야 조금 진전된 답을 들을 수 있다. 그래도 단적인 표현은 피한다. 예를 들어 좋은 쪽의 표현이라면 '괜찮다'에 비해 한결 긍정적인 "부춰(不錯: 나쁘지 않다)"라고 말한다.

그보다 더 좋은 표현이 가능한 상황이라는 판단이 서야 비로소 "팅하오(挺好: 정말 좋다)"라고 한다. 부정적 경우에도 대답은 여러 등급이다. '하이싱'에 비해 조금 더 부정적이라면 "처우허(湊合: 아쉽지만 괜찮다)" 또는 "차부둬(差不多: 그저 괜찮다, 크게 모자라지 않는다)"라는 표현을 쓴다. 그보다 더 나쁘면 "부타이하오(不太好: 별로 좋지 않다)"다.

이런 말을 중국인의 입을 통해 직접 들으려면 집요하게 매달리고 졸라야 가능하다. 그러기 전까지는 한사코 '하이싱'일 뿐이다. 한국인들이 중국어를 배울 때 '하오'의 뜻을 '좋다'로 배운다.

그 이상의 뜻을 설명하는 교재는 없다. 하지만 실전 중국어에서 '하오(好)'는 반드시 '좋다'는 뜻으로 쓰이지 않는다. 거래할 때 한국인은 중국인으로부터 '하오'라는 대답을 듣고서는 협상이 순조로운 것으로 착각하기 쉽다.

하지만 조금 더 상황이 진전되다가 중국인이 태도를 바꾸면 '저 사람 분명히 좋다고 해 놓고서? 라며 화를 내는 등 감정적 대응을 한다. 북경(北京)에 10여년 살며 사업하는 한국인의 설명이다. 중국인의 '하오'가 반드시 'OK'와 연결되지 않는 것이다.

특히 돈이 걸린 협상이라면 더욱 그렇다. 무슨 말인지는 알겠다. 그래 다음은 어떻다는 거냐? 정도의 뜻으로 해석해야 한다는 게 한국인의 조언이다.

중국인은 옳고 그른 것, 좋고 나쁜 것 에 대한 대답을 하기 전에 늘 상황을 관찰한다. 이른바 '바람을 보고 키를 움직인다(看風使舵)'. 돌고 도는 세상에서 무엇이 좋고 나쁜 것인지 현재로서는 따지기 힘들기 때문이다.

사상체질로 본 韓中日

사람의 체질을 보면 4가지로 나눈다. 태양인, 태음인, 소양인, 소음인이다. 태양인은 매우 드물기 때문에 대부분의 사람들은 나머지 3종류 체질에 해당된다.

중국인들의 기질적 특징은 '만만디'라고 한다. 매사에 서두르지 않고 느긋하다. 자기의 속을 쉽게 드러내지 않는다. 이는 태음인에 해당되는 기질이다. 간이 크고 폐가 작은 태음인은 느긋하고 뚝심이 있다.

일본인들은 정확하고 꼼꼼하다. 타인에게 폐를 끼치지 않으려고 매사에 조심스럽다. 일상회화에서도 '스미마셍'이 입에 붙어 있다. 이런 스타일은 소음인 기질이다. 신장이 크고 비장이 작은 소음인들은 내성적이면서 별로 오버하지 않는다. 밖에 나돌아 다니기를 좋아하지 않고 차분하여 실속을 챙긴다.

한국인은 소양인 기질에 가깝다. 소화기관인 비장이 튼튼하고 신장이 작은 소양인들은 '빨리 빨리'가 체질이다. 외국에 나가보면 한국인을 나타내는 말은 빨리 빨리로 통한다. 그만큼 한국인들은 빠르다. 소양인들은 순발력과 스피드가 좋고 적응이 빠르다.

중국의 수도 북경(北京: 베이찡)

우리나라에서 북경으로 항공노선이 매일 11편 이상이 취항하고 있어 북경 왕래가 수월하다. 북경공항의 이름은 수도공항이다.

공항에 내리면 몇 년 전까지만 해도 촌스러운 공항이었으나, 지금은 놀라울 정도로 잘 만들어졌다. 북경 시내에 들어가는 길 역시 2차선의 좁은 도로였지만, 지금은 8차선 고속도로가 시원스럽게 뚫려있다.

공항에서 시내까지는 18km이다. 국제도시로 성장하기 위해서는 국제공항이 가까이 있는 것이 필수적이다. 때문에 중국은 대도시에 국제공항 건설에 박차를 가하고 있다. 공항에서 시내까지 버스나 택시를 이용하면 편리하고, 요금은 그리 비싼 편은 아니다.

북경을 천년의 고도라 한다. 10세기 금나라가 수도를 중도(中都)라 정하고, 원나라는 대도(大都)라 정했으며, 명나라 주원장의 아들 영락제가 북경에 자리를 잡으면서 오늘에 이른 것이다.

춘추전국시대에는 북경은 연(燕)나라의 영토로 변방에 불과한 곳이었으나, 연나라가 수도를 연경(燕京)으로 정하면서 역사의 중심에 서게 된다.

북경은 지난 세기 초까지 청나라의 수도로 사용되다가, 장개석(蔣介石) 정부가 남경으로 수도를 정하면서 두 개의 서울을 둘 수 없다 하여, 북경을 북평(北平)으로 바꾸었다.

그 후 모택동(毛澤東) 정부가 들어서면서 수도를 다시 북경으로 환원하였는데, 지금도 대만에서는 북평으로 부른다. 그것은 북경이 북쪽에 위치하면서 평야지대이기 때문이다.

우리나라는 배산임수(背山臨水)라 하여 도시의 뒤에는 산이 있고, 앞에는 강물이 흐르는 데 북경에는 그것이 없다. 중국 사람들에게 그것을 지적하면 '왜 산이 없고, 강이 없는가, 좀 멀리 있을 뿐'이라고 말한다. 북경의 배산(背山)은 대흥안령산맥이고, 임수(臨水)는 황하라는 것이다.

TV에 많이 등장하는 천안문(天安門)

중국의 뉴스가 나오면 TV에 제일 먼저 비치는 것이 천안문이다. 왼쪽에 '중화인민공화국 만세', 중앙에 모택동 사진, 오른쪽에 '세계인민 대단결만세'가 있다.

광장과 천안문 사이에 넓은 도로 사이로 자동차와 자전거가 물결을 이루고 있다. 이 도로가 장안대로이다. 이 도로는 직선길이가 자그마치 48km, 폭이 100m이며 좁은 곳은 50m가 된다. 우리는 상상할 수 없는 큰 도로라 할 수 있다.

천안문은 명나라시대인 1417년에 만들어졌는데, 처음에는 승천문(承天門)이라고 불렀으나 전쟁으로 소실되고, 현존하는 것은 1651년에 재건되었으며 천안문의 반대인 지안문(地安門)이 있다.

1949년 10월 1일 중국의 건국 선언문이 바로 이곳에서 발표되었으며, 1988년부터 천안문에 오를 수 있게 되었다. 이 건물 2층에는 중국 탄생 장면이 그려져 있다. 보통 천안문은 관광하지 않지만, 개인적으로 갈 때는 꼭 가보아야 한다.

천안문은 자금성의 남문에 해당하며, 지붕은 이중으로 되어 있다. 황제는 5개 통로의 중앙문으로 출입하였다. 문 앞에 5개의 대리석 다리는 금수교(金水橋)라 불리며 조각이 아름답다.

광주민주화운동과 비슷한 천안문 사건은 1989년 6월 4일에 반정부투쟁과 민주주의를 외친 사건으로 뜻을 이루지 못하였지만, 지금도 천안문 주위는 공안원들이 경계가 심하다.

천안문과 자금성을 한 바퀴 도는 길을 1환로이다. 전에는 2환로까지 있었는데 지금 4환로까지 있으며, 자동차도로를 건설하는데 많은 투자를 하고 있다. 1959년 이전만 해도 천안문광장은 11만m^2이었으며, 그 이후 50만m^2로 100만명 정도의 집회가 가능하다.

최근 장안대로 주변에 현대식 건물이 많고, 홍콩의 자본들이 많이 유입되어 깨끗하고 아름다운 거리를 만들어 북경 최고의 명소로 등장하고 있다.

천안문광장 주변에 인민대회당, 모택동 기념당. 인민영웅기념비가 있다. 홍콩과 마카오가 귀속되기 전에는 반환 날자와 시분초까지 알리는 안내판이 있었다.

1959년 9월에 낙성된 인민대회당은 중국정치의 중심 기능을 하는 곳으로 중앙 홀은 1만 명을 수용할 수 있는 크기의 규모를 갖고 있다. 천안문광장 남쪽에는 유명, 무명전사들을 위해 만든 인민영웅비가 38m의 높이로 우뚝 솟아있다.

정면에는 모택동이 쓴 '인민의 영웅은 영원히 불멸한다(人民英雄永垂不朽)'라 적혀 있고, 뒷면에는 주은래(周恩來)의 글씨가 있다. 모택동 기념당은 모택동의 생전 모습으로 보존하여, 일반인에게도 공개되고 있으나 보기 위해서는 많은 시간을 기다려야 가능하다.

매일 수많은 관광객이 북적거리는데, 외국인도 많지만 중국인들이 훨씬 많다. 그들은 30～40시간 이상 기차를 타고 북경을 처음 보는 사람도 많다.

세계 최대의 궁전 자금성(紫禁城)

서양인들이 중국을 얕보다가도 자금성과 만리장성을 보고 나면 '과연 중국은 무서운 나라'라고 말한다. 자금성은 명나라, 청나라 황제가 살았던 곳으로 오늘날 공식명칭은 고궁박물원이다.

명나라시대 만들었지만, 뒤쪽 청나라 시대 지은 건물에는 한자와 만주 글자가 보인다. 만주 글자를 모르는 사람들은 한자의 전서체가 아닌가 생각하기도 한다.

우리나라 사신들이 황제를 배알하기 위해서 얼마나 고생을 했는지 짐작이 간다. 사신들이 황제를 알현(謁見)한다는 것은 참으로 힘들었을 것이다.

사신들이 북경까지 가는 일은 기쁨도 많았겠지만, '참으로 힘든 일이었구나'라는 생각이 든다. 옛날 사신들은 1개월 이상이나 걸렸으나, 지금은 서울에서 북경까지 2시간 거리이니 참으로 축지법을 쓰는 세상이 아닐 수 없다.

자금성은 천안문을 거쳐 바로 들어가지만, 옛날에는 먼저 전문인 정양문을 통과하고, 정양문에서 광장을 거쳐 천안문까지 약 900m의 거리다. 천안문에서 다시 200m 지점에 단문(端門)이 있고, 자금성의 입구인 오문(午門)까지 300m를 가야 비로소 자금성이다.

단문과 오문 사이에 각국 사신들에게 황제에게 절하는 방법을 가르쳤던 곳이다. 조선 사신들도 만주식 연습을 하고 들어갔다.

자금성의 구조를 보면 완전히 좌우 대칭으로 되어 있는 궁궐이다. 동서는 750m, 남북은 960m로 천안문으로부터 1.5km, 전문에서 2.5km이지만 경산공원까지 3km가 훨씬 넘는다.

자금성 내부의 문들도 복잡하다. 오문에서 마지막의 신무문(神武門)까지 나오는데 15개의 커다란 건물이 있다. 이외에도 100여 채의 건물과 성벽이 연속적으로 이어진 집들이 즐비하다.

자금성에는 중요한 곳은 태화전, 중화전, 보화전이다. 태화전(太和殿)은 황제 즉위식을 거행하거나 원정을 할 때나 경축행사를 하는 곳이고, 중화전(中和殿)은 경축행사에 황제가 휴식하거나 신하에게 조서나 칙서를 내리는 곳이며, 보화전(保和殿)은 매년 섣달 그믐날 대연회를 개최하고, 중화전보다 작은 행사를 치른 곳이다.

보화전 뒤에는 고궁 최대의 대리석 조각이 있다. 길이는 15.6m, 폭 3.1m로 무게가 자그마치 250t이나 된다. 아홉 마리의 용이 조각되었는데, 멀리서 이것을 가져오는데 3년이나 걸렸다고 한다. 이 돌이 워낙 무겁기 때문에 옮길 수 없어, 겨울철 길에 물을 뿌려 길이 얼면, 그 것을 밀고 왔다고 한다.

자금성에는 방이 자그마치 9,999칸이라고 한다. 황제는 천자(天子)로 옥황상제의 아들이기 때문에 만 칸을 가질 수 없다. 자금성에서 태어나 하루에 한 칸씩만 잔다고 하더라도 27년이나 걸린다.

자금성 100여 채의 집들이 모두 박물관인데 전부를 본다는 것은 며칠을 두고 보아야 가능하다. 여행객이 대충 쳐다만 보고 지나가도 3시간 정도 걸린다.

자금성 바닥은 벽돌로 3m 깊이로 만들어져 있다. 침입자들이 밑바닥을 뚫고 들어오면 벽돌이 무너지게 되었으며, 벽돌이 잘못 되었는가를 확인하기 위해 만든 사람의 이름이 새겨져 있다.

나무는 후원인 어화원을 제외하고는 심지 않았다. 그래서 자금성은 나무가 없는 궁궐이다. 이것 역시 침입자들이 몸을 숨길 곳을 없애기 위해서다.

자금성 주위로 높은 성곽이 있고, 바로 밑에는 접근하기 어렵게 물로 가득한 해자(垓字)가 조성되어 있지만, 황제는 항상 불안하게 살았을 것이다.

후문 쪽에 문턱이 잘려진 곳이 보인다. 이것은 청나라의 마지막 황제 부의(溥儀)가 자전거를 타고 다니기 위해서 만든 것이다.

자금성을 건립한 영락제는 주원장의 넷째 아들인 명나라의 세 번째 황제다. 주원장은 큰아들 의문태자(懿文太子)가 죽자 장자 계승의 원칙을 지킨다는 뜻에서 장손인 주윤문에게 황제의 자리를 넘겨줬다.

주원장의 아들은 모두 26명으로 영락제가 네 번째, 이름은 주체로 석비(碩妃)가 낳은 아들이다. 그의 어머니 석비는 고려 공녀 출신이라고 한다.

주원장이 아들들을 왕으로 삼아 지방을 다스리게 하고 딴 마음을 먹지 못하도록 승려를 붙여 감시하였다. 하지만 영락제는 감시자였던 승려 도연(道衍)까지 포섭해 참모로 만들면서 보위를 노리고 있었다.

지금의 북경 지역을 다스리던 그는 주원장이 죽고 조카가 보위에 오르자, 조카를 제거하고 스스로 황제의 자리에 올랐다.

자금성의 뒷문인 신무문을 나서면 바로 앞에 보이는 것이 경산공원이다. 높이 52m의 봉우리에 있는 만춘정(萬春亭)에서 자금성이나 시가지를 내려다 볼 수 있다.

1644년 이자성이 자금성에 들어갔을 때 명나라 마지막 황제 숭정제(崇禎帝)는 자금성 바로 옆의 경산공원에서 자살을 했다. 지금도 숭정제가 목을 맨 자살나무라는 안내판이 붙어 있다.

그는 황태자를 비롯한 세 아들에게 명나라 법통를 잇게 하려고 평복으로 갈아입히고, 늙은이를 만나거든 '할아버지'로 장년을 만나거든 '아저씨'라 부르라고 당부하여 보냈다.

또한 그는 황후 주(周)씨에게 자결을 명하고 17세의 황녀 장평공주와 6세인 소인공주를 칼로 찔러 죽이고 자신도 자살을 했다. 숭정제를 따라 죽은 신하로는 환관인 왕승은(王承恩) 한 사람이었으며, 나머지는 다 도망가고 말았다.

청나라시대 조선은 명나라를 섬겼던 관계로 사신들이 자살나무 아래에서 울고 가기 때문에 청나라에서 대단히 골치 아픈 일로 생각했다는 말이 전해지고 있다.

대학자 방효유 공개 처형

사륙신이 세조를 인정하지 않았듯이 당대 명나라의 대학자이자 주원장의 스승인 방효유(方孝孺)도 영락제를 인정하지 않았다. 그는 조서(詔書)를 짓도록 명을 받게 되자 '연나라 도적이 제위를 강도질했다'라고 쓰면서 영락제의 잘못을 질책했다.

방효유는 절강성 상산현 출신으로 유불(儒佛)을 연구한 문호 송렴(宋濂)의 가르침을 받아 학식이 깊었다.

영락제는 방효유의 가족과 친척 그리고 문하생 등 모두 870여 명을 가혹하게 처형했다. 그것도 한꺼번에 죽인 것이 아니라 방효유의 면전에서 마음을 바꿀 것을 요구하며 한 명 한 명 잔인하게 죽였다. 그래도 마음을 바꾸지 않았던 방효유를 공개 처형하고 시신을 저자거리에 내다 걸었다.

주위의 시선이 따가운 상황에서 영락제는 이를 잠재우고 정통성을 확보하는 계기가 필요했다. 그래서 착수한 일이 북경에 거대한 성을 짓는 일이었다.

고려 공녀출신인 원나라의 기황후

서해 최북단 백령도에 조금 못 미친 곳에 자리하고 있는 대청도는 몽고황실의 인물을 유배시키는 귀양지로 이용되기도 했다. 이 섬에 대원제국의 마지막황제 순제(順帝)가 어린 시절 귀양살이를 했다는 기록이 있다.

어린 시절 일년 반 가까이 고려의 외딴 섬에서 보냈던 순제의 머릿 속에는 고려라는 나라와 고려인들은 특별한 이미지로 각인됐을 것이다. 원나라 순제의 황후는 고려의 여인이었는데 기씨 성을 가진 고려 여인은 황후가 된 뒤 대원제국에 상당한 역할을 했다.

고려가 대몽 항전에서 무릎을 꿇은 후 몽고는 궁녀나 귀족의 첩 그리고 노비 등으로 이용하기 위해 고려에 매년 공녀를 요구

해왔다. 공녀로 선발된 처녀의 가족들은 밤낮으로 통곡했으며 비통함 때문에 우물에 몸을 던지거나 스스로 목을 매는 사람도 있어 당시 비참한 상황을 짐작해 볼 수 있다.

원나라는 한인(漢人)을 최하층 신분으로 취급했으며, 고려인은 중국인들보다 한 단계 위의 품계로 우대해 주었다. 원나라는 한자를 알고 기본적인 소양을 갖춘 고려인 환관을 궁정 안에 두었는데 부려먹기 편했을 것이다.

당나라, 원나라시대부터 사용되었던 북경시 순의구에 고려영진과 소고려영 그리고 통주현에 고려포 등 고려(高麗)라는 지명이 아직도 있다.

세계 최대의 무덤 만리장성

만리장성은 하북성 발해만이 있는 산해관의 천하제일관(天下第一關)에서 시작하여, 감숙성 고비사막이 있는 가욕관(嘉峪關)의 천하제일웅(天下第一雄)까지 장장 6,700km를 말한다.

만리장성을 보면 중국인의 기질을 보는 것 같다. 중국인을 가리켜 대륙적 기질이라 한다. 대륙기질은 만만디(慢慢地) 정신이다. 대표적인 고사성어가 '우공이산(愚公移山)'이다.

만리장성을 한 번 올라가면, 입이 저절로 벌려 닫힐 줄 모른다. 웅장하고 어마어마한 것을 어떻게 만들었을까, 산봉우리에서 봉우리로, 가파른 절벽에서 절벽으로, 평원에서 평원으로 끝없이 이어지는… 감탄에 감탄이 저절로 나온다.

꽃이 만발한 만리장성

인류가 만들어 낸 유물 중에서 가장 웅장하고, 자랑스럽고, 가장 값진 문화유산이다. 인공위성에서 지구를 바라보았을 때 보이는 것은 만리장성뿐이라고 한다. 모택동이 중국 남성들에게 '만리장성에 오르지 않으면, 대장부가 아니다(不到長城非好漢)'라는 말을 했을 정도이다.

그러나 힘없는 백성들이 얼마나 많은 고달픈 인생을 한탄했을까 하는 생각이 든다. 만리장성을 쌓기 위해 한 번 들어오면 죽을 때까지 나가지 못했으며, 또한 쌓다가 죽으면 시체를 다른 곳에 묻기 힘들어 바로 그 곳에 묻었다고 한다. 그래서 만리장성을 세계에서 가장 긴 무덤이라고 말하기도 한다.

만리장성은 춘추전국시대 제(齊)나라가 영토방위를 위하여 국경을 쌓은 것이 장성의 효시(嚆矢)이며, 그 후 각 제후국마다 나름대로 장성을 쌓기 시작했다. 진시황이 중국을 통일(BC 221)한 후 흉노족을 막기 위하여 각 제후국이 쌓아 놓은 장성을 연결하였다. 그래서 만리장성 하면 진시황이 떠오르지만, 진시황이 전체를 쌓은 것은 아니다.

흉노족인 몽고가 원나라를 건국하면서 만리장성의 존재가치가 없었고, 명나라가 건국되면서 몽고족들이 다시 쳐들어올까 하는 생각에 장성을 튼튼히 한 것으로 현존의 만리장성은 명나라시대에 최종 완성된 것이다.

만리장성에 대한 이야기가 많이 전해온다. 산해관에 맹강녀(孟姜女)의 사당이 있다. 맹강녀는 진나라시대 범기량(范杞梁)의 아내로 만리장성 축조에 징발된 남편이 제물로 바쳐져 성벽 속에 묻혀져 있는 것을 알고, 며칠간 대성통곡하니 성벽이 무너져 남편의 시체가 나왔다는 이야기로 그녀를 기리기 위한 사당이다.

북경에서 만리장성의 볼만한 곳은 팔달령(八達嶺), 거용관(居庸關), 수관(水關) 등 3곳이다. 그 중에서 사통팔달로 다닐 수 있는 팔달령이 가장 웅장하고, 아름답다.

팔달령 근처의 장성은 높이 8.5m, 너비는 밑 부분이 6.5m, 윗부분이 5.7m이며, 성첩(城堞: 성가퀴)이 1m 높이로 만들어졌으며, 120m 간격으로 돈대(墩臺: 약간 높직하고 평평한 대)가 있다.

요즈음은 서로 경쟁적으로 관광객을 끌어들이고 있기 때문에 가장 비싼 팔달령보다 거용관이나 수관으로 이용하고 있으나, 팔달령은 케이블카를 이용할 수도 있고, 입구에는 서커스까지 해주고 있어 팔달령으로 가는 것이 좋다.

현재 2,500km만 남을 정도로 심각하게 훼손된 것으로 밝혀졌다. 500여명의 전문가로 이뤄진 만리장성 조사단은 답사를 통해 발표한 보고서에 따르면 장성 중 3분의 1이 성곽만 남아 있고, 3분의 1은 유적지만 발견됐으며 나머지는 없어졌다고 한다.

이는 풍화 등 자연적인 원인도 있지만 인위적 요인이 더 큰 것으로 나타났다. 주민들이 장성의 벽돌을 뜯어가 집을 고치고, 밭을 일구기 위해 성곽을 헐어버리는가 하면 장성 위에 화장실을 짓기도 했다는 것이다.

임진왜란 때 도와준 황제의 무덤 정릉(定陵)

북경 북서쪽으로 50km 지점에는 명나라의 3대 영락대제로부터 마지막 황제인 숭정제까지 13명의 황제를 모신 13개의 능묘가 있다. 총 면적은 40km^{2}에 이르는데, 230여 년에 거쳐 막대한 인력과 물자가 동원되어 건축되었다.

영락제가 수도를 북경으로 옮기면서, 이곳이 조성되기 시작하였는데, 13릉은 대체로 세 가지 유형으로 나누어진다.

첫째 유형은 황제가 생전에 지은 것인데, 이 부류의 능은 시간의 제한을 받지 않는 데다 황제가 수시로 공정을 시찰하게 되므로 황제가 만족할 수준이 되어야만 끝을 보게 된다.

예를 들어 영락제의 장릉은 18년, 세종(世宗)의 영릉은 12년, 신종(神宗)의 정릉은 6년이 걸렸다고 한다.

둘째 유형은 황제의 제위 기간이 짧든 가, 아니면 그 밖의 원인으로 생전에 능을 만들지 못했을 경우, 장례 기일 때문에 시간이 촉박하여 서둘러 건조한 탓에 규모가 작을 뿐만 아니라 공정도 비교적 간단한 것들이다.

14대 광종(光宗)은 즉위한 지 29일 만에 죽었는데, 당시 국고가

빈약하고 신종의 장례도 아직 끝나지 않은 때였다.

정릉은 신종 13년(1585)부터 6년에 걸쳐서 완공되었다. 장릉과 영릉에 이어 13릉 가운데 세 번째로 규모가 크며, 공정의 정교함은 가장 앞서가는 거대한 능이다.

이 공사에 은 800만 냥이 소모되었고, 연인원 6,500만 명, 하루 3만 명의 노동력이 동원되었다. 이것을 쌀로 환산하면 100만 명이 6년 반 동안 먹을 수 있는 양이고, 당시 매 가구마다 6.5명의 노동력을 바친 셈이 라고 한다.

게다가 당시 국가의 연간 재정 수입이 400만 냥에 지나지 않았다고 하니 백성들의 고생이 어떠했는지 짐작할 수 있을 것이다.

정릉을 관광할 때 명나라의 신종이 임진왜란 때 조선을 도와준 황제인 줄 모르고 있다. 임진왜란 때 이여송 장군을 보낸 사람이 바로 신종이다. 또한 이여송(李如松)이 조선인이라는 것을 아는 사람도 별로 없다.

이여송의 아버지 이성량은 요녕성 철령시에 사당이 만들어져 있는데, 그곳에 보면 선조가 조선에서 왔다는 기록이 있다.

이여송 장군은 성주 이씨로 이장경(李長庚)의 아들 다섯명 모두 고려 말 유명한 학자이다. 이백년, 이천년, 이만년, 이억년, 이조년으로 이름부터 특이하게 지었다.

'이화(梨花)에 월백(月白)하고 은한(銀漢)이 삼경(三更)인제, 일지춘심(一枝春心)을 자규야 알랴마난, 다정도 병인 양하여 잠 못 일워 하노라'의 시조를 지은이가 바로 이조년(李兆年)이다. 이조년의 둘째 형 이천년의 후손이 바로 이여송이다.

명나라에서 조선에 원군을 보낼 때 일반 백성에게 피해를 주지 않기 위해 조선인 이여송 장군을 보낸 것이며, 이여송의 아우인 이여매도 같이 참군했다.

이여송의 아우로는 여백(如伯), 여정(如楨), 여장(如樟), 여매(如梅)인데, 여매가 24세에 울산 전투에서 전사하였다. 이여송 장군이 참군하면서, "나는 본래 조선인이니 조선의 민폐를 끼치지 말도록 하라"고 부탁하기도 했다.

충청북도 괴산군 청천면 화양리에는 조선시대의 묘비(廟碑)가 있다. 이 비석은 중국의 신종을 위하여 세운 만동묘(萬東廟)의 내력을 기록한 비석이다. 충청북도 기념물 제 25호로 지정되어 있다.

만동묘는 숙종 29년(1703)에 권상하(權尙夏: 1641－1721)가 스승인 송시열의 유언에 따라 임진왜란 때 지원군을 보내 준 중국 명나라의 신종 황제의 위패를 모시고 제사하기 위하여 건립한 것이다.

서태후의 별장 이화원(頤和園)

중국의 4대 명원의 하나인 이화원은 서태후(西太后)의 별궁이라고 말할 수 있다. 자희태후(慈禧太后)라 불리는 서태후는 청나라 말기에 절대적인 권력을 누렸던 사람이다. 그녀는 만주족으로 17세 때 9대 황제인 함풍제(咸豊帝)의 후궁으로 자금성에 들어 왔다.

함풍제의 원비(元妃)는 마음씨가 착했으나, 아이를 낳지 못하여 후궁으로 있던 서태후가 황후가 되면서 원비는 '동태후'로 그녀는 서쪽에서 산다 하여 '서태후'로 정했다.

함풍제가 죽자 정권을 잡은 서태후는 불과 다섯 살인 아들 동치제(同治帝)를 황제에 올려 섭정을 하고 열여덟에 사망하자 조카인 광서제(光緖帝)를 황제에 올려 계속 섭정을 하였다.

광서제가 죽자, 조카 순친왕(醇親王: 광서제의 동생)의 아들 부의를 황제 자리에 올리고 섭정을 계속하려 했으나, 얼마 안 되어 서태후는 죽고 말았다.

마지막 황제 부의는 세 살 때에 황제에 올라 여섯 살 때에 폐위 당하고 만다. 만일 서태후가 죽지 않았다고 하더라도 중국인들의 손에 살해되었을 것이다.

북경 중심에서 북서쪽으로 약 16km 떨어진 곳에 자리 잡은 이화원은 북경에서 가장 큰 공원이며 인공호수이다. 면적이 290만 m^2로 75%가 호수이다.

이화원은 원래 금나라 때인 1153년에 황제가 만든 것을 명나라 때에 건물 몇 채를 지어 호산원(好山園)이라 불렀다.

1860년 제2차 아편전쟁으로 영불연합군이 북경을 공격하면서 이곳과 원명원을 점령하여 크게 훼손되었다. 이화원은 하루 종일 둘러보아야 겨우 볼 수 있지만, 일반 관광객들은 대충 보고 지나갈 수밖에 없다.

당시 청나라는 영국의 압박을 받아 피폐한 상태에서 정원을 조성하였다. 서태후는 1888년 해군의 군함건조비를 유용 3천만냥을 여기에 투입, 재건하여 이화원으로 개칭하였으니, 청나라가 망한 원인 중의 하나가 이화원과 관련되기도 한다.

이화원은 항주의 서호를 본떠 만든 인공호수로 이름은 운남성 곤명시에 있는 곤명호를 붙였다. 호수에서 팔 때 나온 흙으로 만수산(萬壽山)을 만들고, 불향각(佛香閣)이란 커다란 절이 만들었다.

이 절은 20m 대리석단 위에 높이 41m 건축되었는데, 여기서 곤명호를 바라보는 풍경이 으뜸이다. 오늘날 곤명호에는 청춘 남녀들이 보트 놀이를 즐기고 있으며, 곤명호 안에는 섬이 하나 만들어져 있고, 섬은 아름다운 다리로 연결되어 있다.

이외에도 인수전(仁壽殿)은 원래 근정전(勤政殿)이라 불렀으나, 1860년 피해를 입어 광서제 때 재건하여 인수전으로 고쳤다. 기다란 복도인 장랑은 곤명호 주변을 따라 조성된 728m의 아름다운 복도다.

여름에 햇볕과 비를 피하기 위해 만들어졌고, 옆에는 측백나무가 무성히 자라고 있어 더욱 시원스럽게 곤명호를 바라볼 수 있다.

복도의 천장과 난간에는 중국에서 유명한 서유기, 삼국지, 포청천 등 1만 4천여 개의 그림이 화려하게 채색되어 있고, 또한 대들보에는 화조(花鳥)라든가 강남지방의 아름다운 풍광이 잘 그려져 있다.

덕화원(德和院)은 이화원내 최대의 건물이다. 이른바 서태후를 위한 극장으로 3층 건물의 대회루에서 누워서 경극(京劇)을 볼 수 있게끔 만들어진 곳이다. 바로 옆 건물은 서태후의 조카 황제인 광서제를 가두어둔 곳이기도 하다.

석방(石舫)은 건륭제 시대 만들어진 대리석 건축물이다. 이것은 배 모양을 하고 있지만 움직이지 않는다. 내부는 목조로 서태후가 프랑스 배를 흉내 내어 만들게 하였다. 배는 임금과 같고 백성은 물과 같다는 뜻이다.

즉 백성들이 임금을 쫓아 낼 수도 있다는 의미지만 이 석방은 절대 넘어지지 않게 만들어져 있어 황제의 위엄을 보인 것이다.

나라는 망했지만 독재자들이 만들어 놓은 것은 여전히 건재해, 후세 사람들은 그것으로 관광수입을 올리고 있으니 기이한 일이다.

하늘에 제사 지내는 천단(天壇)

중국을 나타내는 것이 만리장성이라면, 북경을 나타내는 것은 천안문과 천단의 기년전(祈年殿)이라 할 수 있다. 명 · 청조를 통하여 황제가 오곡(五穀)이 풍성하도록 하늘의 신에게 기도 한 곳으로 수 만 그루의 측백나무가 우거진 조용한 공원이다.

천단이라 뜻은 황제가 제사를 지내는 제단을 말하며, 명의 영락제 때에 세워졌고, 그 후 청의 건륭제 때에 개축되어 현재의 모습이 되었다.

고궁을 중심으로 천단(天壇), 지단(地壇), 일단(日壇), 월단(月壇)이 동서남북에 대칭 되어 있으며, 그 중에서 천단이 가장 중요하며, 아름답게 만들었다.

천단은 주위가 6km에 달하는 공원으로 넓이는 자금성의 약 3배에 달한다. 기년전, 황궁우, 원구단 등의 주요한 건물이 남에서 북으로 직선상에 나란히 서 있다.

노목(老木) 가운데를 지나쳐 가면 우산을 펼쳐 놓은 듯한 모양의 기년전이 보인다. 지붕은 유약을 칠한 유리기와의 검정이 섞인 듯한 푸른빛이 쪽빛보다 더 푸르다. 기년전의 지붕은 3층으로 되어 있어 멀리서도 그 빛깔을 느낄 수 있을 만큼 빛깔이 선명하다.

높이 38m, 직경 30m인 원형 건물이며 쇠못은 한 개도 쓰지 않은 천단의 대표적인 건물이다. 이 건물은 대들보나 마룻대를 사용하지 않은 중국의 독특한 건축방법으로 축조되었다.

기년전 건축 바로 밖으로 붉은 색의 뚜껑을 가진 기둥이 있다. 그 주위에 12개씩의 원주가 2중으로 둘러싸고 있는데, 4개의 기둥에는 꽃무늬가 그려져 있어 4계절을 나타내며, 24개의 지붕 기둥은 24절기를 나타내고 있다.

기년전의 유리기와가 현재의 빛깔이 된 것은 청의 건륭황제 시대이다. 그 이전에는 위에서부터 파랑, 노랑, 자주의 3가지 빛깔이었다고 한다. 중경시의 가장 아름다운 건물인 인민대례당의 지붕이 이것과 비슷하다.

황궁우(皇穹宇)는 역대황제의 위패를 모셔 둔 곳이다. 명의 가정 황제시대에 세워지고, 청의 건륭황제 시대에 재건되었다.

이곳에서 유명한 것은 회음벽(回音壁)과 삼음석(三音石)이다. 회음벽은 황궁우를 둥그렇게 둘러싸고 있는 담으로 속이 비어 있고, 담을 향하여 낮은 소리를 하더라도 신기하게 반대쪽에 선 사람에게 잘 들린다.

삼음석은 황궁우 앞의 상석을 말하는데 상석은 여러 개가 나란히 서 있지만, 북쪽에서 세 번째 까지를 삼음석이라 한다.

삼음석이라고 부르는 이유는 돌 위에서 손뼉을 한 번 치면 첫 번째 돌에서는 1회, 두 번째 돌에서는 2회, 세 번째에서는 3회의 메아리가 들리기 때문이다.

호기심이 있는 사람들이 시험해 보려고 항상 사람들이 붐빈다. 이것은 우연하게 만들어진 것인지 아니면 알고 만들었는지를 알 수가 없다.

원구단(圓丘壇)의 바깥쪽은 4각, 안쪽은 둥근 2중의 담으로 둘러싸인 3층의 원형 대리석 단이다. 공원 남천문 입구 근처에 있으며, 황제가 하늘에 기도하는 곳이다. 매년 동지에 수신재계한 황제가 여기에서 하늘에 기도하며, 여름에는 기우제도 지냈다.

원구단에 올라서면 멀리 황궁우의 푸른 지붕이 바로 눈앞에 나타난다. 원구단의 한가운데는 황제가 기도를 올리는 원심이라는 둥근 대리석 판이 있는데, 그곳에 소리를 지르면 소리 지른 자의 귀에만 크게 반향음(反響音)이 되돌아오는 기이한 음향현상이 있다.

만리장성에서 멀지 않는 곳에 용경협(龍慶峽)이 있다. 양자강 삼협을 가보지 않는 사람은 이곳에서 양자강 삼협을 대신해 관광을 즐기는데, 이보다 100배 정도가 긴 것이 양자강 삼협이라고 생각하면 될 것이다.

용경협은 인공으로 100여m 막아 협곡을 만들었으며, 약 30분 정도 배를 타고 유람할 수 있다. 배를 타고 유람할 때 공중에는 서커스를 하고 있다.

에스컬레이터를 이용하여 올라갈 수 있는데, 홍콩의 해양공원처럼 기다란 에스컬레이터가 잘 만들어져 있다.

여름철에는 많은 사람이 배를 타면서 유람을 하지만, 겨울철은 춥기 때문에 할 수 없다. 그러나 얼음이 꽁꽁 얼어붙은 12월말부터 2월 중순까지 얼음 축제를 보는 것도 환상적이다.

북경의 명물

봄을 맞이하면 가장 고통스러운 불청객이 황사현상이다. 서쪽의 건조한 사막지대에서 불어오는 황토는 중국의 북방지역을 강타한다.

그러나 중국의 중부지역과 남부지역은 이러한 현상이 없다. 요즈음은 휴지가 있어 괜찮지만 옛날에는 코를 풀어 전신주에 발라 전신주가 니스 칠 해놓은 것과 같았다 한다.

유리창(琉璃廠)은 천안문광장에서 별로 멀지 않은 곳에 있다. 유리창은 한마디로 우리나라의 인사동 예술의 거리 같은 곳이다. 옛날에는 유리를 만든 공장지역이었지만, 지금은 고서적을 비롯한 문방사우(文房四友)를 파는 곳이다.

이곳에 가면 중국의 전통 골동품과 만날 수 있다. 고려시대나 조선시대에도 우리나라 사람들이 즐겨 찾는 곳이었다.

문방사보를 우리는 보통 문방사우(文房四友)라 말한다. 문방이란 서재에서 늘 사용하는 네 가지 도구, 즉 종이, 붓, 먹, 벼루인 지필묵연(紙筆墨硯)을 지칭한다.

가장 유명한 종이는 선지(宣紙)로 안휘성 선성현의 종이이며, 붓은 호필(湖筆)로 절강성 호주의 붓이 유명하다. 먹은 휘묵(徽墨)으로 안휘성의 휘주의 먹이 유명하며, 벼루는 단연(端硯)으로 광동성 단주의 것으로 단계석 벼루로 통한다.

중국 관광지의 물건 값은 천차만별이다. 특히 물건 값이 싼 곳은 왕부정(王府井) 거리인데 얼마 전까지만 해도 조잡한 거리가 많았다.

지금은 화려하게 꾸며져 있으며, 야간의 조명이 아름답다. 홍콩의 자본이 많이 들어와 앞으로 북경 최고의 상업거리로 발전할 것이 분명하다.

북경에는 경극이라 부르는 오페라가 있다. 경극은 북경 주변에서 전승되어 온 중국 전통의 오페라다. 각 지방에 경극과 유사한 것이 있지만 대표적인 것이 북경의 경극이다. 우리나라 판소리와 비슷한 특징을 갖고 있다.

경극에 담고 있는 내용을 잘 모르지만, 요즈음은 TV에 중국어 자막이 나와 알기 쉽다. 충신들은 적색의 얼굴을 하고 있으며, 흑색의 얼굴은 정직하고 엄숙한 사람으로 나온다.

정의로운 사람은 자색, 겉과 속이 다른 사람은 황색, 교활하고 음흉한 사람은 백색으로 나오는데 얼굴의 색깔로 인물의 성격을 나타내고 있다. 중국의 요즈음 젊은이들은 의외로 경극을 좋아하지 않는다.

아름다운 다리 노구교

북경에는 노구교(蘆溝橋)가 있다. 노구교를 '두 번 다시 보기 힘든 아름다운 다리'라고 일컫는데, 일명 '마르코폴로 다리'라 부르기도 한다. 마르토폴로가 이 다리를 '천하제일 다리'라 소개했기 때문이다.

이 다리는 영정하(永定河)에 놓인 돌다리로 북경의 남서쪽 교외에 있다. 이 다리는 금나라 때인 1189년에 만들어졌는데, 1986년

개축되었으며, 건륭제가 쓴 '노구효월(蘆溝曉月)'이란 비가 세워져 있다.

1937년 7월 7일 중일전쟁이 발발한 현장으로 아직도 당시의 탄흔이 남아있다. 노구교를 건너면 완평성이 나온다. 바로 이곳에 완평역참이 나오는데, 역참(驛站)이란 글자에 하나의 뜻을 알 수 있다.

우리나라와 일본은 역(驛)을 사용하는데, 중국에서 역을 참(站)으로 사용하고 있다. 원래는 역참이었다는 것을 알 수 있는 글이다.

역참 바로 옆에 항일전쟁기념관이 있다. 커다란 비석에 민족정기와 호연장존이란 글이 새겨져있다. 우리나라 광주출신인 정율성 선생이 작곡한 팔로군군가가 커다란 동판으로 만들어져 있다.

뛰어난 작곡가 정율성

정율성 선생에 대한 이야기는 그의 친척으로부터 듣게 되었다. 중국에 갈 때마다 정율성 선생이 광주 출신이라면 모두가 놀랐다.

동포 행사에서 그의 노래가 연주될 때마다, '이 노래는 우리 민족의 영웅이신 정율성 선생이 작곡한 노래입니다'를 말한 것을 자주 들어 왔다.

그래서 어느 정도 나이든 사람들은 잘 알고 있지만, 젊은이들이 잘 모르고 있었다. 다만 노래는 누가 작곡했는지는 모르지만 노래는 알고 있었다.

작곡가 정율성 선생의 묘지에서 딸인 정소제 여사와 함께

정율성 선생의 중국 3대 음악가로 선성해, 섭이와 더불어 인민해방군가와 연안송 등 360여곡을 작곡했다. 그는 광주시 불로동에서 1914년 7월 7일 태어났다. 중국으로 건너가 러시아 음악가 크리노와를 만나면서 훌륭한 음악가가 되었다.

2005년 광주에서 정율성 국제음악제가 열렸다. 광주 불로동의 히딩크호텔에 내가 직접 비문을 지은 탄생지비를 세웠다. 그의 부인으로는 대사를 역임한 정설송, 딸로는 정소제, 사위는 중장을 예편한 김인섭, 손자로는 검봉 등 3명이다.

하늘이 내려 준 천진(天津: 톈찐)

천진은 우리나라와 수교하기 전부터 배가 다닌 곳이다. 지금도 배가 다니고 있으며, 항공노선도 많다. 전에 북경으로 취항하기 전에 서울에서 천진으로 취항되었다. 대한항공만 취항하다 2005년부터 대한항공과 아시아나항공이 취항하고 있다.

천진시는 인구가 천만명이 넘은 직할시다. 우리나라 인천, 일본의 요코하마와 같은 도시이다. 처음 천진을 통해서 북경으로 다녔을 때, 깜짝 놀란 것은 시내 천진역에서 항구까지 가는 것을 물어보았더니 60km라는 말을 들었다. 중국이란 도시는 보통 우리나라 도와 같은 크기이다.

천진에 들어서면 북경, 상해 같은 느낌이 들지 않는다. 우선 건물과 화려한 유흥시설 등이 별로 눈에 띄지 않는다. 그렇다고 고풍스러운 분위기나 황홀한 산수가 있는 것도 아니다.

그래서 이곳은 관광객은 많이 오지 않는다. 천진의 항구는 한국에서 다니는 보따리상이거나 크루즈 상품의 값싼 여행객이 오거나, 아니면 사업을 하기 위해 오는 사람이며, 한국기업들이 많은 곳이다.

천진 시내를 조망할 수 있는 치원탑(致遠塔)이 있다. 이 탑은 역사적인 가치는 중요하지 않지만 천진 시내를 조망하기에 좋은 곳이다. 맑은 날에는 멀리 항구가 보이고, 서쪽의 반산(盤山)을 조망할 수 있다.

주은래(周恩來) 기념관은 1904년에 개교한 남개(南開)중학 구내에 만들어진 기념관이다. 청년시절 주은래가 1913년부터 4년간

다닌 곳으로, 당시 교실과 그가 사용한 책상 등이 복원 보존되어 있다. 전시실에는 일본과 유럽 유학 당시의 사진을 비롯한 귀중한 자료가 보관되어 있다.

병마용이 있는 서안(西安: 시안)

장안이라 불렸던 서안은 인천과 부산에서 항공편이 있고, 서안공항은 1991년에 개통되었다. 원래 서안시내 4km 지점에 있었으나, 스모그현상으로 인하여 함양(咸陽)시 부근 40km 지점으로 이전했다.

서안은 지리적으로 중국 대륙의 중앙부에 위치하고 있고, 섬서성의 성도이기도 하다. 역사적으로 주(周)·진(秦)·한(漢)·수(隋)·당(唐)에 걸쳐 1천 여년간 중국 대륙의 수도였다.

서안은 역대 고도(古都)로서의 역할을 오랫동안 도읍이라 시내뿐만 아니라 교외에도 여러 가지 유적과 관광지가 무궁무진하다. 서안 시내에서 진시황의 능(陵)과 병마용(兵馬俑)까지는 약 1시간쯤 걸린다.

병마용 도착 전 낮은 야산처럼 보이는 곳에 세계 최대의 지하궁전이라고 불리는 진시황릉이 있다. 중국 황제들의 무덤은 관이 어디에 묻혀 있는 가를 알 수 없도록 만드는 것이 특징이다.

진시황(BC247~210)이 즉위한 때부터 37년에 걸쳐 만들어진 것이다. 둘레가 25km 정도 되는 대규모의 능에는 많은 부장품이 들어 있다는 것을 알 수 있지만 발굴하지 않고 있는 상태다.

서안 병마용

진시황릉을 중심으로 꾸며진 진시황 능원(陵園)은 지하와 지상에 모두 꾸며졌으나 오늘날 지상에 만들어진 부분은 거의 흔적을 찾아볼 수 없다. 세계 8대 기적의 하나로 불려진 병마용은 1974년 초봄 가뭄으로 인하여 우물을 파다 우연히 발견되었다.

농부 3명이 발견했으나 국가로부터 보상을 받지 못했지만 지금은 그들이 책을 팔면서 사인을 해주기도 하고, 기념사진을 찍어주기도 하여 돈벌이에 톡톡한 재미를 보고 있다.

지하갱은 3개로 이루어졌다. 1호갱부터 3호갱까지 있고 박물관도 있다. 지하갱을 보기 전에 원형으로 된 극장에서 병마용을 만드는 과정과 지하에 있는 병마용을 초(楚)나라 항우(項羽) 군대가 깨뜨리는 장면도 볼 수 있고, 2천년이 지난 뒤 농부들이 우물을 파다 발견하는 장면까지 영상으로 보여 주고 있다.

6천여 개의 병마용과 40여개의 목조전차가 안치되어 있다. 2천여년 전에 어떻게 하나하나 다르게 표현하면서 만들었는지를 생각하면 감탄을 금할 수 없다. 황제가 타고 다니는 마차를 보면 우산의 방향을 조절할 수 있어 비와 햇볕을 피할 수 있게 만들어져 있다.

고구려의 유장 고선지(高仙芝)장군

고선지 장군은 고구려가 망한 뒤 당나라 안서(安西)로 들어가 20세 때 장군에 오른 고구려 출시의 당나라 장군이다. 고선지 장군은 740년경 천산산맥 서쪽의 달해부(達奚部)를 정벌하였으며, 747년 티베트를 토벌하고, 750년 사라센제국과 동맹을 맺으려는 석국(石國)을 쳐 왕을 잡는 공을 세웠다.

그 뒤 석국왕을 참살한 데 분개한 사라센이 쳐들어와 실패하고, 755년 안록산(安祿山)이 범양(范陽)에서 반란을 일으켰을 때 부하의 무고로 진중에서 참형을 받았다.

당나라는 통일 중국에 위협적이었던 고구려를 멸망시킨 후 대규모의 고구려 백성을 당나라로 이주시켰다. 이들 중 일부는 귀환하여 발해를 건설하였으나 여전히 고구려 유민으로 당에 남은 수도 적지 않았다.

당은 고구려의 뛰어난 전투력을 활용하려고 유민의 일부를 당군에 배치하였다. 이들 중 무용을 떨쳐 역사기록에 남은 이들이 몇몇 있는데, 그 중의 한 명인 고선지 장군은 세계사에 큰 영향을 미쳤다.

고선지와 동 시대의 시인 두보가 탈라스 전투에서 패하고 장안에 머문 그를 위로하여 지은 시가 전한다.

> 그 명성 들었건만 문득 장안에 나타났구나.
> 이 말은 싸움터에 나서면 무적이니
> 타는 주인과 한마음 되어 큰 공을 이루었구나.

장개석(蔣介石)이 감금된 오간청(五間廳)

화청지 내에 서안 사건으로 유명한 오간청이 있다. 1936년 12월 7일 국민당 장개석 총통은 전용기편으로 서안 비행장에 도착했다. 이 사건이 중국 역사에 큰 변화를 일으키게 될 지 아무도 몰랐다.

중국 동북군의 사령관인 장학량(張學良)이 국민당 총통인 장개석을 감금하고, 국민당과 공산당이 합작하여 내전을 중지하고 일본과 대항하자는 쿠데타였다. 이것이 제1차 국공합작(國共合作)이다.

장개석은 모택동의 공산당에게 쫓겨 대만으로 후퇴하면서도 장학량을 끌고 가 오랫동안 연금시켰고, 장개석이 죽은 후에 연금에서 해제되었다.

그 뒤 장학량은 하와이로 망명하여 2001년 101세로 사망하였다. 2000년 100세 기념전을 심양의 생가에서 개최한 바 있다. 아직도 중국에서는 장학량을 만고의 충신으로 생각하고 있으며, 그가 돌아오기만 학수고대(鶴首苦待)하였으나, 끝내 이국에서 생을 마감했다.

서안 대안탑(大雁塔)

서안에는 유명한 탑인 대안탑과 소안탑이 있다. 대안탑은 자은사(慈恩寺)내에 있는 것으로 당 고종이 그의 어머니 문덕황후를 위해 648년에 세운 절이다. 서안에서는 자은사라고 말하는 것보다 대안탑이라 해야 더 잘 안다.

당나라의 고승 현장(玄奘) 스님은 삼장법사(三藏法師)로 더 알려진 고승이다. 서기 629년에 황제의 허가를 받아 홀로 서안인 장안을 출발하여 투루번, 사마르칸트를 거쳐 인도인 천축(天竺)에 이르렀다. 16년 후인 645년 150개의 부처님 사리와 8개의 불상, 657부(部)의 경전을 가지고 장안으로 돌아왔다.

그가 지은 '대당서역기(大唐西域記)'는 후세 유럽인들의 지침서가 된 소중한 책이다. 그가 가지고 돌아온 경전의 대부분은 자은사에서 자신이 직접 번역하였고, 인도에 있는 탑의 모양 그대로 만든 것이 대안탑이다. 대안탑은 높이 64m, 7층의 탑으로 652년에 인도양식으로 벽돌을 쌓은 전탑(塼塔)이다.

인도와 중국은 진흙이 많기 때문에 벽돌로 탑을 쌓는다. 우리나라와 일본은 탑의 형식은 중국과 다르다. 우리나라는 돌로 만든 석탑(石塔)이 많으며, 일본은 나무로 만든 목탑(木塔)이 많은 것이 특징이다.

자은사 중앙에는 대웅전이 있고, 그 뒤에 대안탑이 있으며, 그 뒤로 요즈음 만들어진 현장삼장원이 깨끗하게 지어져 있다. 일본불교계의 지원을 받아 지은 것으로 일본의 어느 절을 옮기지 않았나 하는 생각이 들 정도다.

현장 스님의 일대기를 나무나 동으로 조각을 만들어 두었다. 그는 중국의 법상종(法相宗)을 창시하였는데, 우리나라 원측(圓測) 스님이 바로 현장 스님의 제자다. 원측 – 도증 – 태현 스님으로 연결된다.

왕오천축국전을 지은 혜초 스님

한국인이라면 혜초라는 인명과 '왕오천축국전'이라는 책이름을 국사 시간에 들어보았을 것이다. 세상에는 이름만 전해지는 책이나 노래, 시가 많다. 왕오천축국전도 그 가운데 하나였는데 20세기에 와서 프랑스의 동양학자 펠리오(Pelliot)에 의해 실크로드 역사에서 중요한 도시인 돈황에서 발견되었다. 왕오천축국전은 인도의 다섯 나라 여행기란 뜻이다.

우리나라 사람들은 조선시대를 한국사의 전형으로 인식하여 한국이 '은둔의 나라'였다고 오인하는 경향이 있는데 혜초 스님의 인도 기행은 삼국 시대에 얼마나 한국인이 국제적이고 개방적이었는지 잘 보여주는 실례다.

역사를 배우면서 '어떻게 그 옛날이야기가 지금까지 전해질 수 있을까'하는 의문을 품어본 사람은 많을 것이다. 인간은 유일하게 지나간 과거를 탐구하는 동물이다. 혜초의 왕오천축국전은 고대를 알려는 고고학자, 역사가들의 죽음을 무릅쓴 탐험의 산물이다.

혜초 스님이 신라인이라는 것이 밝혀진 것은 일본 학자에 의

해서이다. 혜초의 스승인 당나라 불공금강의 유서에 '신라혜초' 라는 구절이 있는데 이것은 1915년에 세상에 알려졌다. 혜초는 723~727년 사이 서북 인도와 중앙아시아뿐만 아니라 페르시아와 아랍까지 여행하였다.

아랍을 한자로 흔히 '대식(大食)'이라 하는데 혜초가 처음으로 쓴 용어다. 이 책은 당시 그가 견문한 지역의 풍습, 정치제도 등이 기록되어 사학자들이 매우 귀중히 여기는 사료가 되었다.

중국의 대외개방 정책으로 한·중간 교류의 폭이 많이 확대되었다. 그렇다면 한중교류의 물꼬를 트고 양국 간의 친선에 기여한 으뜸 한국인은 누구인가. 최근 중국 공산당 기관지를 발간하는 홍기출판사가 펴낸 인명록인 '중국의 벗'에 6명의 한국인이 기록되어 있다.

혜초, 김구(金九), 김준엽(金俊燁: 전 고려대 총장), 김일성(金日成), 최용건(崔庸健: 전 북한최고인민회의 상임위원장), 이정숙(李貞淑: 북한교육자) 등 6명을 한·중 교류에 기여한 중국의 벗으로 꼽고 있다. 6명 가운데 신라 때 구법승(求法僧)인 혜초를 제외하면 나머지 5명은 현대의 인물들이다.

혜초는 신라의 승려로 약관의 나이에 당나라에 건너가 서기 719년부터 불교경전을 공부하고, 후에 인도로 건너가 불교성지를 순방하면서 불경연구에 몰두했다.

혜초는 서기 780년, 번역한 불경을 가지고 중국의 오대산 보제사로 돌아왔다. 그는 일생동안 당나라에서 보냈는데 그 기간이 무려 54년이란 세월이었다. 당나라에서 인도까지 여행기 '왕오천축국전'은 동아교통사 연구에 진귀한 문헌일 뿐만 아니라 중국,

신라, 인도 3국의 우의를 말해 주는 사료이기도 하다.

혜초를 기리는 기념비가 중국에 세워졌다. 서안에서 가까운 선유사(仙游寺) 복원 부지에서 기념비 제막식을 가졌다. 높이 3m 크기의 기념비 앞면에는 '신라국 고승 혜초 기념비'라는 한문을, 뒷면에는 스님의 공덕을 기리는 내용을 한글과 한문으로 나란히 새겼다.

기념비를 보호하는 정자 모양의 비각은 높이 6.4m 폭 3.6m 규모로 '혜초기념비정(慧超紀念碑亭)'이라고 새긴 현판의 글은 전 김대중 대통령이 직접 쓴 것이다. 왕오천축국전에는 혜초 스님이 고향을 그리워하여 지은 시가 여러 편 있는데 그 중 한 수를 소개한다.

> 달 밝은 밤에 고향 길을 바라보니
> 뜬구름은 너울너울 고향으로 돌아 가네
> 편지를 봉하여 구름 편에 보내려 하나
> 바람은 빨라 내 말을 들으려고 돌아보지도 않네
> 누가 내 고향 계림(서라벌)으로 나를 위해 소식 전할까.

금석문(金石文) 비림(碑林)

비림의 입구에 담쟁이 넝쿨이 인상적이다. 비림은 역대의 명필을 새긴 1,095개의 비석이 마치 나무숲처럼 무성하여 비림이라 한다.

당나라 시대에 만들어진 114개의 비석에 61만자의 글자가 들어 있는 개성석경(開成石經)을 비롯하여, 로마에서 기독교가 전래된 것을 담은 비까지 있다.

당현종의 직필비(直筆碑), 왕희지의 삼장성교서비(三藏聖教序碑), 안진경(顔眞卿)의 안가묘비, 저수량(楮遂良)의 안탑성교서비 등 중국의 유명한 서예가들의 작품이 있는가 하면, 사서오경을 정확히 기록한 것도 있다.

이것들은 공문서 보존을 위한 곳으로 837~1090년에 걸쳐 수집된 비석들이다. 서예가들이 반드시 답사해야 할 곳이 바로 비림이다.

시(詩), 서(書), 화(畵) 세 과목은 선비들의 교양필수 과목이었다. 이 중에서 서는 시와 화를 중도에서 통합하는 기능을 지니고 있다. 시가 지니는 사색의 깊이와 화가 지니는 조형미를 아울러 담을 수 있는 장르이기도 하다. 깊이와 아름다움을 동시에 표현할 수 있는 것이다.

한자문화권에서 글씨라고 하는 것은 서예로서 특별하게 존중받아 왔다. 신(身), 언(言), 서(書), 판(判)만 해도 그렇다. 인재를 뽑는 기준이었던 이 네 가지 중에서 서(書)를 굳이 포함시켰던 이유도 글씨가 함축하고 있는 인문학적 깊이에 공감했기 때문이었다.

이 글씨를 돌에 새겨 놓은 것이 비이다. 따라서 비석이라고 하는 것은 한자 문화권의 역사적 자료이자 독특한 문화적 전통이기도 하다. 그 비석들을 모아 놓은 곳이 비림이다.

우리나라 충북 보은군 수한면에 '비림박물관'이 있다. 김생, 최치원, 강감찬, 한석봉을 비롯한 역대 명필들의 글씨를 검은 오석에 새긴 석경(石經) 500여 점이 전시되어 있다고 한다.

수많은 비석 가운데 한국인의 글씨가 새겨진 비석이 있는 것을 보고 주목한 바 있다. 171호는 '아큐정전'을 쓴 노신의 글씨이고, 172호에 한국 사람인 권영원(權寧遠)의 글씨가 각인되어 있었다고 하는데 보지 못했다.

내용은 '인무이국(人無異國) 도무고금(道無古今)' '사람에게 이국이란 없고, 도에는 고금이 없다.'는 내용이다. 권영원은 '반계수록(磻溪郯隧錄)'을 번역한 한학자이다.

실크로드의 출발지

비림을 지나 시내 쪽으로 가면 실크로드 출발지가 있다. 동서양을 잇는 실크로드도 이곳이 시발점이다. 서양을 향해 뻗어나갔

서안 실크로드 출발지

으며, 서양 문물이 들어와 결정체를 보인 곳도 바로 이곳이다.

당시 상호 교역이 많은 국제도시였으며, 20명 중 1명이 외국인이었다고 한다. 실크로드를 통해 들어간 물건이 비단이었지만, 그 후 도자기가 많이 들어가게 되어 도자기를 중국이란 소문자의 china로 쓰게 되었다.

서안 시내에 새로운 볼거리 아방궁(阿房宮)이 있다. 진시황이 수많은 궁녀를 데리고 살았다는 아방궁은 진나라가 망하면서 석달 열흘 동안이나 불이 탔다고 한다. 2천년이 지난 오늘날 서안의 명물 아방궁이 새로 만들어졌다.

진시황의 아방궁보다 1/10로 축소하여 만들었지만, 10만평 넓이에 웅장한 건물과 호수를 갖추었다. 아직은 조금 부족한 듯이 보이지만 몇 년 만 지나면 서안의 명물로 남을 것이 확실하다.

중국은 무엇을 만들던지 웅장하고 거대하게 만든다. 아방궁 내의 공연장은 심천의 공연장보다 몇 배나 더 넓게 만들었을 뿐만 아니라, 3천명이 동시에 관람할 수 있는 야외무대가 있는가 하면, 제일 높은 건물에는 중국 전통 음악과 무용을 곁들인 공연을 계속해서 해주고 있다.

곳곳에 희귀한 수석과 미술품들을 전시하고 있으며, 호수에는 유람선이 떠다니고 있고, 멀리 보이는 곳엔 몽고족들의 집인 빠오가 있다. 공연장은 2층으로 음식을 먹으면서 관람할 수 있도록 만들어져 있다.

최고의 장사꾼 여불위(呂不韋)

위나라 복양에 여불위라는 대상인이 있었다. 그는 조나라의 도읍인 한단(邯鄲)에서 뜻밖에 진나라 소양왕의 손자이자 안국군의 아들인 자초가 볼모로 잡혀와 있다는 소식을 들었다.

여불위는 자초를 감시하는 조나라 대부 공손간에게 많은 돈을 주고 그의 소개로 자초를 만나 가깝게 지냈다. 여불위는 진나라의 상황 등을 말하며 자신의 재력을 이용하여 자초가 태자에 세워지도록 돕겠다고 약속하였다.

'공의 부군이신 안국군께서 태자가 되셨으니, 안국군께서는 곧 소양왕의 뒤를 이어 왕위에 오르실 것입니다. 그런데 안국군께서는 화양부인을 총애하시지만 아들이 없습니다. 공께서는 20명의 형제가 있으나, 중간 아들이고 또 사랑도 받지 못하였으므로, 태자의 지위에 오르는데 결코 유리한 입장에 있지 않습니다.

제가 비록 가난하지만 천금을 써서, 우선 안국군과 화양부인의 환심을 사고, 공을 후사로 삼아주도록 힘을 써보겠습니다.' 여불위는 진기한 물품을 진나라 화양부인에게 바치며, 자초에 대한 칭찬과 화양부인에 대한 칭송을 하였다.

마침내 여불위는 온갖 재력과 능변으로 자초를 태자로 세우는데 성공했다. 자초는 장양왕으로 즉위하고, 여불위는 '문신후'에 봉해졌다. 본시 여불위의 애첩으로 임신 중이었던 무희는 자초의 눈에 들어 그의 부인이 되어 아들 정을 낳았다. 장양왕이 즉위한 지 3년 만에 죽자, 그의 아들 정이 즉위하였으니, 그가 바로 진시황이다.

중국 최초의 여 황제 측천무후(則天武后)

669년 당태종의 병이 날로 악화되어 가던 어느 날 황태자 이치는 태종이 와병중인 취미궁(翠微宮)으로 들라는 명령을 받았다. 취미궁으로 든 태자는 태종 곁에서 시중드는 한 궁녀의 모습에 눈길이 멎었다.

이 궁녀가 후의 측천무후로서 당시는 미랑이라 불리는 낮은 신분의 궁녀였으나, 뛰어난 미모로 태종의 마음을 사로잡았다. 그리고 태종의 병문안을 든 황태자 이치의 마음마저 사로잡는다.

미랑의 성은 무(武), 이름은 조(照)로 병주(산동성) 출신이었다. 미랑의 아버지는 목재상으로서 후에 벼슬이 공부상서까지 올랐으나 문벌을 중요시하는 당시 사회에서는 역시 보잘 것 없는 집안 출신이었다.

미랑은 성장할수록 더욱 아름다워져 그의 빼어난 미모는 마침내 궁중에까지 소문이 퍼져 급기야는 태종의 귀에까지 들어가게 되었다. 이 때 태종은 이미 40 고개를 넘은 나이였지만 14세 밖에 안 되는 미랑을 궁중으로 불러들여 무미(武媚)라는 호를 내렸다.

태종의 죽음과 함께 머리를 깎고 비구니가 되어 감업사에 있던 미랑에게 왕황후는 머리를 기르고 환속할 것을 명하여 그녀를 궁중으로 끌어들였다.

궁중으로 돌아온 미랑은 소의(昭儀) 자리에 올랐다. 소의 오른 미랑은 왕황후와 한편이 되어 소숙비를 모함하여 그녀를 유폐시키고, 그 다음의 공격 목표를 왕황후에게 돌렸다.

미랑은 자신이 낳은 공주를 질식사시켜 그 죄를 왕황후에게 뒤집어씌우는 등 여러 가지 음모를 꾸미는 왕황후의 죄를 날조하였다. 이로 인하여 왕황후는 고종의 노여움을 사게 되어 차츰 사랑을 잃게 되었다.

궁중에서는 미랑의 황후 책봉 문제가 거론되고 있었다. 태종의 유조를 받은 원로 대신 저수량과 장손무기는 반대하였고, 우지령은 침묵을 지켰고, 이적은 병을 일컫고 회의에 참석하지 않았다.

저수량과 장손무기는 미랑이 명문출신이 아니라는 점과 일찍이 태종의 시녀였다는 사실 등을 들어 이러한 여성을 황후로 세우는 것은 후세에 악평을 남기는 일이라 주장하여 극력 반대하였다.

고종도 중신들의 의견을 묵살할 수가 없어 그 일을 일단 유보하였다. 그러나 미랑은 그의 심복을 장손무기의 사저에 보내어 장손무기를 자기편으로 끌어들일 공작을 폈으나 단호히 거절당했다.

미랑의 집요한 작전이 주효하여 저수량은 마침내 남방으로 좌천되어 병사하고, 장손무기도 금주로 유배됐다가 모반죄를 뒤집어씌워 사사하였다. 고종은 마침내 미랑을 황후로 책립하였다.

측천무후의 권력이 강대해져 고종도 그 기세에 눌릴 지경에 이르렀다. 이에 고종은 재상 상관의와 은밀히 의논하여 측천무후를 폐할 계획을 세웠으나 이를 밀고하는 자가 있어 그 계획은 사전에 분쇄되고, 상관의는 처형되었다. 고종도 일체의 책임을 상관의에게 돌려 무시무시한 아내로부터 겨우 몸을 보호하였다.

이 때 황태자는 유씨 소생의 이충(李忠)이었는데 측천무후는 이충을 폐하고 자신이 낳은 이홍(李弘)을 황태자로 세웠다. 674년 측천무후는 지금까지 사용해 오던 황제, 황후의 칭호를 고쳐 천황(天皇), 천후(天后)라 하였다. 정치는 점점 무후의 손으로 넘어가고 고종은 아무 실권이 없는 허수아비에 지나지 않았다.

측천무후는 천성이 영민한 타고난 정치가였으므로 정무를 처결하는 것 하나 하나가 고종의 마음에 들었다. 그래서 고종은 정무 전체를 위임하게 되어 측천무후의 권세는 황제와 동등하였다. 그 후로는 차츰 정권을 전단하기에 이르렀다.

황제의 자리를 놓고 벌어졌던 무후와 그의 남편 고종, 그리고 그의 아들들과의 싸움은 마침내 무후의 승리로 끝나고 690년 67세의 무후는 꿈에 그리던 황제의 자리에 올랐다. 무후는 나라 이름을 주(周), 동도 낙양을 신도(神都)라 일컬어 주로 그 곳에서 정무를 보았다. 자신을 신성황제(神聖皇帝)라 일컫고 예종 이단을 황사(皇嗣)로 정하여 성을 무(武)로 고쳤다.

705년 반세기에 걸쳐 궁정에 군림했던 여걸 측천무후도 나이가 들어 병상에 눕게 되자 힘을 쓰지 못했다. 당시의 재상 장간지는 친위군 사령관과 공모하여 친위군 5백 명을 동원하였다. 그들은 와병 중인 무후를 협박하여 제위를 황태자에게 전하게 하였다. 이 해 겨울에 측천무후는 82세를 일기로 타계하였다.

690년에 당의 국호를 주(周)로 바꾼 이래 16년간 여제(女帝)로 군림한다. 측천무후는 새로운 글자 20글자를 제정하여 측천문자라 하였으나 측천무후가 죽은 후 폐지되었으나, 현재 17자 정도가 확인되고 있다.

당현종과 양귀비의 화청지(華淸池)

서안은 화청지로 유명하다. 온천 휴양지로 무려 3천년의 역사를 가진다. 산세가 가파르고 경치가 아름다울 뿐만 아니라, 질 좋은 온천수가 나와 역대 황제들의 별장을 만들어 겨울철 휴양지로 쓸 만큼 각광을 받았던 곳이다. 양귀비가 가장 좋아한 과일은 여지라고 한다. 양귀비가 여지 다음으로 즐겨 먹었던 과일이 석류인데 화청지 주위에는 석류나무가 많이 있다. 이것은 양귀비 시대의 손자 나무는 될 것 같다. 화청지는 당현종과 양귀비의 러브스토리가 얽힌 곳이다.

이림보가 조정의 실권을 한 손에 쥐게 된 736년에 현종은 사랑하던 무혜비(武惠妃)를 잃었다. 무혜비를 잃은 현종은 실의의 나

양귀비의 화청지

날을 보내고 있었다. 후궁에는 아리따운 미녀가 3천명이나 있었으나 누구하나 현종의 마음을 끄는 여인은 없었다.

이럴 즈음 환관인 고력사의 귀를 솔깃하게 하는 소문이 있었다. 수왕비(壽王妃)가 보기 드문 절세의 미녀라는 소문이었다. 고력사는 일단 수왕비를 자신의 술자리에 불러오도록 하였는데 현종은 수왕비를 보자 한눈에 마음이 끌렸다.

수왕비는 빼어난 미모일 뿐 아니라 매우 이지적인 여성으로 음악, 무용에도 남다른 재주가 있었다. 술자리에서 현종이 작곡한 '예상우의곡(霓裳羽衣曲)'의 악보를 보자 그녀는 즉석에서 이 곡에 맞추어 노래를 부르며 춤을 추는 것이었다. 그녀의 자태는 마치 선녀가 지상에 하강하여 춤을 추는 듯 현종의 마음을 사로잡았다.

이 수왕비가 다름 아닌 후의 양귀비(楊貴妃)로서 현종 황제와 양귀비의 로맨스는 이 만남을 계기로 그 막이 오르게 되었다. 양귀비의 본명은 옥환(玉環)으로 원래는 현종의 열여덟 째 아들 수왕 이모(李瑁)의 아내였다.

수왕 이모는 현종과 무혜비 사이에서 태어난 아들이니 양귀비는 바로 현종의 며느리인 것이다. 56세의 시아버지 현종이 22세의 며느리와 사랑을 불태운다는 것은 당시로서도 충격적인 스캔들이 아닐 수 없었다.

현종은 중신들의 반대에도 불구하고 우선 양귀비 자신의 뜻이라 빙자하여 그녀를 여도사(女道士)로 삼아 태진(太眞)이라는 호를 내려 태진궁이라 개칭하였다. 현종은 수왕 이모에게 죄책감을 느껴 수왕에게 위씨의 딸을 보내어 아내로 삼게 하였다.

태진이 귀비로 책봉되어 양귀비로 불리게 된 것은 그 후의 일이지만 태진에 대한 현종의 열애는 대단한 것이었다. 들어온 지 1년도 채 못 되어 그녀는 마치 황후가 된 듯한 행동하였다.

궁에 들어온 지 6년 후 태진은 귀비로 책봉되었다. 귀비의 지위는 황후 다음이었으나 이때 황후가 없었으므로 사실상 양귀비가 황후 행세를 하였다. 양귀비는 더욱 더 현종의 총애를 한 몸에 받아 그녀의 일족들도 차례차례 고관의 자리에 오르게 되었다.

양귀비의 6촌 오빠 양국충(楊國忠)은 민첩하고 요령 있는 행동으로 점차 현종으로부터 신임을 받았다. 그 후 재상 이림보와 대립하였고 이림보가 실각한 후에는 안록산과도 대립했던 양국충이다.

755년 안록산이 마침내 반란을 일으켰다. 일찍이 안록산은 742년 범양(范陽) 절도사가 되었다. 안록산은 보기 드문 뚱뚱보로 그의 뚱뚱한 배는 무릎을 덮을 정도였다 한다. 그리고 그는 한족이 아니라 이란계의 아버지와 돌궐계의 어머니 사이에서 나온 혼혈아였다.

익살스럽고 털털하며 모나지 않고 수수한 그의 성격을 바탕으로 안록산은 손쉽게 현종과 양귀비의 마음을 사로잡았다. 안록산은 양귀비의 수양아들이 되고 싶다고 자청하여 입궐하면 먼저 양귀비에게 인사를 올리고 다음에 현종을 배알하였다.

현종은 장안에 호화로운 주택을 지어 안록산에게 주는 등 친자식처럼 생각하고 있었기 때문에 안록산이 모반을 일으키리라고는 꿈에도 생각지 않고 있었다. 현종은 안록산이 반란을 일으켰다는 보고를 받고도 처음에는 믿으려 하지 않았다.

현종은 친위군에게 출진 준비를 명하긴 하였으나 안록산의 반란군과 싸우기 위한 것은 아니었다. 밤이 새자 현종은 연추문을 열어젖히고 양귀비와 그의 자매, 황족, 측근, 대신들을 데리고 피난길에 올랐다. 무장한 천여 명의 친위군이 이들을 호위하여 서남쪽 촉 땅으로 향했다.

수행하던 장병들은 굶주리고 피로에 지쳐 지금까지 꾹 참아오던 불만이 폭발하고 말았다. 그들은 한결같이 '사태가 이 지경에 이른 것은 모두 재상 양국충의 잘못 때문이다'라고 분개하여 양국충의 목을 베고 이어 현종의 거처를 포위하였다.

그리고 소리 높여 '양귀비를 죽여라'고 외쳐댔다. 이들 병사들의 분노에 찬 함성이 천지를 진동시키자 현종도 어찌할 도리가 없었다. 현종은 눈물을 삼키며 양귀비에게 스스로 목메어 죽을 것을 명하였다. 양귀비가 죽자 장병들은 일제히 만세를 외치며 길을 재촉하였다.

양귀비가 죽은 후 10여일 후에 장안도 함락되었다. 연도의 백성들은 현종의 피난 행차를 가로막으며 가는 것을 중지할 것을 요청하였다.

현종은 태자에게 백성들을 위로하라고 이르고, 태자 이형(李亨)에게 양위하니, 이 사람이 당의 숙종(肅宗)이다. 이때가 756년이었다.

현종은 757년에 비밀리 마외파(馬嵬坡)에 양귀비를 묻었다. 묘는 반구형으로 벽돌로 덮여 있으며, '양귀비묘'라는 초라한 무덤이 있다.

세계의 이목이 집중되는 상해(上海: 상하이)

상해는 세계적인 도시답게 우리나라 전역으로 항공노선이 있다. 상해는 홍교공항(虹橋空港)과 포동공항(浦東空港) 둘이다.

홍교공항은 시내에 가까이 있어 아주 편리하다. 전에 국제선이 취항되었는데, 2003년부터 거의 포동공항으로 옮겼다. 포동공항은 새로 만든 공항으로 최신 시설을 갖추고 있고, 국내 국제선 모두를 운항하고 있지만 시내로부터 멀리 있기 때문에 불편하다.

포동공항에서 시내까지 40km에 이르지만 2002년 12월부터 자기부상열차가 400km 속도로 7분이면 주파할 수 있다.

상해의 면적은 6,186km^2로 서울의 10배가 넘는 초대형 도시다. 인구는 1,700여만 명으로 이동 인구를 합하면 2천만 명이 훨씬 넘는 세계 제일의 도시이다. 옛날에 상해는 바다 밑에 있어, 바다 위에 생긴 도시라하여 상해라고 한다. 양자강 하류가 점점 퇴적되면서 토사가 쌓이기 시작하여 상해가 된 것이다.

중국을 가리켜 용이 살고 있는 나라라 한다. 그 대표적인 곳이 상해다. 전 세계 포크레인 1/5이 상해에 몰려 있다고, 과장된 말이긴 하지만 분명히 상해는 하늘 높은 줄 모르고 빌딩이 올라가고 있다.

세계 100대 기업중 60여개 기업이 상해에 들어 와 있으며, 우리나라 기업들도 많이 들어와 있다. 상해의 소비 패턴을 보면 자동차, 컴퓨터, 휴대폰 등이 엄청난 속도로 보급되고 있다.

한국인들이 주로 찾아가는 호텔은 은하호텔과 홍교호텔이다. 이 두 호텔은 쌍둥이 빌딩처럼 나란히 있다. 호텔 주변에 고가도로가 없었는데 지금은 4층으로 만들어진 고가도로가 아름다운 조화를 이뤄 도시 미관을 해치지 않아, 고가도로에서 시내를 내려다보는 것도 장관이다.

최고의 야경 외탄(外灘)

상해시의 대표적인 강이 황포강이다. 황포강을 관광하는 곳이 바로 외탄이며, 건너편을 포동지구라 한다. 외탄은 여행자라면 반드시 들려야 할 상해의 상징이다. 100여년 전에 만들어진 수십 개의 서로 다른 스타일의 서양건물들이 즐비하게 서 있다.

외탄은 최근 몇 년간 급속한 변화로 상해 전체의 새로운 모습을 압축하여 보여 준다. 그곳 야경은 무척이나 아름다운데, 보도의 길이가 1.5km나 된다. 그곳에서 흔히 시골에서 올라 온 아낙네들이 어린아이를 안고 외국인들만 보면 돈을 달라고 한다. 조금씩 받은 돈이 시골에서 일하는 것보다 훨씬 수입이 좋다고 한다. 단속하는 공안원이 붙잡히는 모습도 보인다.

외탄 건너편의 포동지구는 밤과 낮이 따로 없이 볼거리가 많다. 포동지구는 조그마한 지역이 아닌 523km^{2}나 되는 거대한 지역이다. 90년 4월 이 지역을 개발하기 시작하여 세계의 이목이 집중되고 있으며, 94년 10월 1일 개통한 아시아에서 제일 높은 동방명주탑(468m)이 바로 이곳에 있다. 동방명주탑은 관광객이 많은 저녁보다는 낮에 올라 관광하는 것이 훨씬 편리하다.

88층의 금무빌딩(421m)이 있는가 하면, 세계에서 가장 높은 94

층의 금융센터가 완공될 예정으로 포동지구는 급속한 변화를 맞고 있다. 황포강 밑으로 지하도가 개통이 되어 수많은 차량이 왕래하고 있어 발전하는 모습이 시시각각 변하고 있는 모습을 볼 수 있다.

외탄의 황포공원은 1860년대에 영국인의 손에 의해 만들어져, 당시 공원 입구에 '구여화인 부진입내(狗與華人 不進入內)'라고 쓰인 입간판이 세워져 있었던 것으로도 유명하다.

'개와 중국인은 들어오지 마라.' 중국인의 자존심을 꺾은 말이다. 바로 옆에 상해시 인민영웅기념탑과 외탄역사기념관, 기석(奇石)박물관 등이 있다. 지금은 상해 시민이 애용하는 휴식처로, 이른 아침 태극권을 하는 사람들이나 밤에 데이트를 즐기는 남녀를 많이 볼 수 있다.

요즈음 황포강 유람코스를 개발하여 관광객에게 팔고 있다. 1시간 반 정도 소요하는 코스가 있다. 얼마 전 북한의 김정일이 보고 놀란 곳이 바로 이곳이다. 상해는 1년 후에 가면 알아보기 힘들 정도로 변화무쌍한 도시이다.

임시정부(臨時政府) 청사

상해는 지금 많은 건물들이 들어서고 거리도 산뜻하다. 그런데 우리나라 임시정부가 있는 마당로(馬當路)는 10년 전이나 지금이나 마찬가지이다. 거리의 가로수가 플라타너스로 되어 있어 낙엽이 지면 보기가 흉측스럽지만 여름이 되면 거대한 숲을 이루어

대한민국 임시정부 앞에서

보기 좋다. 그곳을 조금 빠져나가면 높은 빌딩들이 숲을 이루고 있어 대조적이다.

상해는 볼거리가 많은 지역이다. 외탄을 비롯 옥불사, 예원, 박물관, 송경령 기념관 등이 있다. 오직 한국인만이 찾는 곳이 바로 임시정부청사와 홍구공원이다.

상해 임시정부에 대해서는 역사 시간에 너무 많이 배워 귀가 아플 정도로 잘 알고 있다. 상해시 마당로 306롱 4호 보경리에 위치한다. 이곳은 1840년 이후 프랑스 조계지였다.

1919년 3·1운동 이후 대다수의 한국 지사들이 국내외에서 독립운동을 적극적으로 활동하기 시작하였는데, 그 일환으로 전체적인 독립운동을 이끌 수 있는 권위 있는 기구를 설립하고자 하였다. 그것의 결과가 대한민국 임시정부 수립이었다.

3월 17일 비밀리에 상해로 망명해 온 여운형, 현 순, 선우혁, 김 철, 서병호, 최창식, 신규식 등이 당시 보창로(현 회해로)에서 조직하였다. 1919년 4월 13일 '대한민국 임시정부'가 상해에서 수립했음을 선포하여 독립운동사의 한 획을 그었다.

임시정부 청사는 1945년 해방까지 27년간 상해를 비롯하여 절강성 항주(1932)로 옮기기 전까지 이곳에 있었다. 그 후로도 임시정부는 가흥(嘉興), 진강(鎭江 1935), 장사(長沙 1937), 광동(廣東 1938), 유주(柳州 1938), 중경(重慶 1940) 등으로 몇 차례 옮겨 다녔다.

김구 선생은 상해 바로 옆 가흥에서 저보성의 도움을 많이 받았다. 김구 선생이 중국의 처녀 뱃사공 주애보와 살면서 많은 도움을 받았고, 남경에서 헤어질 때, 곧 만날 것을 약속했지만 끝내 만나지 못했다고 한다. 현재의 임시정부 청사는 상해에서 13년 동안 활동한 곳 중에서 가장 오래 머물렀던 곳이다.

임시정부의 대표적인 인물은 김구 선생이다. 그는 황해도 해주에서 태어나 한학을 공부하고 봉건사회에 대한 반감으로 동학에 가입하기도 하였고, 명성황후의 원수를 갚기 위해 일본인 육군 중위를 살해한 혐의로 징역 살기도 했으며, 3·1운동이 일어나자 상해로 건너갔다.

'92년 9월 노태우 대통령, '94년 3월 김영삼 대통령, '97년 1월 김구 선생의 아들 김신 장군, 8월 김수환 추기경, '98년 1월 김대중 대통령이 방문하여 기록을 남겼다. 이외에도 유명한 인사들이 많이 방문한 기록들이 남겨있다.

김구 선생이 좋아하며, 일생동안 애송했다는 서산대사의 시를 직접 쓴 액자가 70년대에 발견되었는데, 그 복사본이 쇼핑센터에 걸려 있다. 지금 상해 총영사는 김구 선생의 손자이다.

눈을 밟고 들 가운데를 걸어 갈 때는, 함부로 걷지를 말아라.
오늘 내가 걸어가는 이 발자국이 뒤 따르는 사람의 길이 된다

踏雪野中去(답설야중거) 不須胡亂行(불수호란행)
今日我行跡(금일아행적) 遂作後人程(수작후인정)

윤봉길의사의 홍구공원(虹口公園)

홍구공원은 윤봉길 의사가 폭탄을 투척한 곳으로 김구 선생에게 찾아가 독립운동의 의지를 밝히고 기회를 마련해줄 것을 요청했다. 일본 왕의 생일인 1932년 4월 29일 기념식을 거행할 때 폭탄을 투척하여 상해파견 군사령관인 시리카와(白川義則)를 즉사 시켰다.

13년이 지난 뒤 1945년 11월 5일 김구 선생은 중경에서 돌아와 처음으로 홍구공원을 찾았다. 홍구공원이 지금은 노신공원으로 이름이 바뀌었다. 지금 중국인들은 홍구공원이라는 것을 거의 모르고 노신공원으로만 알고 있다.

이곳은 중국 근대화의 대표적인 인물로 추앙받고 있는 노신(魯迅)을 위해 만든 곳인데 노신의 동상과 묘가 바로 여기에 있다. 묘에는 '노신지묘(魯迅之墓)'라는 모택동의 친필이 있다.

한국인 관광객들이 많이 다닌 후로 윤봉길 의사의 기념 공원인 매원(梅園)과 매정(梅亭), 그리고 기념비가 조금 떨어진 다른 장소에 만들어져 있다. 윤의사는 젊었기 때문에 아들이 없었을 것으로 생각했는데, 매정에서 보면 후사가 있는 것으로 기록되어 있다.

홍구공원 윤봉길 의사 의거 현장

매정에는 10여 년간 아무 것도 없었으나, 1층에 윤봉길 의사의 기념관이 들어섰다. 그곳에는 윤봉길 의사의 부인과 아들 2명이 있었는데, 지금은 어떻게 지내는지 알았으면 한다.

2003년 1월 15일 윤봉길 의사의 친동생인 항일애국지사 윤남의(尹南儀)가 서울 보훈병원에서 별세했다. 1932년 상해 홍구사건의 주역인 윤봉길 의사의 항일정신을 알리는 데 힘써 온 분이다.

상해 대표적인 정원 예원(豫園)

상해는 쇼핑천국이다. 특히 밤중 내내 네온사인이 켜 있는 남경로(南京路)와 회해로(淮海路)는 백화점 등 주요한 상가가 밀집되어 밤낮으로 이동 인구가 많은 곳이다. 거리에는 밤마다 무지개가 뜨며, 도로 양편을 곡선으로 잇는 광고용 네온사인은 어둠 속에서 강렬한 빛을 내고 있다.

100m 간격으로 이런 네온사인 행렬이 계속되며, 백화점들의 화장품 매장에는 샤넬, 랑콤, 한국의 드봉까지 외국 유명 브랜드가 집결돼 있다. 회해로에는 손문(孫文)의 부인인 송경령(宋慶齡)의 고택이 있기도 한다.

예원은 상해 유일의 명원으로 명나라 시대의 한 고관이 부모를 기쁘게 해드리기 위해 만든 것으로 무려 18년이나 걸렸다. 정원이 소주의 졸정원이나 유원에 비해 소규모이지만, 설계의 교묘함과 치밀한 배치가 다른 정원에 비해 뛰어난 솜씨를 자랑하고 있다. 예원의 담에 새겨진 용의 조각은 예원만의 자랑거리이기도 하다.

400여년 사이에 예원의 주인은 수차례 바뀌어, 개축과 개수를 몇 번이나 거쳤으며 1956년에는 일반에게 공개되었다. 예원은 용의 조각을 올린 담을 기준으로 몇 개의 블록으로 나누어져 있다. 담 여기저기에 창이 있으며, 하나의 커다란 거울이 있어 정원을 비추어 넓고, 복잡하게 보이게 한다.

예원에 인접한 예원 상업거리는 예원과 함께 돌아볼 만한 쇼핑가로 수많은 전문상점이 좁은 골목에 빽빽이 들어차 하루 종일 관광객들이 북적댄다.

옥불사(玉佛寺)는 상해에서 관광객이 많은 선종(禪宗)의 명찰(名刹)이다. 석가모니좌상과 와불당에 모셔져 있는 석가열반상으로 유명하다. 석가상을 백옥(白玉)으로 만들어져 있어 백옥 특유의 반들반들한 피부와 선명한 입술과 눈매는 보는 사람의 마음을 끌어당긴다.

중국의 불교와 우리의 불교는 차이가 있다면, 중국은 우리보다 훨씬 미신적으로 믿는 것 같이 보인다.

상해를 나타내는 글자 호(滬)

중국 각 지역을 나타내는 글자가 있다. 이것은 주로 자동차 번호판에 많이 사용되는데, 북경은 경(京), 상해는 호(滬)이며, 천진은 진(津), 산동성은 노(魯), 강소성은 소(蘇), 절강성은 절(浙)이다.

원래 상해를 나타내는 호(滬)는 대나무로 만든 물고기를 잡는 어구이다. 그래서 상해가 옛날에 어촌이라는 것을 짐작할 수 있다. 상해를 북경어로 '상하이'라고 부르지만, 상해 음으로는 우리 음과 같이 '상해'로 부른다.

상해의 자랑거리 남포대교는 1991년에 만들어진 현수교로, 빙글빙글 나사모양으로 돌아가게 되어있다. 다리 위에서 황포강 외탄을 바라 볼 수 있는데, 이 다리가 완공되면서 포동지구는 별천지로 바뀌게 되었다.

포동과 포서지방을 이어주는 다리도 있지만 황포강을 지하로 관통하는 도로가 있다. 마치 홍콩의 구룡반도와 홍콩섬을 이어주는 해저 터널과 같다.

상해 내에서도 경제개발구가 몰려 있는 포동에는 특히 외지인들이 많다. 이들은 고급인력으로부터 막노동꾼까지 오늘의 포동을 만들어가고 있는 사람들이다.

이들에게는 상해 시민임을 증명하는 임시 호구(戸口)가 주어진다. 그러나 이들은 진정한 상해인은 아니다. 상해인은 외지인을 빠즈(巴子), 즉 촌놈이라고 부른다. 아무리 돈이 많아도 촌놈일 수밖에 없다.

상해사람들이 즐겨 쓰는 농담에 '출신지를 비웃어도 못사는 것은 비웃지 않는다'는 말이 있다. 이 말을 통해 상해사람들이 외지인들을 바라보는 속내를 짐작할 수 있다. '못 살아도 상해인은 상해인'이라는 자부심을 갖고 있는 것이다.

하지만 '원조 상해인'에 대한 견해차는 분분하다. 진정한 상해인은 오히려 포동에서 대대로 살아온 농민들이란 말도 있고, 1930년대의 영화를 기억하고 있는 국제 조계지역 사람들이 상해인이라는 주장도 있다.

이처럼 원조 상해인에 대한 견해가 갈리는 것은 상해가 20세기 초 대도시로 변모하면서 많은 외지인들이 흘러들어 왔기 때문이다. 먼저 절강성 영파 사람들이 많이 몰려들었고, 개혁개방 이후에는 온주 사람들이 많이 들어와 자리를 잡았다.

그러나 북방인과 남방인으로 가를 때는 너나없이 상해에 살고 있다는 이유만으로 똘똘 뭉친다. 상해인들은 '북방 놈들은 정치만 안다' '아무 것도 가진 게 없는 것들이 의리만 외친다'며 깡그리 무시한다. 이때는 모두가 상해인이 되는 것이다.

'북경인들은 거리낌 없이 말하고, 상해인들은 거리낌 없이 입는다'. 북경인들은 기성복을 즐겨 입고, 상해인들은 자신이 좋아하는 옷감을 산 후 단골집에서 맞추어 입는다.

북경인들은 닭고기를 무게를 달아서 사지만 상해인은 부위별로 나누어 산다. 북경어와 상해어는 외국어처럼 다르다. 중국의 수도 북경에 사는 북경인들도 상해에 가면 거꾸로 '무식한 촌놈'이란 소리를 듣는다.

중국 어디를 가더라도 서커스가 없는 곳이 없다. 서커스의 한자표기는 '잡기(雜技)'이다. 잡기의 발음이 중국어로 '자지'라는 발음이 나기 때문에 가끔 웃음거리가 된다.

서커스 중에서 둥근 철로 된 원형에 오토바이를 탄 5명이 동시에 돌고 있는 모습은 아슬아슬하다. 단 0.01초만 틀려도 부닥치게 된다. 모두가 구경하고 나오면서 하는 말이 '세상에 이런 서커스도 있구나' 하면서 관객들은 모든 단원들 한 사람 한 사람에게 악수 세례를 퍼붓는다.

중국 세계화의 상징 정화(鄭和)

상해시에서 양자강을 따라 강소성에 접어들면 태창(太倉)시가 나온다. 양장강가에 정화(鄭和)의 거대한 기념비가 나온다. 명나라 시대의 항해가인 정화는 중국 국무원이 2005년 7월 11일을 '대원정 600주년 기념일'로 정했다.

정화는 영락제의 지시로 1405년부터 1433년까지 수백 척의 선단을 지휘해 일곱 차례나 서양으로 항해를 떠났던 인물이다. 명대의 서양은 말라카 해협의 서쪽을 말한다.

정화의 함대는 인도네시아. 베트남. 태국. 캄보디아. 스리랑카. 인도. 중동은 물론 멀리 아프리카까지 닿았다. 영국의 해군 퇴역 장교 개빈 멘지스는 정화가 콜럼버스보다 71년 이른 1421년에 아메리카 대륙을 발견했다고 주장해 세계적인 화제를 모았다.

정화의 항해 기록 대부분은 없어지고, 정화를 다시 역사 속으로 불러낸 인물은 청나라 말기의 개혁가인 양계초(梁啓超)에 의해서, 1980년대엔 등소평이 개혁개방에 힘을 불어넣기 위해 바다로, 세계로 나아갔던 정화를 되살렸다.

정화는 1371년 운남성에서 태어났다. 성은 마(馬) 이름은 삼보(三保) 이슬람교를 믿는 회족이었다. 11세 때 고향인 곤명이 명나라에 의해 정복됐다.

그를 환관으로 만들었고, 이후 환관이 돼 북경으로 보내졌다. 그는 1399~1402년의 '정난(靖難)의 변' 때 무공을 세웠다.

당시 황제인 건문제와 지방 세력인 연왕(燕王)의 싸움에서 연왕편을 들었고 연왕이 승리해 영락제에 오르자 '정(鄭)'씨 성도 하사 받았으며 장관 격인 태감이 되었다.

정화의 함대는 '보물을 찾으러 떠나는 배'로도 불렸다. 그의 선대 중 큰 것은 길이 150m, 폭이 60m가 넘었으며, 2500t급으로 한 척에 1000명 가까이 승선했다. 한번 출항에 100척 가량이 동원됐고 승무원은 2만 7천명 정도였다.

中國, 케냐 섬에서 '후손' 찾았다

600년 전, 중국 명나라의 유명 항해가 정화의 해외 원정을 수행했던 선원 후예를 아프리카에서 찾았다고 해 화제다.

주인공은 아프리카 케냐 동부 해안의 라무군도 파타이섬 출신의 엠와마카 샤리푸라(2006년 20세)라는 소녀. 그녀는 케냐 주재 중국 대사관에 편지를 보내 “나는 중국인 선원의 후예”라고 주장하면서 “중국에서 공부하고 싶다”는 뜻을 밝혔다. 소녀는 정화의 유적을 추적하던 중국 언론의 관심을 끌었고 마침내 중국 정부 장학생으로 선발됐다.

중국에 도착한 소녀는 중의학을 공부한다. 그녀가 태어나 살고 있던 파타이섬에 대대로 전해오는 구전에 따르면, 아주 오랜 옛날 중국 배가 파타이섬 앞에 왔다가 암초에 부딪혀 부서졌다. 선원 대다수는 숨지고 20여명이 헤엄을 쳐 해안가에 도착했다. 이들은 현지 부족민들에게 농사짓는 법과 그물로 고기 잡는 법을 가르치며 살아가면서 현지 여성들과 결혼해서 정착했다.

소녀는 중국인들이 핏줄을 잇기 위해 딸을 낳으면 아들을 낳은 선원 집안에 시집을 보내는 전통을 꾸준히 지켜왔다는 것이다.

구체적인 문자 기록은 남아 있지 않지만 파타이섬에서는 중국 도자기와 파편들이 대거 발견되었고, 중국 과학자들은 그녀의 어머니 머리카락을 채취해 DNA 검사를 통해 중국인의 핏줄이 섞여 있음을 확인했다.

그녀는 언론과의 인터뷰에서 “정화의 용기와 모험정신을 존경한다”고 말하고 “조상을 본받아 나도 용감하게 이역만리 조상의 나라에서 공부를 해서 나중에 케냐 국민들을 위해 의료 봉사에 힘쓰겠다”고 다짐했다.

물과 정원의 도시 소주(蘇州: 쑤저우)

소주를 어미지향(魚米之鄕)이라고도 하는데, 소(蘇)라는 글자를 살펴보면 고기 어(魚)와 벼 화(禾)가 함께 하고 있는데, 물이 많기 때문에 물고기가 많다는 의미로 고기 어(魚)를, 쌀이 많이 나는 지역이라 벼 화(禾)를 합쳐 소(蘇)자가 된 것이다.

소주에 만리장성 다음으로 거대한 구조물인 수나라 때 건설한 경항대운하가 있다. 세계에서 가장 긴 인공운하로서 북경에서 시작하여 남쪽으로 천진, 하북성, 산동성, 강소성, 절강성을 가로질러 항주까지 도달하는 1,780km의 대운하이다.

기원전 600년 전인 춘추전국 시대부터 부분적으로 파기 시작한 운하는 수양제에 이르러 현재의 북경에서부터 낙양과 장안 그리고 항주로 이어지는 남북 대운하가 완공되었다.

운하는 해하, 황하, 회수, 양자강, 전당강으로 이어지는데, 소주에서 항주로 가는 길은 아름다운 운하의 풍경을 볼 수 있는 곳이기도 하다.

'하늘에는 천당이 있고, 땅에는 소항(蘇杭)이 있다'란 말이 있다. 소항은 소주와 항주를 일컬어 지상의 낙원이라는 뜻이다. 중국에 태어나 소주와 항주를 보지 않고 죽는다는 것은 천추의 한이라고 한다.

서안에서 출발하는 실크로드를 타고 유럽까지 간 비단이 바로 소주지방에서 생산된 것이다. 조선시대에는 조선 사람들에게 팔기 위해 공장이 별도로 있었다고 한다.

관광객이 중국에서 불편한 것은 물건을 사는 일이다. 값이 천차만별하기 때문에 어느 곳에서 사야 싼지, 비싼지를 알 수 없다. 개인적으로 다닐 때야 스스로 결정하여 살 수 있지만 단체로 몰려다니다가는 바가지를 쓸 수 있다.

중국에서 정확한 값에 살 수 있는 것은 무엇인가? 일반적으로 서점에 가서 책을 사는 것이 가장 정확하게 살 수 있는 물건이다. 그러나 관광객이 많이 다닌 곳이나 공항의 것은 따로 정가를 붙여 팔기 때문에 비싸다는 것을 알아두어야 한다.

풍교야박(楓橋夜泊)으로 유명한 한산사(寒山寺)

한산사는 한산(寒山) 스님과 습득(拾得) 스님으로 유명하지만, 당나라 때 시인 장계(張繼)가 지은 '풍교야박'이라는 시로 더욱 유명해 졌다.

한산 스님과 습득 스님은 친구로 절간성 천태현에 있는 국청사에서 소주로 왔다. 한산사를 전에는 묘리보명탑이었는데 한산 스님에 의해서 이름이 한산사로 바뀌었다.

중국인이나 일본인들은 풍교야박시를 모르는 사람이 없다. 그래서 일본인들은 풍교야박 시비(詩碑)를 어루만지며 감탄하고 또 감탄하지만, 한국인들은 그냥 지나쳐 버린다. 전국 어느 곳에서나 이 시를 쓴 서예작품이 판매되고 있다.

시의 내용은 장계가 몇 차례 과거시험을 보러 갔으나 낙방을 하고, 절망한 상태에서 돌아가는 한밤중에 한산사를 지날 때 한산사의 종소리를 듣고 새로운 각오를 했다는 내용을 담고 있다.

달이 진 캄캄한 밤 까마귀 슬피 우네
쌀쌀한 밤이라 온 천지가 서리로 가득하네
강가의 단풍나무 아래에서
낚시꾼의 불빛을 마주 대하니
근심에 젖어 잠 한잠도 이루지 못하였네
고소성 바깥의 한산사에서
울려 퍼지는 종소리가 내 뱃전을 울리네
月落烏啼 霜滿天　江楓漁火 對愁眠
姑蘇城外 寒山寺　夜半鐘聲 到客船

한산사는 별로 크지 않는 절이다. 장계로 인하여 유명해지자 일본인들이 한산사의 종을 훔쳐 갔다. 그래서 뜻 있는 일본의 스님들이 전국을 돌아다니면서 찾았으나 찾지를 못하여 사죄의 뜻으로 만들어 일본 스님들이 1905년에 만들어 준 종이 보관되어 있다.

12월 31일 밤이면 한산사의 스님들은 둥근 창이 있는 종루의 범종을 108번 친다. 이것은 오래 전부터 내려온 관습으로 이 종소리를 들으면 재해를 피하고 복을 누릴 수 있다는 전설 때문이다.

이 종소리를 듣기 위하여 많은 관광객들이 모여드는데 입장료가 비싸며, 관광객들에게 돈을 받고 종치게 한다. 관광객으로는 일본인들이 거의 차지하며, 종을 치는 사람도 많다.

4대 명원의 졸정원(拙政園)

소주 지방은 호수가 많아, 아름다운 정원이 많다. 소주를 가리켜 원림문화의 산실이라고 말한다. 이름난 졸정원을 비롯하여 지천(池泉), 축산(築山), 정자(亭子)를 아름답게 꾸며 놓았다.

한국인들은 거의 졸정원에 가지만 중국인들은 오히려 유원(留園)에 많이 간다. 이외에도 이원(怡園), 창랑정(滄浪亭), 중국의 대표적인 화가 장대천의 그림이 있는 망사원(网師園), 원나라시대의 기교가 깃들어진 사자림(獅子林), 환수산장(環秀山庄) 등 이름 없는 정원이 수 없이 있을 정도이니 중국인들이 우리의 정원을 보고는 너무 시시하다는 말을 하는 것은 가히 짐작할 수 있다.

졸정원은 이름부터 특이하다. 서진(西晋)시대의 문학가인 반악(潘岳)이 지은 '한거부(閑居賦)'라는 글 '졸자지위정(拙者之爲政: 어리석은 사람이 정치를 한다)'에서 따온 말이라고 한다.

졸정원이란 원래 당나라시대의 대부호인 육구몽(陸龜蒙)이 살았다는 저택과 원나라시대부터 내려온 대홍사라는 절터를 명나라시대 어사를 지낸 왕헌신(王獻臣)이 사들여 1509년부터 가꾸기 시작하여 1522년까지 만든 광활한 정원이다.

심혈을 기울여 걸작품을 만들었지만 그가 죽자 아들이 도박으로 하룻밤에 날려버린 정원이기도 하다. '자식에게 많은 재산을 남겨주는 것보다, 글을 가르쳐 주는 것이 좋다'는 말을 떠올리는 곳이기도 하다.

중국의 5대 기서의 하나인 '홍루몽(紅樓夢)'은 바로 졸정원을 배경으로 만들어진 작품이다. 손권이 자기 어머니를 위해 만든 북사탑을 졸정원과 어울려 하나의 정원 안에 있는 것처럼 만들어 원림문화의 극치를 보여준다.

정원은 동원, 중원, 서원의 3개 구역으로 나뉘어 있으며, 45개의 건물을 배경으로 보는 각도에 따라서 각각의 변화하는 모습이 무궁무진하다. 연꽃 향기가 퍼져 나오는 원향당(遠香堂)에서 바라보는 경치는 4계절이 다르게 보인다.

졸정원은 분재로도 유명하다. 분재는 500년이 된 것도 있으니 참으로 감탄할 지경이다. 졸정원은 워낙 넓고, 길이 복잡하여 길을 잃으면 찾기 어려운 곳이기도 하다.

세계문화유산에 등록되기도 한 졸정원은 용의 형상을 한 담과 담을 연결시켜 마치 거대한 용 한 마리가 졸정원을 온통 휘어 감고 있는 것과 같이 보여 용궁 속에 있는 느낌을 들게 한다. 비록 주인은 황제가 될 수 없다는 것을 알기 때문에 용(龍)을 만들어 황제와 같은 기분으로 살았던 곳이다.

육구몽은 당나라 시인이면서 재치가 있는 사람이었다. 그는 지금의 상해에 속해 있는 송강(松江)이란 곳에서 살았다. 그의 집은 백련사(白蓮寺) 근처에 살았는데, 하루는 조정에서 태감(太監)이 백련사를 방문했다. 그는 주위를 거닐다가 연못에 있는 오리 떼를 보자 장난기가 발동하여 이리저리 몰면서 장난을 쳤다.

그중에서 육구몽이 가장 애지중지한다는 오색빛깔의 털을 가진 수컷 오리를 죽여 버렸다. 그 소식을 들은 육구몽은 얼굴색 하나 변하지 않은 채 태감을 찾아갔다. 태감을 만나자 능청스럽게 말했다.

"이제 그대에게 커다란 화가 닥치게 될 거요. 그대가 죽인 오리는 바로 내가 황제에게 바치려고 준비해둔 진상품이오!. 그제야 태감은 안절부절 못하며 애원했다.

"대인, 제가 어르신을 몰라 뵈었습니다. 넓으신 아량으로 용서해 주십시오. 황제께는 오리가 병으로 죽었다고 말해 주시오" 그러자 육구몽이 "앞으로 무슨 일이든지 절대 신중하고, 제멋대로 행동하지 마시오."라고 한 육구몽이 제일 먼저 산 곳이 바로 졸정원이다.

와신상담(臥薪嘗膽)의 고장 호구(虎丘)

호구는 '와신상담'과 '오월동주' 등 고사성어가 생긴 곳으로 유명하다. 와신상담이란 말은 오나라 합려(闔閭)가 월나라 구천(勾踐)에게 싸움에 패하자 아들 부차(夫差)에게 원수를 갚으라는 말을 남겼다.

부차는 원수를 갚기 위해 와신(臥薪: 땔나무에 누워 자다) 하면서 원수를 갚기 위해 노력한 결과 회계(會稽) 전투에서 승리하여 월왕 구천을 바로 이곳에 감금시켰다.

포로가 된 구천은 부차에게 신임을 얻기 위해 갖은 노력을 다하였는데, 부차가 몸이 아플 때는 그의 대변을 맛보기도 하였다.

이로부터 부차의 신임을 얻고 풀려난 구천은 당시 월나라의 미녀인 서시와 소흥주(紹興酒)를 부차에게 보내어 부차로 하여금 여자와 술에 빠져들게 만들었다.

구천은 그 뒤부터 회계 전투에 패한 것을 잊지 않고, 항상 쓸개를 문에 걸어 놓고 밖으로 나가거나 들어 올 때 상담(嘗膽: 쓸개를 핥다) 하면서 참고 견디어 마침내 부차를 쓰러뜨렸다. 원수를 갚기 위하여 갖은 고생을 하는 것을 와신상담이라고 한 것이 바로 여기에서 비롯된 것이다.

오나라와 월나라는 원수지간으로 원수끼리 한자리에 있는 것을 '오월동주(吳越同舟)'라고 한다.

오왕 부차가 서시에게 빠져 정사에 소홀히 하자 충신 오자서(伍子胥)가 이를 적극적으로 말렸으나 그의 말을 듣지 않아 끝내 서시로 인하여 나라가 망하게 되었다.

호구는 오왕 합려의 무덤이자 3천 자루의 칼이 묻혀 있는 검지(劍池)라는 연못이 있기도 하다. 오왕의 부차가 그의 아버지 합려를 매장한지 3일 만에 하얀 호랑이가 나타나 무덤을 지켰다하여 그 무덤을 호랑이의 언덕, 즉 '호구'라 칭했다고 한다.

호구는 20ha의 넓이로 만들어진 곳으로 '유원'이나 '졸정원'과 같은 하나의 원림이라고 할 수 있다. 입구에 들어가기 전에 '오중제일산(吳中第一山)'이란 글은 오나라 제일의 산이라는 뜻이다.

호구의 입구는 호랑이 입으로 들어가는 형상으로 되어 있다. 조금 들어가면 조그마한 바위인 '시검석(試劍石)'이 있는데 합려가 칼을 시험해보기 위하여 잘랐다는 바위가 있다.

손자병법으로 유명한 손자의 비석이 호구 안에 있다. 합려는 항상 손자의 병법을 전수 받은 사람이기도 한다. 호구의 중앙에 '천인석(千人石)'은 손자가 궁녀들을 데리고 손자병법을 시범한 훈련 장소이기도 하다. 바로 옆에 손자의 비석이 1955년에 세워져 있다.

호구는 합려의 시체와 칼이 묻혀 있는 검지를 진시황이나 삼국시대의 손권(孫權) 등이 발굴하려고 노력했으나 한 자루의 칼도 찾아내지 못하였다고 한다. 검지라는 글씨는 서예가 안진경이 직접 쓴 호구검지로 붉은 색채를 칠하여 뚜렷하게 보이고, 왕희지(王羲之)나 미불(米芾)의 글씨도 보인다.

'쌍정교(雙井橋)'라는 다리에 두 개의 구멍이 있는데, 검지의 물이 아주 맑게 보여 미녀인 서시가 거울로 이용했다.

정상의 '운암사탑(雲岩寺塔)'은 일명 '호구사탑'이라고 부른다. 이 탑은 5도 이상 기울어 '피사의 사탑' 처럼 보여 동양의 피사탑이라고 말한다. 높이 47.5m의 8각형 7층탑이다. 현존하는 중국 최고의 전탑(塼塔)으로, 아름답게 펼쳐진 소주 시내를 한 눈으로 바라볼 수 있다.

관광지로 비약하고 있는 무석(無錫: 우시)

무석은 상해와 남경의 중간 지점에 위치하며 소주와 가까운 곳에 있다. 요즈음 서울에서 남경으로 항공기가 취항하는 관계로 무석을 찾는 사람이 많다.

무석은 깨끗하고 도시계획이 잘된 지역으로 서하객(徐霞客)의 고향이다. 그는 여행가이자, 지리학자이다. 2006년 5월 서하객 축제를 개최한 적이 있고, 세계적인 관광지로 비약하고 있다.

삼국성에서 전투하는 실제 장면

무석이란 원래 주석이 많이 생산된 곳이었다. 주로 서쪽이 대량 채굴되었는데 한나라 고조 유방(劉邦) 때 모두 채굴하여 그 이후 주석이 없다하여 무석이라고 부르게 되었다고 한다.

중국에서 세 번째로 넓은 호수인 태호(太湖)가 바로 이곳에 있는데, 태호는 무석의 남쪽에 넓게 자리 잡은 담수호로 소주까지 이르며 호수 안에 72개의 작은 섬들이 산재해 있으며, 넓이는 2,200km^{2}이다.

태호에서 배를 타고 유람하면서 녹정산(鹿鼎山)과 석산(錫山), 혜산(惠山)을 바라보는 운치가 정말 아름답다. 녹정산은 태호의 반도에 조성된 공원으로 사슴의 머리와 같다하여 부른다.

석혜공원은 무석에서 가장 큰 공원이다. 석산과 혜산을 합하여 부르는 이 공원에 중국에서 두 번째 가는 샘인 천하제이천(天下第二泉)이 있다. 천하를 나타내는 둥그렇고 네모나게 만들어 샘물이 흘러가게 만들어져 있다.

아름다운 정원인 기창원(寄暢園)은 석혜공원 내에 있으며, 혜산사라는 절도 있다. 무석에 가장 아름다운 정원으로 건륭황제의 편액이 걸려 있다. 혜산사 입구에 금 빛깔의 연꽃이 있는 금련교(金蓮橋)를 지나가게 된다.

조선시대 금남 최부 선생이 이곳을 지날 때, 현감이 직접 식사를 대접한 곳이다. 이러한 것을 보면 무석 사람들의 면모를 알 수 있다.

최부 선생 일행이 고생하면서 돌아갈 때, 따뜻한 위로를 해 준다는 것은 얼마나 훌륭한 일인가를 알 수 있다. 그래서 경항대운하 바로 옆에 있는 석혜공원 내에 최부 선생의 기념비를 2006년에 세웠다.

매원(梅園)은 무석의 3대 정원으로 매화나무가 제일 많은 곳으로 20여종, 4천여 그루가 있는 정원에 10만평이 넘는 곳이다. 매년 초봄이면 매화꽃이 만발한다. 이 때 눈이 내리면 설중매(雪中梅)로 환상적이라 말할 수 있다.

여원(蠡園)이라는 정원도 아름답다. 태호 옆에 있기 때문에 더욱 아름답다. 이 정원은 춘추전국시대 범려(范蠡)와 관계가 있는 곳이다.

그는 월왕 구천의 참모로서 구천을 도왔으나, 그와 안락을 같이 할 수 없다하여 이곳에 정원을 지었는데, 그의 이름 려(蠡)를 따 여원이라 했다.

범려가 미인 서시를 부차에게 보냈고, 서시는 지금 소흥의 저라산 기슭에 살고 있는 작은아버지 시로(施老)를 불러들여 오나라의 도읍인 고소성의 방어 지도를 보내어 범려로 하여금 쳐들어오게 한 후 범려가 서시와 함께 살았다는 전설의 정원이다.

여원에 천 걸음의 복도라는 북경의 이화원과 같은 천보장랑이 있고, 장랑(長廊)의 남쪽은 여호라고 불리는 호수가 있다. 제방에 있는 호심정(湖心亭)과 영춘탑(迎春塔)이 한폭의 그림 같이 아름답게 보인다.

장랑의 북쪽 벽에는 89개의 창이 있는데, 모든 창문이 각기 다른 꽃 모양을 하고 있다. 전남 곡성군 대표적 정자인 함허정(涵虛亭)이 있는데 이곳에도 함허정이 있다.

중국 제일의 샘은 무석에서 멀지 않으며 우리나라 임시정부가 있었던 진강(鎭江)이란 도시에 중랭천(中冷泉)이 천하제일천(天下第一泉)이다.

제 이천이란 것은 당나라시대 다도의 전문가이며, 다경(茶經)을 지은 육우(陸羽)가 두 번째 맛이 난다고 하여 이름이 지어지게 되었다.

천하제이천이라는 다섯 글자를 원나라시대 송설체의 대가인 조맹부(趙孟頫)가 쓴 것으로 아직도 생생하게 보존되어 있다.

삼국지 촬영지 '삼국성'

'삼국지'는 세계에서 성경 다음으로 많이 읽히는 베스트셀러이다. 한국에서 삼국지라고 말하면 통상 삼국연의를 뜻하는 것이다. 삼국연의는 정사 삼국지와는 달리 유비의 측을 정통으로 보고 있다.

삼국지는 예로부터 대중적인 읽을거리로 널리 읽혀져 왔으며, 특히 그 속에 담긴 유비를 중심으로 한 한실(漢室)에 대한 충성이라든가, 공명의 지략, 유비·관우·장비의 결의 등은 유교적 이념을 국시(國是)로 삼았던 조선시대에는 크게 환영을 받았다.

그 중에서도 관우의 의기와 절개는 민간신앙으로까지 발전하여 관제교가 생겨나고, 관제묘(關帝廟)가 곳곳에 세워지기까지 하였다. 신문학 이전에는 한문으로 된 원본이 수입되어 읽혔으나 그 후 수많은 국역본이 나와 널리 대중의 인기를 차지하게 되었다.

삼국성은 산과 호수가 잘 어울려 있는 곳이다. 조그만 산들과 그리고 바로 옆에 태호가 있어 제갈량의 '적벽대전'을 바로 이곳에서 촬영하였다. 세트장이 넓어 걸어 다니는데 불편하여 자동차를 타고 다니면서 구경을 해야 한다.

도원결의(桃園結義)를 위해 만들어진 복숭아밭은 매우 크게 잘 만들어졌다. 지금도 매일 전쟁을 방불케 하는 각종 행사가 시간대 별로 진행되고 있어, 마치 미국 로스앤젤레스의 헐리우드에 온 느낌이 든다.

중국인 정신에는 '삼국지 문화'가 배어 있다. 관우는 중국 민간인들에게는 '위대한 신'이다. 중국 전 지역에 공자를 모신 사당은 얼마 되지 않지만 관우를 모신 사당은 허다하다. 이것은 중국이나 대만, 홍콩, 마카오 등에서도 마찬가지이다.

문화대혁명 때 공자 사당과 관우 사당이 많이 훼손됐다. 하지만 서슬이 퍼런 문화대혁명 시절에도 관우 사당은 공자 사당보다 덜 훼손되었다. '사회주의 첨병'을 자처하면서 문화유산을 다 때려 부순 홍위병이라고 하더라도 그들 마음속의 신은 함부로 할 수 없었던 것이다.

중국 민간인들 사이에서 관우에 대한 믿음을 능가할 수 있는 인물이 드물다는 사실을 잘 보여 준다. 학자들은 이를 민간에 내려오는 전통적 문화현상이라고 말한다.

오씨의 발원지 매촌(梅村)

무석은 오씨들의 선조가 살았던 곳이다. 오씨들의 선조는 태백(泰伯)이다. 주나라의 뿌리를 보면 후직(后稷)이 나온다. 우리가 조선시대 육룡(六龍)은 목조부터 시작하여, 익조, 도조, 환조, 태조, 태종이다.

마찬가지로 주나라도 후직부터 시작하여, 3대손 공류(公留), 공류의 9대손 고공단보(古公亶父)이다. 고공단보의 보자는 아버지 '부'자이지만, 사람 이름을 존경하여 부를 때는 '보'로 읽는다.

고공단보의 큰 아들이 태백, 둘째 중옹(仲雍), 셋째가 계력(季歷)이다. 계력의 아들이 문왕(文王)이며, 그 아들이 주나라를 통일한 무왕(武王)이다. 이 시대에 강태공(姜太公)이 나오고, 백이숙제(伯夷

叔齊)가 나오는 시기이다.

태백은 동생 중옹과 바로 무석에 와 세운 것이 오나라다. 아직은 잘 꾸며져 있지는 않으나 앞으로 단장만 하면 좋은 관광지가 될 것이다.

남경대학살로 유명한 남경(南京: 난찡)

남경의 장강대교는 1960년부터 8년에 걸쳐 건설한 양자강에서 가장 긴 다리다. 양자강을 가로지르는 대교는 중경, 무한, 남경 등에도 있는데, 요즈음 형주에도 건설 중에 있다. 중국의 다리는 기차와 자동차가 함께 다닐 수 있도록 철로와 자동차를 동시에 건설한다.

남경박물관은 옛날에 유명한 곳이었는데, 장개석이 대만으로 후퇴하면서 많이 가지고 가 지금은 얼마 남아 있지 않다. 국보급 보물들을 바다를 건너 싣고 갈 때, 모택동은 '머지않아 우리 것이 될 것인데, 무엇하러 폭파하겠는가'라고 말했다고 한다.

대만 고궁박물관에 중국 본토의 것 60만점과 대만의 귀중품 10만점이 있어 3개월에 한 번씩 교환하는데 16년 6개월이 걸린다고 한다. 대만 사람들은 중국이 보물들을 보호하기 위해서라도 전쟁을 하지 못할 것이라고 말한다.

남경은 삼국시대 손권이 동오를 세울 때 건업(建業)이라 불렀으며, 당나라 시대에는 금릉(金陵)으로 불러지기도 했다. 이곳은 동진. 송・양・진(陳)・명나라가 도읍을 정한 곳이기도 하다.

양자강의 대표적인 다리 남경 장강대교

당나라시대 이백은 정치가 혼란하여 전국을 돌아다니면서 간신들에 의해 나라가 망하고 있는 것을 봉황대에 오르면서 우국충정의 시를 지었다.

등금릉봉황대(登金陵鳳凰臺)

옛날 봉황대에 봉황새들이 놀았다는데,
봉황은 날아가고, 강물만 흐르네.
오나라 궁궐터에는 잡초만 우거졌고,
진나라의 화려함은 어디 갔는가.
삼산의 절반은 하늘 밖으로 보이고,
이수는 백로주를 사이로 갈라졌네.

뜬 구름(간신)이 해(황제)를 가렸으니,
장안이 보이지 않아 근심만 쌓이네.

鳳凰臺上鳳凰遊　鳳去臺空江自流
吳宮花草埋幽徑　晉代衣冠成古丘
三山半落靑天外　二水中分白鷺洲
總爲浮雲能蔽日　長安不見使人愁

지금은 남경시내를 바라볼 수 있는 봉황대는 없지만, 열강루(閱江樓)가 대신하고 있다. 열강루는 사자산에 위치하며, 명나라시대 모형으로 지은 건축물로 평면설계가 ㄴ자형으로 정면이 북을 향하고 있다.

손문의 능인 중산릉(中山陵)은 남경 동북쪽의 자금산(紫金山)에 있는 것으로, 1926년부터 3년에 걸쳐 만들었다. 묘의 넓이는 8만 m^2로 손문의 부인 송경령에 의해 만들어졌다.

묘지 앞에 광장이 있고, 광장에는 손문 선생의 석상이 있으며, 남경의 제일가는 관광지가 되었다. 묘 아래에서부터 약 1.5km 정도 걸어 갈 수 있으며, 파란 기와집으로 만들어져 있다.

남경대학살(南京大虐殺) 기념관

1937년 여름 노구교사건으로 중일전쟁을 시작한 일본군은 파죽지세로 천진, 북경 등을 거쳐 11월 상해를 점령했다. 그들의 다음 목표는 장개석 국민당정부가 수도로 삼고 있던 남경이

남경 대학살 기념관

었다.

9만 명의 일본군이 양자강 남쪽의 이 도시를 3면으로 포위해 들어가자 장개석은 성 함락 5일전 군대를 이끌고 중경으로 퇴각했다.

남경에 입성한 일본군은 1937년 12월 13일부터 7일간에 걸쳐 시민 30만 명을 살해하였다. 어찌나 목을 빨리 치던지 목이 땅에 떨어지기 전에 이미 칼날이 목 밑을 지나가는 사진은 당시 일본군의 잔학성을 생생히 보여주고 있다.

이곳 기념관에 사진과 생존자의 증언이 있으며, 발굴된 유골들은 유리관에 잘 보관되어 있다. 일본의 양심이 있는 학자들이 쓴 '남경학살사건을 밝힌다'라는 책도 있다. 1985년에 개관한 기념관 벽에 30만 명의 희생자수를 나타내는 부조가 있다.

백기를 든 군 포로들은 물론이고 수천, 수만 명의 젊은이들을 총검술훈련 혹은 '목베기 시합'의 대상물로 삼아 무자비하게 희생시켰다. 어린 소녀, 노인 할 것 없이 무차별로 살해해 버렸다.

사람을 산채로 파묻고 배를 가르거나 사지를 자르는가 하면 연료를 쏟아 부은 뒤 불태워 죽이기도 했다. 한 생존자는 훗날

'마치 하늘에서 비 아닌 피가 쏟아져 내린 듯했다'고 끔찍했던 참살현장을 되새기고 있다.

이렇게 희생된 사람이 당시 남경 잔류인구의 절반 가까운 약 30만 명에 이르렀다. 미국 새너제이 머큐리지는 '사망자들이 손을 잡으면 남경~항주의 3백 22km를 이을 수 있고, 흘린 피의 양은 1천 2백톤, 시체는 기차 2천 5백량을 가득 채울 수 있을 것'이라고 싣기도 했다.

전쟁의 한 가운데서 야만과 잔혹성의 극치를 보였던 일본은 그러나 전후 그런 사실을 철저히 숨겼을 뿐만 아니라 남경대학살 자체를 부인하고자 했다. 현재 동경 도지사로 있는 작가 이시하라(右原愼太郎)는 '일본이 남경에서 대학살을 저질렀다는 이야기는 중국인들이 꾸며낸 거짓 말'이라는 어처구니없는 태도를 보이는 대표적인 사람이다.

최근 일본의 우익단체들이 오사카에서 대대적인 집회를 열고 '남경대학살은 20세기 최대의 거짓말'이라며 사실 자체를 아예 부인하고 나서 내외로 큰 파문이 일기도 했다.

그들은 '증거가 없지 않느냐'고 큰소리로 되묻고 있지만 이것은 역사를 의도적으로 왜곡하는 이시하라의 신념과 인식을 다시 확인한 것에 지나지 않는다.

중국 상해시에만 일본군 위안소가 149곳이 있을 정도였다. 상해 거주 조선 상인들이 운영하던 술집 등도 '일본군 위안소'로 대거 활용하였다.

일본군이 늘어나면서 조선 처녀와 중국 여성이 대거 동원됐다고 밝혔다. 대부분 20대로, 일련번호를 부여받고 작은 쪽방에서 기거했으며, 감금과 폭행에 시달리는 등 지옥 같은 생활을 했다고 한다.

주원장의 효릉(孝陵)

주원장은 명나라를 건국한 사람으로 그의 능묘인 효릉이다. 그런데 효릉의 입구에 여러 형상들의 석상들이 즐비하고, 여기저기에 많은 비석들이 있지만 정작 있어야 할 능은 보이지 않는다. 그것은 산 전체가 능이기 때문이라는 것이다.

그는 남경의 북부에 있는 회수 유역에서 빈농의 아들로 태어났다. 그는 떠돌이 생활을 거듭하다 마침내 황각사라는 절로 들어가 중이 되었는데, 농민세력인 남방계 홍건군이 난을 일으키자 이에 합류했다. 이때 그는 28세로 농민군의 우두머리인 곽자흥(郭子興)이 사망한 후 부장에서 일약 최고 지도자로 떠올랐다.

그가 농민운동에 참여할 때, 중국전역은 농민들의 반란으로 혼란에 휩싸여 있었다. 원대사회의 두 가지 모순인 계급문제와 민족문제가 더 이상 억제할 수 없을 만큼 비등점에 이르렀던 것이다.

명나라를 세운 주원장의 일화가 있다. 망해 가던 중국 원나라는 소금장수 출신의 장사성(張士誠)과 주원장의 대결로 압축됐었다. 주원장이 장사성의 주력부대를 포위코자 험악한 산을 넘어 후방으로 돌고 있을 때 일이다. 협곡의 외길 복판에서 산오리 한 마리가 알을 품고 있었다. 새끼 품은 짐승을 해치면 업보를 받는다는 동승 시절의 믿음이 떠올랐다.

주원장은 사활이 걸린 그 작전을 포기하고 그 산오리가 여덟 마리의 새끼를 낳아 제 발로 길을 비킬 때까지 여러 날을 기다렸다. 물론 작전은 탄로 나고 전세는 불리하게 기울었다. 한데 예상치 못했던 일들이 벌어졌다.

적의 부장들이 부하를 거느리고 속속 주원장 휘하로 투항해 왔다. 천하를 얻고 잃는 그 큰 전쟁을 한낱 오리의 생명을 위해 유보하는 인간적 장수라면 그 휘하에 들어가는 편이 옳고 장래가 있다는 판단에서였다. 화살 한 발 쏘지 않고 천하를 얻었던 주원장이다.

명나라는 역대 어느 왕조보다 강력한 황제권을 성립시키는데 성공했다. 황제의 직접 통치를 위한 전제왕정을 확립하기 위해 우선 총리격인 승상의 자리를 없애버렸다. 그리고 비서기관인 대학사 제도를 확대하고, 친위세력인 환관의 권한을 강화시켰다. 그러나 환관의 득세는 훗날 명조의 멸망을 가져오는 원인이 됐다.

아울러 지난날 황제권의 약화를 가져오는 요인이던 계승분쟁을 미연에 방지할 수 있는 제도적 장치로서 장자계승의 원칙을 확립하기 위해 그는 많은 노력을 기울였다. 특히 태자가 일찍이 사망하여 어린 손자가 황제를 계승할 수밖에 없는 처지에 이르자, 어린 세자의 삼촌인 아들들을 변방으로 보내 황실의 위기요소를 사전에 제거하려고 했다. 즉 그의 자식들을 국경수비를 빌미로 친왕(親王)으로 책봉하여, 세 차례에 걸쳐 변방지대로 보냈던 것이다. 이러한 노력에도 불구하고, 그를 계승한 것은 어린 장손자가 아닌 넷째 아들 영락제(永樂帝 1403~1424)였다.

최치원 선생이 벼슬했던 양주(楊洲: 양저우)

양주는 남경에 100여km로 남경에서 가는 것이 편리하다. 지금은 남경의 장강대교를 지나지 않고 상해 남경간 고속도로인 호녕고속도로를 상해 쪽으로 가다 다시 진강 쪽으로 가다 진강에서 양주 사이의 새로운 다리인 윤양대교(潤揚大橋)를 지나면 빠르다.

양주는 옛날에 광릉, 계원, 강도 등으로 불리어 지었다. 연화삼월하양주(煙花三月下揚州)란 시로 유명한 지역이다. 당나라시대 이백이 무한의 황학루(黃鶴樓)에서 친구인 맹호연이 양주에 벼슬하러 갈 때 헤어지면서 지은 시이다.

> 서쪽 황학루에서 친구를 이별을 하고
> 물안개 자욱한 3월, 양주로 가는 구나
> 배는 멀리 푸른 허공에 아물거리고
> 끝없이 흐르는 장강의 물줄기만 보이는 구나
>
> 故人西辭黃鶴樓　煙花三月下揚州
> 孤帆遠影碧空盡　惟見長江天際流

이 중에서 물안개가 자욱한 양주 삼월이 유명하다. 매년 양주는 4월에 관광축제를 열리고 있으며, 항주의 서호보다 아름다운 수서호가 있다.

이곳은 날씬한 서호란 뜻으로 수서호(瘦西湖)라 부르는데 원래 이름은 보장호(保障湖)였다. 청나라 건륭황제가 6차례나 다녀간 곳으로 유명하다.

수서호는 여러 사람들의 정원을 하나로 묶었다고 보아야 한다. 대표적인 정원이 서원(徐園), 소금산(小金山)이다. 소금산 안에 들어가면 괴상한 돌멩이 하나에 하나의 정원이 만들어져 있다.

양쪽에 수양버들이 늘어지게 있으며, 물위에는 처녀 뱃사공들이 양주의 민요를 부르면서 사람들을 끌고 있다. 얼마 전에 한국에서도 인기가 높았던 드라마 '황제의 딸'이 이곳에서 촬영된 곳이며, 대만이나 홍콩에서 이곳을 배경으로 영화를 많이 촬영한 곳으로 유명하다.

지금은 낚시질을 못하지만 옛날에 낚시를 즐겼던 조어대가 있고, 멀리 백탑이 한 눈에 보이며, 아름다운 연화교 밑으로 배가 다니게 되어 있다. 양주를 나타내는 배경은 다름 아닌 호수 속에 있는 연화교이다.

이곳에 아름다운 정원인 개원과 하원이 있다. 규모는 졸정원보다 작지만, 조형미는 더욱 아름답고, 개원은 대나무가 많아 대나무 모양인 개(个)자를 사용하였다. 옛날 양주는 소금 장수들이 많아 그들이 많든 인공 정원이다.

대명사(大明寺)는 당나라시대 일본에 불교를 전파한 감진 스님으로 유명하며 9층탑이 유명하다. 절 내에는 서예가인 구양수를 모시는 곳과 중국의 다섯 번째로 유명한 천하 제5천이 있다.

양주 시내 한복판에 문창각(文昌閣)이라는 건물을 중앙으로 하여 발달했으며, 시내는 깨끗하고 잘 가꿔진 곳이다.

강택민(江澤民) 전 주석의 고향이며, 문학가인 주자청(朱子淸)의 고향이다. 수나라 양제가 이곳에 죽어, 수양제의 능이 있기도 한다.

최치원 선생의 유적으로는 쌍계사에 직접 쓴 국보인 비석이 있고, 정읍의 피향정이 있고, 태산사에 최치원 선생이 모셔져 있으며, 해운대 역시 최치원 선생의 동상이 있고, 함양에 학사루, 광주에 지산재가 있다.

당나라의 멸망을 재촉한 황소(黃巢)의 난 10년에 걸쳐 중국 동서남북을 거의 휩쓸었었다. 황제는 망명하고 장안을 점령한 황소는 황제로 등극한다. 이 대란(大亂)의 와중에 신라의 서생 최치원은 어린 몸으로 당나라에 유학하고 있었다.

당시 절도사 고병의 참모인 종사관으로 있었는데 천하를 호령하고 있는 황소에게 격문을 지어 보냈다. 기개도 대단하려니와 명문으로 손꼽히는 이 '격황소서'는 '광명 2년 7월 8일에 황소에게 고하노라'로 시작되고 있다.

그는 불의 불충한 반란의 괴수로 안록산까지 거론하며 매도하고서 "하물며 너는 그들만도 못한 천한 것으로, 하는 짓도 불 지르고 살상하고 겁탈하는 것을 즐기고 다녔으니 천하 사람들이 너 죽이기를 생각하고 있고 땅 아래 귀신까지 너 베어 죽이기를 의논했노라." 했다. 황소가 최치원의 격서 바로 이 대목을 읽을 때 침상에서 굴러 떨어졌다 한다. 그만큼 충격을 준 명문이다.

최치원 선생이 869년 12세의 나이로 당나라에 유학하여, 874년 과거에 합격하였고, 879년 황소의 난에 '토황소격문(討黃巢檄文)'으로 이름을 남겼다. 최치원 선생이 고향을 그리워 지은 시가 아직도 교과서에 실려 있다.

秋夜雨中 가을 밤 빗속에서

가을바람 쓸쓸하게 들리나니
세상 사람들이 내 마음을 알아주는 사람 없구나
창 밖에 한 밤 중에 비가 내리고
등불 앞에 내 마음은 만리에 가 있네

秋風唯苦吟　世路少知音
窓外三更雨　燈前萬里心

양주는 우리에게는 생소한 도시이지만, 당나라시대만 해도 대단히 발달된 곳이다. 우리 신라사람들이 집단으로 거주한 곳이 양주이기 때문이다.

그런데 이곳이 조그만 도시로 전락된 내용이 노양주(老揚州)란 책을 보면, 철도를 놓는 것을 반대하고, 비행장을 밭으로 만들에 시끄러운 것을 들어오지 못하게 한데서 유래되었다고 한 것을 보면 그럴 듯 했다.

신라시대 장보고 장군이 신라방을 산동성 석도에 설치하기도 했고, 이곳 양주에도 설치하기도 했으나, 그 흔적은 찾아 볼 수 없지만 최치원 선생은 잘 알고 있었다.

2001년 당성유적지 박물관에 최치원 선생 기념관이 잘 만들어져 있다. 최치원 선생이 양주에서 벼슬을 한 기록이 아직도 남아 있다. 2층의 한 개 층을 전시실로 만든 것을 보면 그의 업적을 알 수 있었다.

1482년(성종 13년) 제주도 정의현감이었던 이섬(李暹)은 교체되어 한양으로 오다 함께 탄 47명과 함께 10일간 표류하다 양주(揚

州) 장사진(長沙鎭)에 표착하여 1483년 천추사로간 박건선과 동행하여 북경에서 돌아오게 되었으며, 47명중 14명은 죽고 33명만 돌아왔다.

1488년 최부 선생 일행이 표류하다 양주를 지나자 이런 이야기를 듣게 된다. 그는 양주는 호수가 아름답고, 노래 소리가 끊이지 않고 있어 배를 타고 가기 때문에 볼 수 없었다는 기록을 보면, 이곳은 옛날부터 가무(歌舞)가 발달한 곳이기도 한 모양이었다.

양주에는 수양제(隋煬帝)의 묘가 있다. 수양제는 고구려에 침략하였으나, 대패 당하고 난 후 신하 앞에서 죽임을 당해야 했다.

그는 약을 마시고 죽기를 바랬으나, 살수대첩에서 패한 우문술의 아들 우문화(宇文化)에 의해 목 졸려 죽었다. 그의 묘는 지금은 초라하게 있을 뿐이다.

중국에는 '갑천하(甲天下)'란 말이 많이 있다. 갑천하란 천하제일이라는 뜻이다. '계림산수 갑천하(桂林山水 甲天下)', 계림산수는 천하제일이란 뜻이다.

'여산기수 갑천하(廬山奇秀 甲天下)', 여산의 기이하고 수려함은 천하의 제일이다. 여산은 강과 호수를 끼고 있기 때문에 교통이 매우 편리하다. 그래서 역대로 가장 많은 유람객들이 찾아드는 명성이 있는 산이다. 양주는 작약(芍藥)으로 유명하다.

임시정부가 있는 가흥(嘉興: 짜싱)

상해에 항주로 가는 중간이 가흥이며, 소주에서 항주에 갈 때도 가흥을 거쳐 간다. 강소성을 건너 절강성 입구 가흥에 들어서면 현대자동차 Sonata 索納塔(색납탑: 쒀나타) 광고판이 나온다.

남호(南湖)는 시내 남쪽에 있으며, 중국 공산당이 일본의 눈을 피해 배를 타고 회의를 하였는데, 우리 임시정부 관계자들도 배를 타고 회의를 한 곳이다.

호수 입구에는 중국 공산당 기념관이 있고, 중앙에는 연우루(煙雨樓)라는 누각이 있는데, 이 이름을 따 승덕의 피서산장에 연우루가 있다. 임시정부가 있었던 매만가는 수리 중에 있어 볼 수가 없고, 다만 남호에서 느낄 수 있다.

김구 선생의 피난처 해염(海鹽: 하이옌)

해염을 가게 된 것은 전남 도청에 교환 근무했던 손경매씨였다.

상해에서 항주로 가는 고속도로를 타고 가면 가흥에서 다시 왼쪽으로 고속도로 방향을 돌리면 해염으로 가는 고속도로가 나온다.

약 30km 달리면 김구 선생이 피난을 했던 남북호(南北湖)에 재청별서(載青別墅)가 나온다. 별서란 별장을 말하는데 해염현에서 한글로 재청별장이라 써 있다. 이곳에 김구 선생의 기념관이 상해의 임시정부와 같이 잘 꾸며져 있다.

이곳까지 오게 된 것은 저보성에 의해 오게 되었다. 저보성의 며느리 주가예의 친정집이며, 더운 여름에 이곳까지 김구 선생을 모시고 왔다.

재청별서에서 창문을 열면 남북호가 보인다. 여기서 김구 선생은 처녀 뱃사공 주애보를 만난다. 주애보에 대한 내용은 중국의 여류 작가 하련생(夏輦生)이 백범 김구 선생과 중국 처녀 뱃사공의 사랑을 그린 소설 선월(船月)이 있다.

해염에 또 다른 인연은 최부 선생의 표해록에 있다. 해염 출신 장녕(張寧)이 1460년 조선에 사신으로 왔다간 사람이다.

장녕은 조선 선비가 표류해 온다는 이야기를 듣고, 100리가 넘은 항주에서 기다렸다. 그러나 나이는 많고 언제 올지 몰라 조카를 남겨두고, 만일 조선 선비가 오면 장녕을 아는가 물어보라고 하였다.

항주에 도착하자 여러 사람들이 있는 가운데, "명나라 사신 장녕이 조선에 가서 황화집(皇華集)을 지었다고 하는데, 당신은 알고 있소?" 라고 말하자

최부 선생은 "등한강루라는 시를 지었는데, 내용은 이렇습니다."

등한강루(登漢江樓) 한강루에 올라

동국에 높은 누각이 있는데
누각 앞에는 한강물이 흐르고 있구나
햇빛은 청작방에 어른거리고
그림자는 백구주에 떨어지네
멀리 하늘 끝을 바라보니
허공에 있어 땅에 뜨려고 하네

창으로 들어온 바람과 햇빛이 좋은데
대접이 너무 좋아 다시 머무르고 싶네

東國有高樓 樓前漢水流　光搖靑雀舫 影落白鷗洲
望遠天疑盡 凌虛地欲浮　入牕風日好 下榻重淹留

이 시를 내려쓰자, 옆에 있던 관리들이 놀란 것은 말할 것도 없었다. 그 때부터 최부 선생을 융숭히 대접하여, 항주에서 북경까지 경항대운하를 따라 간 최초의 한국인이었다.

이 자료를 해염현 마소평(馬小平) 부현장에게 주었더니, 장녕 선생의 황화집을 찾아 주었으며, 백락천의 스승인 고황(顧況)의 고향이라고 한다.

해염은 시가지 형성이 잘되어 있지만 아직 시로 승격되지 않았다. 시내에 기원(綺園)이라는 정원이 있다. 중국에 워낙 좋은 정원이 많기 때문에 이름이 나지는 않았지만, 우리나라에 있다면 대단히 아름다운 것은 확실하다.

서호(西湖)로 유명한 항주(杭州: 항저우)

항주는 절강성의 성도로 옛날에는 전당(錢塘), 임안(臨安)으로 불렀으며 중국 문화의 고도(古都)로 칭한다. 항주는 주변의 시와 현을 합쳐 600여만 명에 이르는 도시이며, 우리 임시정부가 있었던 군영반점이 있다.

항주를 말할 때는 서호가 떠오른다. 항주의 서쪽으로 펼쳐진

서호는 천연적으로 만들어진 호수다. 둘레가 15km이고, 넓이가 5.6km^{2}이다. 서호 안에는 다시 다섯 개의 호수로 나눠지는데, 소동파(蘇東坡)가 만들었다는 소제(蘇堤) 2.8km와 백낙천(白樂天)이 만들었다는 백제(白堤) 1km의 제방이 있다. 그 둑 위로 많은 사람들이 걸어 다니면서 호수의 풍광을 즐긴다.

서호가 너무 유명하여 전 중국에 서호가 36개나 있을 뿐만 아니라, 우리나라에는 수원, 일본에서는 후쿠오카(福岡)에 서호를 본따서 만든 대호공원(大濠公園)이 있다.

서호는 백낙천이나 소동파로도 유명하지만 특히 송나라 때의 시인 임포(林逋)에 의해서 더욱 유명하다. 그는 서호의 아름다움에 취해 결혼도 하지 않고, 서호의 고산(孤山)에 매화를 심어, 매화를 아내로 삼고, 학을 자식으로 여기며 살았다. 그래서 그를 '매처학자(梅妻鶴子)'로, '서호주인(西湖主人)'으로 부르기도 한다.

방학정(放鶴亭)은 임포가 학을 키운 곳으로, 여기에 임포의 비가 있으며, 바로 옆에 임포의 묘가 있다. 중국에는 묘가 별로 없지만, 이곳에서 우리나라 묘와 같은 것을 볼 수 있다.

정철 선생의 '관동별곡'에서 '금강대 맨 윗층에 선학(仙鶴)이 새끼 치니 ……서호 옛 주인을 반겨서 넘노 난 듯'이라는 시구에도 등장한다. 이처럼 서호는 중국 뿐만 아니라 우리나라에도 널리 알려진 아름다운 호수이다.

월나라 미인 서시를 기념하여 부르는 서호는 아침, 낮, 저녁, 밤, 그리고 맑은 날, 흐린 날, 비오는 날, 안개 낀 날, 눈 내리는 날 등 제 각각으로 보이는 절경 중의 하나다.

'서호는 맑은 날 보다는 흐린 날이 더 신비스럽고, 흐린 날보다는 비 내리는 날이 더 아름답고, 비 내리는 날 보다는 눈 내리는 날이 환상적이고, 눈 내리는 날보다는 저녁에 보는 것이 더 낭만적이다'라는 말이 있다.

서호 10경이 있다. '소제춘효(蘇堤春曉)'는 소동파가 만들었다는 제방으로, 이른 봄날 아침 안개가 자욱이 끼어 있는 가운데 초록빛의 버드나무 가지가 늘어져 있고 하얀 복숭아꽃이 살짝 물위에 떠 있을 때 그 경치가 아름답다.

'삼담인월(三潭印月)'은 서호 안에 있는 섬으로 서호 바닥을 파서 만든 곳이다. 호수 안에 섬이 있고, 섬 안에 또한 3개의 호수가 있는데, 이것은 인공으로 만든 것으로 안에는 호심정이라는 정자가 있다. 그 정자에서 서호 전체를 둘러볼 수 있으며, 이 섬은 버드나무 등이 심어져 운치가 있다.

삼담인월만 관광하여도 좋다. 중국인들은 이곳을 많이 찾지만, 외국인들은 거의 들리지 않는다. 그것은 소주의 졸정원과 같은 느낌이 든다. 섬 남쪽으로 3개의 석등이 있는데, 여기에 불이 켜지면 마치 작은 달처럼 보이는 운치가 있어 삼담인월이라는 말과 같이 세 개의 연못에 달이 비치는 참으로 환상적인 풍경이다.

이외에도 평호추월(平湖秋月), 곡원풍하(曲院風荷), 단교잔설(斷橋殘雪), 화항관어(花港觀魚), 유량문앵(柳浪聞鶯), 쌍봉삽운(雙峰揷雲), 남병만종(南屛晩鐘), 뇌봉석조(雷峰夕照) 등 시간 여유를 갖고 하나하나 감상한다면 금상첨화(錦上添花)라 할 것이다.

서호에는 장교, 단교, 고산이 있는데, '장교는 길지 않고, 단교는 끊어지지 않았으며, 고산은 외롭지 않다.'는 말이 있다.

서호에 있는 장교(長橋)는 보기에는 짧은데 이름을 장교(長橋)

라고 지었다. 그래서 장교는 길지 않는 것이다. '단교잔설(斷橋殘雪)'은 끊어진 다리가 아니라, 다리에 눈이 내리면 해가 비치는 곳은 눈이 빨리 녹아 산에서 내려다보면 마치 끊어져 있는 것처럼 보여 생긴 말이다.

또한 고산이 외롭지 않은 것은 많은 관광객이 몰려오기 때문에 외롭지 않다는 것이다. 오늘날 서호는 민물 양식 진주가 많이 생산되는 곳으로도 유명하다.

중국 최고의 용정차(龍井茶)

항주는 서호와 전당강이 있기 때문에 안개가 많은 곳으로, 서호 주위에는 차밭이 무수히 널려 있다. 중국에서 가장 유명한 차는 용정차를 꼽는데 여기서 용정이란 윤동주 시인이 성장한 용정시와는 다르다. 그러나 같은 글자로 표기되기 때문에 한국인들은 용정차가 연변의 용정에서 나는 차로 생각하는 사람이 많아 혼동을 한다.

용정차는 특급부터 여러 등급으로 구분된다. 특급은 일반인에게는 팔지 않고 중앙의 높은 관리들에게만 공급된다고 한다. 용정차의 특징은 마시기 전에 코로 차의 향기를 맡으면, 야간 떡고물 냄새가 난다.

공자가 나이를 말할 때 15세는 지학(志學), 20세 약관(弱冠), 30세 이립(而立), 40세 불혹(不惑), 50세 지천명(知天命), 60세 이순(耳順), 70세 고희(古稀), 77세 희수(喜壽), 80세 산수(傘壽), 88세 미수

(米壽), 90세 동리(凍梨), 99세 백수(白壽) 그리고 108세를 차수(茶壽)라고 부른다. 이처럼 차를 많이 마시면 오래 산다는 것을 말하고 있다.

원래 항주에는 용정이란 샘과 호포천(虎砲泉)이라는 유명한 샘이 있는데, 이 샘에서 나는 물의 표면장력이 커서, 찻잔에 물을 담은 후 동전을 넣어도 가라앉지 않는다. 이 샘물로 용정차를 끓여 먹으면 천하의 제일의 차 맛을 느낄 수 있다고 한다.

용정차가 워낙 유명하다 보니 서호 주변에는 찻집들이 즐비하다. 그러나 이곳의 차 값은 대단히 비싸며, 용정차밭 주변 가정집에서 차를 팔고 있다. 주말이면 항주 시내 사람들이 많이 와서 마시고 가는데 농가 주변에 자가용들이 즐비하다.

차(茶)를 영어로 tea라고 발음하는 것은 원래 복건성의 사투리로 차를 tey. ta라고 발음한 것에서 유래한다. 우리나라 차를 '다'로 발음한 것은 복건성 발음을 딴 것인 모양이다.

중국차의 종류는 수천 가지가 넘는다. 그러다 보니 차에 대한 명칭도 다양하다. 차의 이름은 차를 채취하는 시기나 방법, 색깔, 형태, 지명 등에 따라 제각기 다르다.

중국인들이 주로 기름진 음식을 먹으면서 비만이 적은 이유는 차를 즐겨 마시기 때문이라고도 볼 수 있다. 하루도 차 없이는 못 사는 민족이다. 차는 4천 년의 역사를 가지며, 어느 공공장소에 가더라도 차 잎만 있으면 언제든지 차를 마실 수 있도록 끓는 물이 준비되어 있다.

영국이 인도와 중국에서 차를 배에 싣고 가다보니 발효하여 퇴비가 된 것이 홍차다. 영국이 미국 식민지에 차에다 많은 세금을 부과하여 일어난 보스톤 Tea Party 사건이다.

'보스턴 차사건'은 영국 차조령(茶條令)에 반대하여 보스턴의 급진파(자유의 아들)가 S·아담즈 등의 지휘로 1773년 12월 6일 인디안으로 가장하여 보스턴 항에 정박 중인 동인도회사의 차선(茶船)을 습격, 적재된 차 342 상자를 바다에 버린 사건이다.

신라 김교각 스님의 불상이 있는 영은사(靈隱寺)

영은사는 중국의 선종(禪宗) 10대 사찰중의 하나다. 아름다운 서호에서 북쪽으로 3km 떨어져 있는 북고봉의 남쪽 기슭에 있다.

동진시대 인도의 승려 혜리(慧理)가 창시했으며, 오나라 때는 9루, 18각, 72전에 3천여 명의 승려가 있는 커다란 절이었다. 입구에 '지척서천(咫尺西天)'이란 글씨가 크게 써 있는데 극락이 지척에 있다는 뜻이다. 입구의 왼쪽에는 전국의 유명한 불상들의 모양을 그대로 본떠 만들어져 있다.

바로 앞에 비래봉(飛來峰)이란 동굴이 나오는데 동굴 속에 338개의 부처들이 조각되어 있다. 모든 것이 신비에 가까울 정도로 잘 조각되어 있었으나, 문화대혁명 시기에 많이 파손되었다고 한다.

영은사에는 영은사라는 글자가 없고, 운림선사(雲林禪寺)라는 편액이 걸려 있다. 그것은 청나라 강희황제가 친히 영은사를 쓰려다가 비 우(雨)자를 너무 크게 써 령(靈)자를 못 쓰고 운(雲)자로 쓰면서 운림선사로 했다는 일설이 있다.

대웅전내에 황금색으로 만들어진 석가모니좌상이 있는데, 자그

마치 19.6m나 되며, 대웅전의 높이는 33.6m에 이르는 웅장한 건물이다.

석가모니 상 뒤편으로 많은 불상들이 모셔져 있는데 특히 우리의 눈길을 끈 불상이 있다. 그것은 다름 아닌 신라시대 김교각 스님인 지장보살이 모셔져 있다. 김교각 스님은 신라의 성덕왕의 장남으로 태어나 왕위를 버리고 중국 안휘성 구화산(九華山)으로 들어가 수도를 했다.

719년 그의 나이 24세였다. 99세까지 살아 그가 죽은 후 3년 동안 시신이 썩지 않아 등신불을 만들어 지장보살로 모셔져 있으며, 매년 음력 7월 30일 김교각 스님 탄생일에 제사를 지내고 있다고 한다.

오백나한을 모시는 건물에 500명의 유명한 승려들이 잘 모셔져 있다. 김교각 스님의 상이 가장 가운데, 그리고 가장 크게 만들어져 있는 것을 보면 중국인들이 김교각 스님을 얼마나 존경했는가를 알 수 있다.

고려시대 있었던 고려사가 얼마 전까지 터만 있었는데, 지금은 완공되어 한국인 관광객도 유치하고 있다

전당강과 육화탑(六和塔)

항주의 전당강에서 시작하여 북경까지 이어지는 경항대운하가 시작된 곳이 바로 이곳이다. 전당강을 바라보면 웅장한 전당대교(1,453m)가 보인다. 이 다리는 중국 자본으로 처음 만든 다리로

자동차와 기차가 다닐 수 있는 2층으로 만들어져 있다. 해방 전에는 중국에서 가장 긴 다리였다.

전당강 옆에 육화탑이 있다. 육화(六和)란 동서남북상하를 나타낸다. 육화탑은 항주의 월윤산에 있는 탑으로 겉보기에는 13층처럼 보이지만 안으로 들어가면 7층짜리 8각탑으로 높이가 약 60m이다.

육화탑은 전당강의 대역류를 막기 위해 오월국의 전홍숙(錢弘叔)이 건립한 탑이다. 육화탑 뒤에는 전국의 유명한 탑들만 모아둔 탑 공원이 조성되어 있다.

탑 안의 가파른 계단이 있는데 위로 올라가 바로 밑으로 유유히 흐르는 전당강을 바라보면, 옛날이나 지금이나 짐을 싣고 가는 배들이 끊임없이 오가는 것이 보인다.

전당강은 매년 음력 8월 18일 전후하여 바다 밀물의 대역류가 이루어진다. 전당강의 입구인 항주만은 '깔대기' 모양처럼 되어 있다. 그래서 태평양에서 밀려오는 파도가 이곳 전당강에 이르면 100여km 입구에서 갑자기 2km로 좁아지기 때문에 파도가 높고 거칠다. 때로는 파도가 8m까지 이르기도 한다.

전당강이 있는 지역을 절강성이라 부른다. 전당강을 일명 절강 또는 지강이라 부른다. 그것은 이 강이 갈지(之)자 모양과 같다고 해서 지강(之江)이라 부르며, 물이 꺾이다(折)에서 절(浙)이라 하여, 절강(浙江)이라 부른다.

이곳의 역사적인 사건이 용비어천가에 실려 있다. 용비어천가는 세종대왕의 선조인 육조(六祖)를 위해 지은 것으로 중국의 성군과 같이 천우신조로 나라를 건국했다는 내용이다.

전당강과 압록강의 고사가 있는 용비어천가 67장을 보면 '가람(江) 가에 자거늘 밀물이 사흘이로되 나가서야 잠겼습니다. 섬 안에 자실 제 홍수가 사흘이로되 비어서야 잠겼습니다'.

이 내용은 원나라 승상 백안(伯顔)이 송나라와 전쟁할 때 전당강의 대역류가 있는 것을 모르고 전당강 밑에 진을 치게 되었는데, 송나라 병사들은 하룻밤만 지나면 원나라의 병사들이 밀물에 휩쓸려 죽을 것으로 알았으나, 사흘 동안 대역류가 일어나지 않았음을 말한다.

또한 이성계가 명나라를 치기 위해 위화도에 머물렀을 때도 큰 비가 사흘 동안 퍼부었으나 이성계의 정벌군이 회군한 후 섬이 물속에 잠겼다는 것이었다. 이것을 보면 원나라 승상 백안이나 이성계는 하늘이 도와 준 천우신조라는 것이 용비어천가 해장의 내용이다.

항주를 상징하는 꽃은 봄, 여름, 가을, 겨울 각각 다르다. 봄은 무릉도원을 나타내는 복숭아꽃, 여름은 부처님을 나타내는 연꽃, 가을은 15일간 피는 이태백의 계수나무 꽃, 겨울은 우리의 가을에 피는 국화꽃이다. 항주 서호 주변에는 매년 꽃 박람회가 열리고 있다.

악비(岳飛)의 사당 악왕묘(岳王廟)

서호 북서쪽 호수 옆에 사당과 묘가 있다. 1221년에 건립된 이 사당은 이민족인 금(金)과 싸웠던 남송시대의 영웅 악비(1103~

1142)를 위한 것이다.

대전 안에 높이 4.5m의 악비 좌상이 있고, 대전 밖의 정원에는 악비 부자의 묘가 있다. 무덤 앞에는 손이 뒤로 묶여서 무릎을 꿇고 있는 4개의 철상이 있는데, 이것은 악비를 투옥하고 독살한 투항파의 간신 진회(秦檜) 부부와 그들의 심복이다.

관람객들이 진회 부부의 철상에 침을 뱉거나 때리는 사람들이 있어, '침을 뱉지 말 것'이라는 푯말이 붙여 놓았다. 이 철상은 1961년에 국보에 해당하는 전국 중점 문물보호 단위로 지정하였다.

2003년에 들어서 중국의 사학계가 역사적 한 인물에 대한 평가를 놓고 돌연 찬반양론이 분분하다. 그 동안 민족적 영웅으로 평가받아온 악비가 전혀 그런 인물이 아니라는 역사 교육 당국의 전격 발표가 최근 나오자 대학에 재직 중인 현장의 학자들이 이에 즉각 반발하고 나섰다.

더구나 중국 사학계의 태두인 대일(戴逸)박사와 중국 송사(宋史) 연구회의 왕증유(王曾瑜) 회장 등은 어떻게 교육 당국이 이 같은 결정을 내릴 수 있느냐고 하면서 분노의 입장까지 표명함에 따라 중국 사학계는 갑작스레 심각한 분열양상 마저 보이고 있다 .

중국인들이라면 모르는 사람이 없는 악비는 송대에 여진족이 세운 금과 투쟁하다 장렬하게 희생된 인물이다. 그러나 최근 중국 역사 교육 당국이 외세가 아닌 민족 내부간의 모순에 저항해 싸운 영웅들은 민족 영웅이 아니라는 결정을 내림으로써 악비가 갑자기 평범한 인물로 내몰릴 위기에 처한 것이다.

송나라의 문화촌 송성(宋城)

지금의 여행문화는 짧은 시간에 많은 지역을 보는 것이었다. 짧은 시간에 여러 곳을 구경하면 결국 자세히 음미하기보다는 한 장 촬영하기 무섭게 다른 장소로 이동하는 주마간산(走馬看山)식 여행일 수밖에 없다.

이것은 우리에게 여행할 시간이나 자유가 일상적으로 허용되어 있지 못함을 뜻한다. 한 도시에서 며칠을 보내면서 구경을 한다는 것은 여행전문가나 연구 목적이 아니면 할 수 없다.

적은 비용으로 많이 보기 위해서는 아무래도 여행사의 상품으로 가거나 연구단체에서 연구하면서 값싸게 가는 것이 제일 좋은 방법일 것이다.

중국은 일반적인 관광지는 사찰이 많다. 하나 특이한 점은 기독교를 믿는 사람들 중엔 절을 좋아하지 않고 아예 들어가지 않으려는 사람들도 많다. 그런데 서양 사람들은 기독교를 믿지만 절에 와서 감탄하는 것을 보면 우리와는 대조적이라 할 수 있다.

서양인들은 하나의 절을 문화로 감상하는 반면, 우리나라 사람들은 절을 종교인 불교로만 대하는 것 같다. 편협한 생각에서 자유로울 때 보다 넓은 시야를 가질 수 있다는 생각이 든다.

송성이 항주의 이름난 관광지로 탈바꿈하는 것은 시간 문제라는 생각이 든다. 계속 무궁무진한 관광지로 만들어 가고 있기 때문이다.

송성에는 이런 글이 있다. "나에게 하루를 주면, 천년을 돌려겠다!" 이 말은 송성에서 하루를 즐기면, 천년의 송나라 문물을 보여 주겠다는 것이다. 아주 그럴 듯 한 글이다.

송나라 행사는 그곳에서 이루어진다. 황제나 장군들의 행차 장면을 볼 수 있고, 일반인들의 결혼식 장면 그리고 옛날 송나라 거리를 연출하여 천년 전으로 돌아간 듯한 느낌이 들게 한다.

남송시대의 황궁, 황궁내의 정원, 일반인의 정원, 역참, 남송시대의 시정거리, 홍교, 성루, 민속공연장, 삼국시대의 손권 등 항주 출신의 동상들, 송나라시대 서예가로 유명한 소동파의 제자 황산곡의 송풍각시비 등 많은 비석들이 즐비하게 모여 있다.

매일 밤 민속공연장에서 송성 예술가무단이 "송성천고정(宋城千古情)"이라는 공연을 하는데 '산밖에 청산이요, 성밖에 성이라. 서호의 가무는 영원히 쉬지 않는다. 따뜻한 바람이 불어 노는 사람을 취하게 하네…'를 관람하다 보면 몽환의 세계에 들어간 듯한 착각에 든다.

제갈촌(諸葛村), 천도호(千島湖)

항주시내에서 150km 지점에 천도호가 있다. 천도호로 가기 전에 난계시에 제갈촌(諸葛村)이 있다. 그곳에는 제갈공명(諸葛孔明)의 후손 1만여 명 중 5천여 명이 살고 있는 마을이 있다. 마을은 온통 태극(太極)마크와 팔괘(八卦)로 꾸며져 있다.

또한 난계시 출신으로 홍콩에서 가장 높이 받드는 황대선(黃大仙) 선생의 고향이라 그의 사당도 이곳에 있다.

천도호는 대만인 관광객 1990년대 28명이 배에서 불타 죽는 사건이 발생한 곳으로도 유명하다. 이 호수는 1,078개의 섬이 있을 정도로 큰 호수인데, 자연 호수가 아닌 전당강의 상류인 신안강을 막아서 만든 인공호수이다.

경치가 아름다울 뿐만 아니라, 섬에는 유명한 사람들의 유적이 많이 남아 있다. 오늘날은 새로운 풍습이 생겨났다. 청춘 남녀가 서로 사랑을 변하지 말자는 다짐의 의미로 열쇠만 잠겨 놓은 섬도 있는 것이다. 배타고 1시간여 천도호를 들어가 점심을 먹고 다시 배를 타고 황산 쪽에 이른다.

노신과 서시의 고향 소흥(紹興: 사오싱)

항주에서 남동쪽으로 60km 떨어진 소흥은 비록 작은 도시이지만 역사적인 의미가 있는 도시이다. 월왕의 구천이 바로 이곳에서 와신상담하여 오왕 부차와 싸워 이긴 곳이기 때문이다.

소흥은 중국의 8대 명주에 속하는 소흥주(紹興酒)가 생산되는 곳인데, 소흥주는 2400년의 전통을 자랑하는 중국의 대표적인 황주이다. 소흥주는 월왕 구천이 오왕 부차에게 서시와 함께 선물로 준 술이기도 하다.

소흥은 중국 근대 문학의 아버지 노신(魯迅)의 고향이기도 한다. 그는 1898년 태어났으며, 본명은 주수인(周樹人)이다. '아큐정전'은 세계적인 명작으로 그의 대표작이다. 이외에도 '공을기(孔乙己)' '광인일기(狂人日記)'등의 작품을 남겼다.

시내에는 노신기념관이 있으며, 기념관 안에는 원고와 편지 등

600여 점이 전시되어 있다. 소흥에는 소흥주 이외에도 노신의 작품 공을기(孔乙己)란 이름을 딴 술이 있다.

'아큐정전'은 1921년부터 북경의 신보(晨報) 부록 판에 연재되었다가, 1923년에 제1단편집 '눌함'에 수록되었다. 신해혁명을 전후한 농촌을 배경으로, 정확한 성명도 모르는 최하층의 날품팔이 농민인 '아큐의 전기'라는 형식으로 쓴 소설이다.

혁명당원을 자처했으나 도둑으로 몰려서 싱겁게 총살되어 죽는 아큐의 운명을, 혁명 앞에서도 끄떡없는 권력을 가지고 마을에 군림하는 지주 조가를 통해 신해혁명의 좌절을 나타내고 있다.

그러나 이 작품은 모욕을 받아도 저항할 줄을 모르고 오히려 머릿속에서 '정신적 승리'로 탈바꿈시켜 버리는 아큐의 정신구조를 희화화(戱畵化)함으로써 철저히 파헤친 작품으로 평가받는다. 당시 사람들이 노신 자신을 모델로 하여 쓴 작품이 아닌가 하고 생각하기도 하였다.

이 책은 중국 구사회의 병든 모습을 적나라하게 보여주고 있다. 그 후 이 작품에 대해서 심한 비판이 있었으나, 중국 근대문학의 출발점이 되었다는 것에는 아무런 이의가 없다.

왕희지의 필법이 깃든 난정(蘭亭)

소흥 시내에서 남서쪽으로 12km 정도 떨어진 곳에 난정(蘭亭)이라는 정자가 있다. 이곳은 중국의 유명한 서예가 왕희지(王羲之)가 353년에 41명의 명사들과 함께 유상곡수(流觴曲水)에서 잔이

한 바퀴 돌 때까지 시연회를 벌인 곳이기도 하다. 경주 포석정은 중국의 유상곡수와 같은 곳이다.

우릉(禹陵)은 중국 최초의 왕조인 하(夏)나라의 시조 우(禹) 임금의 무덤으로 전해지고 있다. 우 임금은 치수(治水)의 영웅으로, 당시 강들의 범람을 염려하던 순(舜) 임금이 자신의 아들 대신 우 임금에게 왕위를 물려주었다. 중국은 하(夏)나라 우 임금부터 자식에게 왕위를 물려주는 전통이 생겼다.

왕희지의 난정에서

왕희지는 거위를 특히 좋아하여, 거위 한 마리를 가져온 사람에게 글씨 한 폭씩 주었다고 한다. 지금도 거위를 길렀다는 장소인 아지(鵝池)가 있다.

서시가 태어난 곳이 바로 소흥이며, 지금도 서시의 고향엔 빨래터가 있다. 소흥시 저라산(苧羅山) 밑으로 흐르는 시냇물에 완사석(浣紗石)은 서시가 빨래하던 곳이다.

나주시청 앞에 고려 왕건과 왕비 나주 오씨가 만나는 샘이 있는데, 이것을 완사천이라 부르는데, 이 완사천도 서시의 완사(浣紗: 빨래하다)에서 유래 된 곳이다.

새롭게 부상되는 영파(寧波: 닝뽀)

영파는 도시 곳곳에서 '작은 홍콩'이라는 분위기가 느껴지는 곳이다. 대륙의 홍콩이라는 영파시는 항주만을 사이에 두고 상해와 마주보고 있는 항구도시이다. 당나라 때부터 항구였던 영파는 중국 송나라시대 최대의 무역항기도 했다.

지금은 상해에 밀렸지만 다시 부상하는 항구도시이다. 현재 영파항의 물동량은 상해. 광저우에 이어 3위이다. 영파항은 모두 4개 부두로 되어 있다. 항구 부근에는 여객선 외에 작은 배가 드나들며 시장에는 해산물이 가득하다.

고려 사신들의 고려사관

영파는 글자 그대로 편안할 녕(寧)에, 물결 파(波)자를 쓰는데, 파도도 잔잔하다는 뜻이다. 어원은 '해정즉파녕(海定則波寧: 바다가 안정되어 파도가 잔잔하다)'이라는 말에서 유래된 것이다. 옛날엔 이 항구를 통해 우리나라나 일본과의 무역이 활발했던 항구이다.

이 근방의 사투리가 우리말과 비슷한 것이 있다. '어서어서'와 '바보'라는 말인데, 중국에서 빨리 빨리가 '콰이콰이'인데 '어서어서'이며, 어리석은 사람을 '바보'라고 부르는 것은 우연이 아니라고 본다.

천동사(天童寺)라는 절은 고려 왕자 목연 스님이 머물렀던 곳으로 알려지고 있으며, 일본 스님들이 많이 다녀가고 있다. 2006년 5월 전남 영광에 최초 불교 도래지가 천동사로부터 들어온 행사를 하였다.

영파는 월극(越劇)이 유명하다. 북경의 경극(京劇)이 남성적이라면 영파의 월극은 여성적이다. 월극이란 명칭은 옛날 이 지역이 월나라였기 때문에 그렇게 부르는 것이며, 시내에는 월호라는 아름다운 호수가 있다.

송나라시대 고려와 많은 관계가 있어 지금도 그 옛날 의 고려사관 터가 있다. 시내 중앙에 천일광장이 있다. 구 건물들을 매입하여 화려한 도시로 탈바꿈하였으며, 분수대는 싱가포르의 센토사섬 분수대와 비슷하였다. 절강성에서 가장 화려한 곳은 항주라면, 영파가 그 다음이다.

영파 사람들이 제주도에 갔다가 돌아오지 못해 서쪽으로 돌아가고 싶다고 말해 서귀포(西歸浦)란 지명은 영파 사람들이 지은 것이라고 말한다.

해산물의 고향 주산(舟山: 저우산)

영파시 바로 앞 주산군도에 주산시가 있다. 주산시의 중심지는 보타구이다. 보타구에 있는 보타산(普陀山)은 오대산, 아미산, 구화산에 이어 중국 불교의 4대 성지로 알려진 곳이다.

과거에도 중국과 한국을 잇는 요충지였다. 1990년대 한국인 탐험대가 옛날 선사시대 우리 선조들이 바다를 건너는데 이용했던 것으로 추측되는 뗏목을 타고 출발한 지역이 바로 주산열도이다.

주산군도에는 심청전에 나오는 심씨 집성촌이 있다. 중국 사람들은 이곳이 심청전의 무대였다. 그래서 전남 곡성군이 심청의 고향으로 나타나, 보타구와 전남 곡성군과 자매결연을 맺어 매년 왕래하고 있다.

최부(崔溥) 선생 표류한 땅 태주(台州: 타이저우)

태주시의 주현량 부시장의 초청으로 방문한 적이 있다. 태주는 원래 시소재지가 임해시에 있었다. 황암(黃岩)과 노교(路橋) 사이를 연결하는 도시로, 새로 건설되는 도시이다. 관광지로 이름난 천태현의 국청사나 석량폭포가 이 도시 구역에 있다.

임해시는 태주시에 속한 현급시이다. 조선시대 나주 출신 최부가 제주에서 배를 타고 육지로 향하던 중 추자도 앞 바다에서 폭풍을 만나 14일간 표류하다가 임해시 우두외양에 도착하였다.

바로 옆에 영파시에 속하는 영해시 월계향(越溪鄕)에 탐진최씨

종친회에서 최부 선생의 비를 영해시에 세우려고 했으나, 뜻을 이루지 못하여 아쉽지만, 영해시 월계향 희망소학교에 비를 세웠다. 2006년에 임해시에도 최부 선생의 기념비가 세워졌다.

태주를 가기 위해서는 상해 포동공항에서 비행기를 갈아타고 황암이란 공항에서 내려야 한다. 공항에서 시내까지는 15분 정도 걸리며, 도로 양편으로 아름답게 나무와 꽃으로 잘 가꾸어져 있다.

새로 조성된 태주시에 특급호텔인 개원대주점(開元大酒店)이 있다. 시내에 성성공원은 잘 조성되어 있는데, 중앙의 호수와 분수대, 기다란 장랑(長廊) 그리고 대형 스크린 등이 어울린다.

태주시는 항구 도시로 강빈공원(江濱公園)에서 밤 항구를 바라보면 긴 다리가 저녁 불빛에 찬란하고, 항구가 호수처럼 되어 있어 호수인지 바다인지를 분간하기 어렵다. 강빈공원 중앙에는 커다란 기념비가 있는데, '절강천리해당기념비(浙江千里海塘紀念碑: 절강천리의 바다 호수의 기념비)라는 글씨가 새겨져 있다.

태주시에는 '태주를 세계에 알리고, 태주는 세계로 나가자.'라는 슬로건이 걸려 있다. 태주시에 척계광(戚繼光) 장군의 석상이 있다.

명나라 시대 왜구들이 쳐들어와 많은 중국인들을 살해했다. 어린애들을 대나무에 메달아 놓고, 뜨거운 물을 끼언져 죽인다거나, 임신한 여자들은 아들인가 딸인가 내기해 살아있는 사람의 배를 갈라 아이를 끄집어내는 짓을 하였다.

이러한 시기에 표해록을 지은 최부 선생이 태주에 도착했을 때 왜구로 몰린 것은 이해할 수 있었다.

대각국사의 천태현(天台縣)

상해에서 항주, 소흥을 지나 3시간 정도면 천태현에 도착한다. 얼마 전까지만 해도 먼 거리였는데 지금은 고속도로가 확 뚫려 시간적으로 가까운 거리가 되었다.

중국 고속도로는 승용차보다는 산업자원을 실어 나르는 트럭이 많아 빠른 속도로 발전하고 있음을 알 수 있다. 항주에서 소흥 가기 전의 농촌 풍경은 마치 도시와 같은 건물들이 즐비하다. 집들이 2층이라면 이해가 되지만, 3층 4층 주택들이 우리나라 농촌에 있는 여관 건물 크기만 하다.

중국의 농촌이 눈부시게 발전하여 잘 살고 있는 것을 알 수 있다. 간혹 연변 지방의 농촌을 중국 농촌의 오늘의 모습으로 이해했던 우리나라 사람들은 발전된 중국 농촌의 현실에 깜짝 놀라게 된다.

소흥을 지나 천태현에 들어가면 아주 한적한 시골 풍경이 나온다. 아직 경지 정리가 되지 않은 높은 산의 다락 논은 필리핀의 문화유산으로 지정된 곳과 비슷하다. 중국 어느 곳이나 개발의 붐이 많이 일고 있는데, 천태현 역시 도로를 내고 도시를 새롭게 건설하고 있다.

천태현에 한국 사람들이 많이 가지 않기 때문에 교포들도 없지만, 오직 한명 이춘녀라는 분이 한족과 결혼하여 한국으로 무역하고 있다.

전라남도에 교환 근무한 적이 있는 엽령군(葉玲君)이라는 공무원이 있다. 그녀는 절강성, 특히 천태현을 알리기 위해 무척 노력하는 공무원이다. 예의가 바르며 교양미가 넘친다.

천태현에는 천태산과 국청사(國淸寺)라는 유명한 절이 있다. 서기 598년에 수나라가 때 세워진 절로 한국과 일본 불교의 천태종의 본산지가 바로 국청사다. 우리나라 천태종을 창시한 대각국사 의천(義天: 1055~1101)은 고려 11대 문종(文宗)의 넷째 아들로 의천은 1085년 31세에 문종과 인예왕후 몰래 송나라 상선을 타고 산동반도를 거쳐 국청사에 들어가 수도를 닦은 후 2년 만에 돌아와 천태종을 창시하였다.

국청사 내에는 한국에서 지은 절과 일본에서 지은 절이 나란히 있다. 한국의 절에는 대각국사 의천이 잘 모셔져 있다. 외국에서 우리나라 옛 스님을 접하니 그 감회가 남다르다.

국청사 내에는 1,500년이 넘는 매화나무가 있다. 몇 차례 나라가 어지러울 때마다 죽었다 살아났다는 신비에 가까운 매화나무라고 한다. 아직도 생생한 것을 보면 오래 살 것 같다.

천태산에 있는 석량폭포(石樑瀑布)로 올라가는 길은 한마디로 말해 기가 막힐 정도로 잘 만들어졌다. 말끔하게 다듬어진 길을 따라 30여분 숲속을 지나면 폭포가 나온다. 우리는 석량폭포라 부르지만 석량비폭(石樑飛瀑)이라 쓰여 있다.

폭포까지 가는 길은 대형 버스가 들어 갈 수 없어 조금 불편하다. 그러나 폭포에 도착하기만 하면 참으로 잘 왔구나 하는 생각이 들었다. 홍콩의 무술영화에 자주 등장하는 폭포가 이 폭포이기도 한다. 이 폭포는 명나라시대 여행가 서하객(徐賀客)에 의해서 발견되었다고 말한다.

한국인이 가장 좋아하는 심양(瀋陽: 선양)

심양은 항공편이 많은 지역으로 우리나라 전역에 취항하고 있다. 새로운 청사가 잘 만들어져 옛날과는 비교가 안 된다. 시내까지 14km로 고속도로가 잘 건설되어 있는데, 공항에서 택시를 탈 때 한국 사람이면 '서탑, 서탑'을 외친다.

서탑(西塔)은 우리 민족이 많이 살고 있는 코리아타운이다. 심양시는 서탑 거리를 미국 LA 코리아타운처럼 만들기 위해 노력하고 있다. 한국 주간 등을 개최하는 동북지역의 수도이다.

심양에는 동서남북으로 탑이 있는데 서탑은 '서쪽의 탑'이란 뜻이다. 심양은 일제시대 봉천(奉天)으로 불렸으나, 봉천이라는 말이 일본 천황을 받든다는 뜻과 같다고 하여 해방되면서 심양으로 바꿨다.

심양에는 한국에 잘 알려진 류수지 여유국장이 있다. 그녀는 한국의 모든 지역을 수차례 다녔으며, 많은 사람을 알고 있다. 동포 강명추씨 역시 한국과 심양을 위해 노력하고 있는 사람도 있다.

심양은 병자호란 때에도 심양으로 불렸다. 심양에 흐르는 강을 혼하(渾河)라 부르는데 옛날에는 심수(瀋水)라 불렀다. 물의 북쪽을 양(陽)이라 부르기 때문에 심양이다.

심양은 여진족의 추장 누루하치가 세운 청나라의 도읍지이다. 청나라 2대 황제인 청태종이 병자호란을 일으켜, 삼전도에서 인조를 굴복시키고, 왕자인 소현세자와 봉림대군을 인질로 끌고 갔던 곳이다.

병자호란 때 끝까지 싸우자는 척화파의 김상헌과 젊은 3학사들이 윤집, 오달제, 홍익한이 인질로 잡혀갔고, 도저히 싸울 힘이 없으니 백성을 살리기 위해 화친을 하자는 주화파인 최명길 등이 끌려온 곳이기도 하다.

충신으로 잘 알려진 3학사는 현재 심양의 모택동 동상이 있는 바로 옆의 중산공원에서 처형되었다고 한다. 다만 3학사의 비가 발견되었는데 현재 발해대학에 있다고 하지만 보지는 못했다.

청태종은 윤집과 오달제를 청나라로 끌고 와 꿇어앉히고 묻기를 "너희들은 무슨 까닭으로 남보다 앞장서서 척화를 주장하여 두 나라 사이의 맹약을 그르치게 하였는가?"

청문화 축제

윤집이 "우리나라는 명나라와의 우호관계를 맺어온 지 근 3백 년의 세월이 지나 두 나라의 의리는 마치 군신이나 부자처럼 끊을 수가 없게 되었다. 그런데 당신이 외람되게 황제라 일컫고 우리나라에 대하여 군신관계를 강요하니 조정의 간관(諫官)을 맡고 있는 직분으로 이를 어찌 논척(論斥)하지 않을 수 있겠는가. 더 이상 할 말이 없으니 어서 우리를 죽여주기 바란다."

청태종은 "참으로 너희들은 장부로다. 태산을 움직일 수 있을지언정 조선 선비의 지조를 꺾을 수는 없구나. 죽을 몸이면서도 어찌 그렇게 비굴함이 없는가, 가상하고 가상하다." 라는 칭찬을 하기도 했다.

소현세자의 통역관인 정명수는 원래 노비로, 청나라에 붙잡혀가 만주 말을 잘해 조선의 통역을 도맡아 했는데, 소현세자를 우롱하기도 했다. 그의 세력을 시험하기 위해 정주의 노비인 처남 봉령운을 정주현감으로 벼슬자리를 주라고 하니 바로 준 적이 있었다고 한다.

연산관에서 요양(遼陽)으로 통하는 새 도로는 험한 산맥을 우회하여 새로 나 있지만, 옛날의 사신들은 이곳을 넘었다. 이 고개가 연행(燕行)길의 가장 힘들고 험난한 곳이기도 하다. 병자호란 후 인질로 잡혀가던 봉림대군이 차가운 비바람을 맞으며, 이 고개를 넘으면서 애끓는 시 한 수를 읊었다.

청석령 지나거냐, 초하구 어드메오
호풍도 참도찰사 궂은 비는 무슨 일고
뉘라서 내 행색 그려내어 님 계신 데 드리고져

심양에서 고속도로를 타고 본계(本溪)를 지나 단동으로 가면, 초하구(草河口)가 나온다. 그 당시 봉림대군이 험악한 곳을 넘어가면서 얼마나 괴롭고 슬펐으면 이런 시를 지었을까 하는 생각이 든다.

청석령은 옛날에 많은 사람들이 다닌 곳이다. 최부 선생이 청석령을 지나면서 청석이 깔려 있다는 내용이 있고, 이곳은 조도(鳥道)라 하여 새만 다닐 수 있는 길이라고 하였다. 초하구를 조금 지나면 통원보라는 휴게소가 나온다.

김상헌이 청나라에 붙잡혀 가면서 지은 시조도 전하고 있다

> 가노라 삼각산아 다시보자 한강수야
> 고국산천이 떠나고자 하랴마는
> 시절이 하 수상하니 올동말동 하여라

1637년 1월 30일 인조는 성문을 열고 세자와 백관 등 500여명과 함께 삼전도(三田渡)를 향해 나아갔다. 청 태종 황태극의 20만 대군에 포위된 지 45일 만이었다.

삼전도에는 청나라 병사들이 벌써 수항단(受降壇)을 높이 쌓아 놓았다. 거기서 인조는 황태극에게 세 번 절하고 아홉 번 머리를 조아리는 치욕의 삼배구고두(三拜九叩頭)로 항복의 예를 올렸다.

이 병자호란 때 30여만 명의 남녀가 만주로 끌려갔다는 기록이 남아있다. 7년 전쟁이라는 임진왜란 때 일본에 납치돼 간 숫자를 3만 명에서 10만 명 정도로 어림하고 있다. 그러니 50일 전쟁으로 백성이 견뎌야 했던 지옥의 모습은 짐작하고도 남는다.

광해군은 무엇보다 명이 기울고 청이 일어서던 대외정세에 대한 정보 수집력이 크게 떨어져, 청 태조 누르하치 진영에 여진어에 능통한 역관을 끊임없이 들여보내 정세를 살폈다.

'전쟁을 벌이고 있더라도 사자(使者)를 왕래시켜 그곳 사정은 알아야 한다'는 게 광해군의 지론이었다.

그는 바깥세상을 알지도 못하면서 아는 체 하는 책상물림들의 강경론을 특히 경계했다. '열 사람이 멀리서 본 것은 한 사람이 몸으로 겪은 것만 못한다'는 선조(宣祖)에게서 전해들은 지혜 덕분이었다.

'우리 병력으론 저들을 막기 힘드니 겉으론 어루만져주면서 안으로 힘을 기르는 계책 뿐'이라던 광해군의 외교정책은 훌륭하였다.

일제시대에는 독립운동을 하기 위해 많은 독립운동가들이 활동한 것으로 우리와 매우 인연이 많은 곳이다. 심양은 동북삼성의 중요한 관문이며, 관광보다는 사업을 하기 위해 개별적으로 다니는 사람이 많은 지역이다.

연길을 제외하고 심양만큼 한국인이 살기에 좋은 곳은 없을 것이다. 서탑에서 중국어를 사용하지 않고 한국어만으로도 얼마든지 의사소통 할 수 있으며, 가게 어느 곳이나 한국 돈을 사용할 수 있다.

심양에는 유적지인 신락유지(新樂遺址)가 있다. 그곳은 1973년에 발견되었는데, 빗살무늬토기 등 많은 유물이 출토되었으며, 모계중심의 사회로 밝혀졌다.

현재 심양시의 상징인 탄화목조 예술품인 새와 비슷한 것이 발견되었는데, 이것을 태양조(太陽鳥)라 부른다. 추장이 그것을 들고 있으면 모두가 그 앞에서 복종했다고 한다.

그곳에는 여러 형태의 집들이 있는데, 거의 반 지하로 이루어진 움집들로 시내 북릉 주변에 있다. 주위에 높은 건물들이 들어선 후에 이 터가 발견되었기 때문에 약간 아쉬운 느낌이 들지만 우리의 역사를 공부하는 사람들은 반드시 한 번은 방문해야 할 곳이다.

특히, 7,200년 전에 이곳은 강인 혼하가 이곳으로 흘렀다고 하는데 우리 선조들의 것과 같은 유물들이 많이 발굴된 것으로 보아 우리 선조들 일 것이다. 고구려 시대에는 우리의 영토였고, 멀지 않은 곳에 고구려산성이 지금도 잘 보존되어 있다.

심양시 시청 앞 광장에 심양시를 상징하는 태양새가 조각되어 있는데, 저녁이 되면 아름다운 불빛에 남녀노소 할 것 없이 많은 사람이 모여, 태극권이나 여러 가지 놀이를 하는 명소가 되었다.

청나라의 옛 궁궐 고궁(故宮)

심양의 고궁은 북경의 자금성에 비해 그 규모는 미치지 못한다. 그러나 고궁 주위를 둘러보면 청나라식 건축물들이 즐비하여, 고풍스러운 맛이 훨씬 느껴진다.

고궁의 중앙에 위치한 대정전은 속칭 팔각전으로 부르며 청태조 누루하치가 1625년에 세운 건물이다. 심양의 중앙에 위치하여 중심가인 중가(中街)가 있다. 대정전 양쪽에는 시왕정(十王亭)이 배열되어 있으며, 이 건물들은 우리 건축양식과 같다.

심양은 몇 년 전부터 관광산업에 힘을 기울이고 있다. 매년 국제관광전을 개최해 국제 관광도시로 탈바꿈하고 있다.

고궁의 중심인 대정전 앞에서 1,200명이 동시에 출연하는 행사는 역시 중국다운 웅장한 맛이 난다. 출연진은 거의 한족이지만, 공주만은 만주족이었다.

이러한 행사를 매년 가을 20여개국을 초청하는데, 나도 초청을 받아 참석하기도 하였으며, 2002년 8월 30일 심양에서 명예시민증을 받기도 했다.

고궁에는 대정문 외에도 대청문, 숭정전, 봉황루, 청녕궁 등 여러 채가 있으며 방은 500여칸이나 된다. 청녕궁 뒤로 현대식 건물이 보이지 않게 성벽을 높게 쌓아 고궁다운 면모를 갖추고 있다.

심양은 병자호란 때 잡혀온 조선의 노예시장 터인 남탑, 소현세자와 봉림대군이 7년 동안이나 인질로 있었던 조선관, 화냥년이란 말이 유래된 조선 여인들의 자살한 곳이기도 한다.

조선관은 동포 역사학자 김양 선생(담양출신)에 의해 아동도서관보다 약간 떨어진 아파트가 밀집되어 있는 곳에서 발견하였다.

청태종의 북릉은 조선을 침략했던 청태종 황태극의 묘이다. 누루하치 묘는 동쪽에 있어 동릉, 청태종의 묘는 북쪽에 있기 때문에 북릉이다. 원래 동릉은 복릉(福陵)이라 했으며, 북릉은 소릉(昭陵)이라 불렀다.

동릉과 북릉의 모습은 거의 비슷하다. 넓은 땅을 파서 호수와 산을 만들고 그곳에 청태종의 묘를 썼다. 입구에는 말, 낙타, 해

태상들이 있으며, 조화롭게 건물들이 잘 정돈되고, 정원의 소나무가 아름답다.

묘는 얼마 전까지 숲이었던 것을 시멘트로 발라 놓고, 맨 꼭대기에 나무 한 그루만 달랑 남아 있어 보기에도 흉측 했으나, 지금은 어느 정도 정비하여 좋게 보인다. 여름에는 물놀이를 할 수 있으며, 겨울에는 눈 축제를 벌여 시민들을 즐겁게 해 주고 있다.

만고충신 장학량(張學良)

중국의 현대사에서 빼놓을 수 없는 사람이 장학량장군이다. 1936년 서안에서 장개석을 체포해 축출될 위기의 중국공산당을 구하고, 10년간의 내전(1927~1937)을 종식시켰으며, 국민당과 공산당간의 제2차 국공합작을 촉진시켜 항일전쟁(1937~1945)을 승리로 이끈 사람이 바로 그 이기 때문이다.

동북군사령관 장학량은 장개석이 공산당 토벌에만 몰두하고 일본의 침략이 날로 확대되고 있는데도 항일에 미지근한 자세를 보이자 제 17로군의 양호성(楊虎城) 장군 등과 협력하여 내전을 중지하고 항일에 나서도록 압력을 가해 성사시키기도 하였다.

장학량은 청나라 말기 동북 군벌 장작림의 아들로 장개석이 이끄는 국민당 정부의 동북변방 군사령관과 서북 비적(匪賊) 토벌 사령관 등을 지낸 비공산계 인물이다.

이로부터 궤멸 되어가던 중국공산당은 재기의 기회를 얻어 국공 내전에서 최후의 승리를 거뒀지만, 정작 본인의 운명은 순탄치 못했다. 사건 후 귀주에 연금 됐던 그는 49년 대만으로 끌려가 평생을 연금과 감시 속에서 살았다. 중국에서 그는 만고의 충신으로 추앙받고 있다.

9.18기념관 앞에서

9.18기념관은 1931년 9월 18일 일본이 중국을 침략하기 위해 일으킨 만주사변을 기념하기 위한 기념관이다. 그곳에 전 강택민 주석이 써 놓은 '물망(勿忘) 9.18'이란 글씨가 있다. '만주사변을 잊지 말자'라는 뜻이다.

밖에서 기념관을 바라보면 작게 보이는데 내부로 들어가면 대단히 큰 것을 알 수 있다. 일본의 중국 침략에 대한 기록과 사진들을 전시했으며, 일본인들이 중국인을 살해하는 장면, 731부대의 세균 실험하는 장면 등을 잘 알 수 있게 만들었으며, 기차를 폭발시키는 장면까지 그대로 보여주고 있다.

우리나라의 유관순과 같은 인물이 조일만(趙一曼)이라는 젊은 여자이다. 그녀가 감옥에서 아들에게 남긴 글을 읽으면 조국을 사랑하는 그의 조국애에 눈물을 흘릴 정도로 가슴이 뭉클하다.

1928년 6월 4일 이른 아침 장작림(張作霖) 장군이 관동군 가와모토(河本)의 음모에 의하여 폭사 당하였다. 이 사건으로 만주사변과 중일전쟁의 비화가 되었다.

심양에 많은 북한식당

중국 전역에 북한식당들이 많이 생기고 있다. 북경, 상해, 청도, 장가계, 곤명, 하얼빈 등 여러 곳에 계속 생기고 있다. 그러나 전에는 심양, 연길, 단동 등에 주로 있었다.

심양에는 북한식당이 제일 많다. 10년 전에는 '고구려구이 집' 하나밖에 없었는데, 요즈음은 코리아타운인 서탑거리에 여러 곳이 생겼다. 대표적인 곳이 모란관, 평양관, 묘향산 등이 있다.

전에 고구려구이집만 있을 때는 신기하여, 그곳으로 몰렸는데, 서탑 주변에 생기다 보니, 서탑으로만 몰린다. 서탑의 모란관이나 평양관들도 서로 경쟁적으로 운영하기 때문에, 자기 집에만 오라고 야단이다.

평양식당들은 아가씨들이 미인이며, 노래를 잘 부르는 것이 특징이다. 한국인들이 자주 가서 노래를 시키면 즉시 불러 준다.

한국의 옛날 노래인 '홍도야 우지마라' '찔레꽃' '황성옛터' 등을 잘 부른다. 지금은 평양으로 돌아갔지만, 모란관의 김향순이라는 아가씨가 남한 사람들에게 많은 인기를 끌었다.

남북교류는 멀리 있는 것이 아니라 이곳에서부터 하는 것 같고, 그들 역시 한국의 실정을 잘 알고 있다.

심양의 자랑거리 만두집인 노변교자점이 있다. 청나라 시대부터 만두장사만 180년간 운영하고 있다. 4층 건물에 100여 가지 만두만 팔고 있는 전문점이다. 복장이며, 기다란 주전자로 물 따르는 솜씨가 가히 일품이다.

북경 홍자계(紅子鷄) 식당은 롤러스케이트를 타고 다니면서 음식을 나르고 있어 볼 만하다. 방콕의 탐락타이 식당도 세계에서 제일 큰 식당으로 역시 롤러스케이트를 타고 다니면서 배달하고 있다.

홍자계 식당의 화장실에 TV가 설치되어 있어 일반 공중화장실을 생각하는 것과는 완전히 다른 것을 볼 수 있다. 요즈음 중국의 화장실은 많이 좋아졌다. 화장실은 최첨단 화장실이 있는가 하면, 최악의 화장실이 존재하는 곳이다.

수교 전에 각 지역, 북경도 마찬가지이지만 공중화장실이 우리나라의 옛날 군대생활 할 때의 화장실과 같았다. 사면으로 툭 터져 있기 때문에 서로 얼굴을 쳐다보면서 대변을 보아야 했다.

한 가지 좋은 동네 사람들이 아침 일찍 화장실에서 '아침 조회'를 할 수 있기 때문이다. 그런데 마을 공중화장실은 사용료를 받지 않지만, 도시의 화장실은 돈을 받는다.

문제는 중국 돈 20전 정도 받는데, 돈이 없을 경우 1달러를 주고 들어가야 한다. 얼마 전까지만 해도 관광지 내 에서도 돈을 받았지만 지금은 받지 않아 불편을 덜었다고 볼 수 있다. 항상 중국을 다닐 때는 잔돈이 있어야 한다.

배를 타고 다니는 본계수동(本溪水洞)

본계수동은 심양에서 단동 가는 고속도로 약 150km 지점에서 들어가면 된다. 요즈음 고속도로가 잘 건설되어 있어 버스로 가는 것이 편하다.

본계수동으로 들어가는 길에 가을이면 야생 동물들을 많이 잡아 팔고 있는 사람들을 볼 수 있다. 그런데 본계는 우리 민족 최초의 조선족들이 살고 있다. 중국 대륙으로 이주해간 조선족의 이민 역사를 19세기 초인 2백년 전으로 보고 있다.

최근 하북성과 요녕성에 사는 박(朴)씨 성을 가진 만주족과 한족들은 자신들의 조상이 한반도에서 넘어온 조선족이었다고 주장하여 조선족으로 바뀌었다.

본계현 박보촌의 박씨는 1274년 원나라가 일본을 침략한 시기인 고려 충렬왕 때 중국 동계(東界)에 파견돼 전함의 건조 작업을 맡았던 울산 박씨 박보(朴保) 장군의 후손들이 700여년 동안 옛 전통을 지키고 살아온 사람들이다.

겨울에는 관광객이 많지 않기 때문에 쉽게 들어갈 수 있으나, 여름이면 관광객이 너무 많아 1시간 이상을 기다려야 관광할 수 있다.

바깥의 온도는 30도가 넘거나, 영하 20도 이하의 추운 날에도 동굴 속은 7~8도를 유지하기 때문에, 여름에는 두꺼운 솜옷을 빌려준다. 솜옷을 입지 않고 들어갔다가는 어김없이 감기 걸리기 쉽다.

동굴 속에 들어가면 시냇물이 흐르고 있다. 배를 타고 다니면서 관광을 하는데 물이 맑아 밑바닥이 훤히 들여다보인다. 그러나 물이 너무 맑고 석회석이기 때문인지 물고기는 살고 있지 않다.

약 1시간 정도 50여대의 소형 배를 타고 다니면서 코끼리, 북극지방, 망부석, 원숭이 등 기기묘묘한 형상들이 200여 종류가 나오는데 연신 감탄한다.

위에서 물방울이 간혹 머리 위로 떨어져 놀라기도 하고, 약 3km 정도까지 배를 타고 갈 수 있으나, 더 이상은 개발이 안 되어 들어갈 수 없다.

500년 전에 요동지방을 들어와 보니 반은 중국인이요, 반은 조선인이며, 반은 만주인이라고 기록되어 있는 것을 보면, 당시 요동지방은 우리 선조들이 많이 산 것은 분명하였다.

세계 최대의 옥불상 안산(鞍山: 안산)

안산시는 심양에서 70km 떨어진 곳에 위치하는 중국 제일의 철강도시이며, 이름이 같은 우리나라의 안산시와 자매결연을 맺은 도시이다.

관광지로 각광을 받고 있는 옥불원(玉佛苑)과 아름다운 천산(千山)이 있으며, 요즈음 한국인들이 많이 찾는 탕강자 온천이 바로 이곳에 있다.

1996년 웅장한 건축물인 옥불원이 사람들의 경탄을 받으면서 세계 제일의 옥불상이 준공되었다. 2년 6개월 만에 신비한 자태를 드러냈는데, 1997년에 기네스북에 등재되었다.

옥불원의 총 면적은 4만m^2 사면은 숲으로 우거졌다. 옥불상은 옥불각 내에 자리를 잡고 있는데 옥불각의 높이는 33m, 너비 66m, 길이 58m인 대형 건축물로 웅장하며, 금빛을 칠해 멀리서 바라보거나, 저녁 무렵에 보면 대단히 아름답게 보인다.

이 옥돌은 1960년에 옥돌의 고향이라 불리는 수암현에서 발견되었다. 옥돌의 높이는 8m, 너비 7m, 두께 4m 총 무게는 261t으로 어마어마하다. 진하고 연한 녹색이 어우러지고, 노란색, 흰색, 검정색 그리고 남색이 하나로 어울려져 알록달록하다.

1992년에 안산시가 주관하여 옥불상을 만들기 시작하였는데, 옥돌 정면에는 정중하고 경건한 초대형의 석가모니상, 뒷면에는 관세음보살상을 조각하였다. '부처님 상은 하늘이 만들어 주었고, 관세음보살상은 만백성을 구하려 왔네'라고 써 있다.

옥돌 부처님의 눈은 눈 색깔, 얼굴은 얼굴 색, 귀는 귀의 형태가 손바닥은 손바닥 모양으로 각각 다른 색깔의 천연옥으로 되어 있다는 것이 특이하다.

천산이라 불리는 아름다운 산이 있다. 중국 남쪽에 황산이 있으면, 북쪽에는 천산이 있다고 한다. 천산이라 부른 것은 천 송이의 연꽃과 같다고 하여 불렀으며, 산의 풍경이 아름다울 뿐만 아니라, 천연적인 요새로 널리 알려진 산이기도 하다.

당나라 태종 이세민과 설인귀가 고구려를 치기 위하여 만든 병영이 아직도 남아 있는 것을 보면 알 수 있다. 청나라 강희황제와 건륭황제의 남긴 유적과 한시가 있으며, 역대 문인들의 천산을 찬미한 글들이 많이 새겨져 있다.

신의주 건너편 단동(丹東: 딴뚱)

단동을 몇 차례 다니면서 느끼는 점은 북한에서 빨리 개방해야 할 곳은 신의주라고 생각이다. 그것은 압록강에서 두 도시를 바라볼 수 있기 때문이다. 신의주 사람들이 매일 강 건너 중국의 단동을 보면서 '우리도 언제 저렇게 잘 살아볼 수 있을까'하는 생각 밖에 없을 것이다.

인천항에서 단동으로 일주일에 여객선이 세 편 취항하고 있고, 항공기를 이용하려면 심양을 거쳐 가는 편이 좋다. 심양에서 단동간 고속도로가 개통되어 승용차로 3시간이면 충분히 갈 수 있다.

철도는 5시간 걸리지만 기차를 이용하는 것도 재미있다. 중국의 철도는 거의 복선으로 되어 있지만, 본계를 지나면서 단동까지 단선이다.

본계를 지나면 장백산맥 줄기의 산들이 나타난다. 심양에서 장춘, 길림을 거쳐 연길까지 기차로 15시간 이상을 달려가도 끝없이 펼쳐지는 평야지대지만, 여기는 불과 2시간밖에 되지 않았는데 우리나라 지형과 같은 산세들이 펼쳐져 마치 고향에 온 느낌이 든다.

산은 많으나 조림이 잘 되어 있지 않은 것이 흠이다. 산 속에 흐르는 강줄기는 거의 압록강의 지류이다. 소현세자와 봉림대군이 볼모로 잡혀갈 때 통역관이었던 장현(張炫)이 압록강을 건너면서 지었다는 시조가 전해지고 있다.

압록강 해 진 날에 어여쁜 우리 님이
연운만리(燕雲萬里)를 어디라고 가시는고
봄풀이 푸르고 푸르거든 즉시 돌아 오소서

이 시조는 바로 지은 것이 아니라, 나중에 지은 것 같다. 연운만리란 연경의 멀고 먼 거리를 나타낸다. 그 당시 그들은 연경으로 끌려간 것이 아니라 심양으로 끌려갔기 때문이다.

단동은 얼마 전까지만 해도 안동(安東)이라 불렸다. 지금도 신의주를 마주하고 있는 음식점 안동각이 있으며, 신의주에는 압록강각이 있다.

일제시대 중국으로 망명한 애국지사들이 고종황제의 둘째 왕자이며, 순종의 아우인 의친왕 이강(李堈)을 상해로 탈출시켜 망명정부의 구심점을 삼으려 했으나, 단동에서 붙잡혀 허사로 돌아간 것이 1919년 11월에 일어난 대동단(大同團) 사건이다.

단동 시내 인구만 80만 명이다. 바로 강 건너의 신의주는 30만 명이라 한다. 단동에 금강산(錦江山)이 있다. 우리의 금강산(金剛山)과는 글자는 다르지만 시내에 있다.

금강산 공원에 올라보면 단동과 신의주를 한눈에 바라 볼 수 있다. 옛날에는 단동이나 신의주가 거의 같은 도시였다고 하지만 금강산에서 바라보면 신의주와 단동은 격차가 심하다.

단동은 몇 년 전부터 한국 붐이 일고 있다. 많은 한국인의 상점이나 식당들이 들어서 있다. 한국의 붐이 일면서 한국인 식당도 많고 다방도 많다.

북한 식당인 청류관 이외에도 많이 생겼으며, 북한 그림과 골동품을 파는 상점이 있다. 저녁에는 국제호텔 주변으로 약 2km 거리에 야시장이 들어선다. 그곳에 파는 물건들은 한국에서 직수입을 알리는 글자가 눈에 많이 들어온다.

단동에 조선족학교는 압록강변에 있었다. 비록 크지 않지만 우리 민족의 자부심을 심어주는 학교다. 최상근(崔尙根) 교장과 몇 차례 만난 적이 있다.

이 학교에 몇 차례 동화책을 보내 준 적이 있었으며, 압록강가에 있고, 강물을 바라보면서 공부하기 좋은 곳인데, 도시계획 때문에 철거되어 지금은 시내에 있다.

압록강의 단교(斷橋)

신의주와 철길로 연결되는 단동은 압록강 하류의 국경도시로 경의선 철도의 복원공사가 시작되면서 대륙관문의 꿈에 부풀어 있다. 단동 강변에 나가면 신의주가 손에 잡힐 듯 가깝게 자리 잡고 있다는 사실에 놀란다.

영어로 압록강을 '야루(Yalu)'라 한다. 이것은 압록강의 압록(鴨綠)이 중국 발음으로 '야루'로 소리 나기 때문이다. 단동은 중국에서 잠업으로 이름이 난 비단의 도시이며, 압록강 뗏목이 운집하는 나무의 도시라는 별칭을 갖고 있다.

국경도시인 단동에 들어와 압록강을 따라 신의주를 바라보는 순간 국경선에 대한 상상은 여지없이 무너져 내린다. 우리는 무의식중에 국경선이라면 철책선이 둘러쳐져 있고, 총을 든 병사들

압록강 단교에서

이 밤낮으로 경계하는 곳으로 생각한다. 단동에는 그런 국경의 긴장은 어디에도 없었다.

사진으로 너무나 낯익은 동강난 압록강 철교는 관광의 명소로 되었고, 옆의 다리는 기차와 자동차가 오가고 있었다.

압록강엔 유람선이 있다. 유람선은 이성계의 회군으로 유명한 위화도 앞까지 갔다가 돌아오는 길에 하구 쪽으로 내려가면서 관광객에게 구경 잘하라는 듯 신의주 쪽 강변으로 바짝 붙여 서서히 몰아주기도 한다. 북한쪽 강변에 낚시꾼도 있고 빨래하는 아낙네들도 보인다.

또한 한쪽 강기슭을 돌아서면 벌거숭이로 미역을 감는 아이들이 물속에 깊이 들어가며 부끄러움을 감추기도 한다.

압록강은 정말로 아름다운 강이다. 길이만도 790km로 우리나라에서 가장 길고 큰 강이며 중국에서도 명나라 때 지리지인 '황여고'엔 양자강 · 황하와 함께 3대 하천으로 꼽은 큰 강이지만 조금도 사납거나 험한 데가 없다.

압록강 단교는 철로로 1909년에 건설하여 1911년에 완공되었다. 안동-봉천 철도를 개설할 때 만든 것으로 길이는 944m로 90도 각도를 회전 할 수 있게 만들었다.

100여년 전에 이런 기술이 있었다는 게 놀라울 일이었다. 이 철교는 1950년 11월 14일 6.25 동란 때 미군이 중공군의 진입을 막기 위하여 폭파하였는데 그대로 보존하고 있다. 현존 철교는 1937년에 건설하여 1944년에 완공 된 것으로 길이가 946m이다.

압록강 단교를 소개하는데 제일 먼저 등장하는 것이 조선총독부다. 아마도 조선총독부에서 관리하고 감독했기 때문인 것 같다. 압록강 단교 밑으로 흐르는 강물은 유난히도 맑아 보였다.

사람들 대부분이 백두산으로 여행갈 때 도문에서 두만강을 바라본다. 그러나 압록강을 구경하는 사람들은 별로 없지만, 요즈음 한국인의 발걸음이 잦아지고 있다.

회군으로 유명한 위화도

중국 쪽의 유람선들은 안동각 부근에서 많이 다니고 있으나 건너편 신의주의 압록강각은 유람선은 전혀 보이지 않고 화물선만 보일 뿐이다. 북한주민과 마주 볼 수 있는 곳은 10m 정도이므로 서로 말을 주고받을 수 있다.

압록강 사이에 있는 대부분의 섬들은 북한에 속해 있다. 강의 중심부로 국경으로 하지 않는다. 섬은 거의 북한으로 넘겨 준 대신 백두산의 천지를 중국에 절반쯤 넘겨주었다는 말도 있다.

압록강에서 바라보이는 가장 큰 섬이 위화도인데 단동 쪽 가까이 있다. 위화도는 고려말 이성계의 위화도 회군으로 유명하다.

위화도에는 많은 집들이 보였으나 사람은 거의 보이지 않았다. 위화도에 많은 비가 내렸을 때 과연 넘칠 것인가를 생각해보니 요즈음은 섬 주위의 둑이 높은 관계로 넘치기 힘들 것 같아 보였다.

압록강 건너편에서 요란한 노래 소리가 들려 와, 쳐다보니 천여 명의 남녀들이 춤을 추고 있는 걸로 보아 운동회 같은 것을 하는 것 같다.

단동 시내에는 전쟁기념관이 있다. 이름은 항미원조기념관(抗美援助紀念館)이다. 그것은 6·25 때 중국이 북한을 도와준 청천강 전투를 잘 묘사해 놓은 곳이다. 모택동의 아들 모안영(毛岸英)이 한국전에서 사망하였다. 그의 아들 자리에는 항상 꽃이 있다.

여러 칸의 진열실이 있고, 맨 위층에 30분간 돌아가면서 미군과 중공군이 전쟁하는 모습을 볼 수 있다. 실전과 같은 상황을 재현하는 모습과 똑 같았다.

수풍댐과 호산산성

단동에서 호산산성을 가기 위해서는 구련성을 지난다. 구련성은 옛날에 국경도시이다. 얼마 전 드라마 상도의 배경지이지만,

수풍댐에서

지금은 초라한 시골 마을에 불과하다.

이런 이야기를 진철신(陳鐵新) 단동시장에게 말하니, 얼마든지 이곳에 오면 드라마 촬영을 하는데 도와주겠다는 말을 하였다. 진시장은 전에 심양시 관광국장, 요녕성 관광국장을 지낸 사람으로 유학파 출신으로 훌륭한 사람이다.

호산산성을 끼고 남으로는 압록강, 서쪽으로는 애하가 흐르고 있다. 애하는 압록강의 지류이지만 큰 강이다. 호산산성은 명나라시대 만들어진 산성이다. 정상에 오르면 멀리 관서팔경의 하나인 의주의 통군정이 보이며, 가까이에 공군비행장이 보인다.

산성 바로 아래에 2m도 안된 도랑이 있는데, 이것이 국경지대이다. 과자나 빵을 사들고 북한 병사를 오라고 손짓하면 와서 받아간다. 바로 건너에 북한의 생활을 볼 수 있고, 말을 걸면 대답하기도 한다.

단동에서 72km 정도 가면 수풍댐이 나온다. 1944년에 만들어진 댐으로 웅장하다. 발전은 북한에서 관리하지만 중국과 공동으로 운영한다.

수풍댐 밑에서 배를 한 시간 정도 타고 내려오면 태평만댐이 나온다. 이 댐은 중국에서 관리한다. 댐 위로 차를 타고 북한 초소까지 갈 수 있으나, 내리지는 못한다.

동북 3성의 전진기지 대련(大連: 따롄)

대련시 인구는 600만 명으로 시내 인구만 300만명에 이른다. 1999년에 대련 건설 100주년 행사를 한 도시이기 때문에 100년밖에 되지 않은 도시다.

대련은 북방 최대의 무역도시이며, 청나라 광서 6년(1880) 이홍장에 의해서 지어진 이름이다.

好大的陣勢, 連着海, 接着天呵

인천에서 1시간 이내에 도착할 수 있는 지역은 대련, 청도, 위해, 연대 등이다. 그런데 항공료가 남방항공만 취항하는 관계로 심양이나 장춘보다 비싸다.

심양 북역에서 대련까지 직통으로 가는 고속버스가 많이 있다. 심양에서 약 400km로 끝없이 펼쳐지는 평야를 달리다 보면 5시간이면 도착한다.

영구시를 조금 지나면 바닷가가 나와 염전이 보이기 시작한다. 중국의 휴게소는 남방으로 갈수록 북적거리지만, 북방에는 그렇게 많지 않다. 대련에 도착하기 시작하면 산들이 보이기 시작한다.

대련역 부근과 중심가는 상해나 심천과 같은 도시이다. 대련은 다른 지역에 비해 자전거가 없는 것이 특징이다. 중경과 같은 산악의 도시로 자전거 타고 다니기 힘든 곳이라 그렇다.

대련은 중국에서 대표적으로 깨끗한 도시임에 분명하다. 중산 관장은 대련시의 중심에 있는 로터리로 방사형 도로가 뻗혀 있다.

대련의 중심이라 할 수 있는데, 제정러시아 통치 당시 파리를 모델로 건설한 광장이다. 중앙에는 분수대도 있고, 나무가 많다. 유럽분위기가 물씬 풍기는 대표적인 명소이다.

성아해양세계는 배의 역사, 인류와 해양의 고사 등 다양하게 전시되어 있고, 수족관에 각종 물고기 있어 에스컬레이터를 이용하여 볼 수 있게 만들었다.

시청 앞의 인민광장은 넓고 깨끗하며, 잔디가 많아 좋다. 대련역 앞에는 건물이 높고, 연주회를 가질 수 있도록 만들어졌다.

역 앞의 승리광장은 지하 1, 2, 3층으로 되어 있어 백화점 같다. 지하 1층은 음식 백화점으로 중국 전 지역의 요리와 한국, 일본, 서양요리까지 모여 있다. 대형 서점도 있다는 것이 중국의 장래가 밝다는 것을 알 수 있다.

노동공원은 넓고 크다. 중앙에 있는 연못에서 낚시하는 모습이 보인다. 공원에는 마침 네덜란드의 꽃 전시회가 있었다. 전시회가 어느 한 곳에 모여 있는 것이 아니라, 여기 저기 튤립 등 다양하게 네델란드 풍으로 장식되어 있다.

대련에는 매년 아카시아축제가 있다. 대련하면 아카시아를 연상할 정도로 거리에는 아카시아가 많다. 아카시아 향이 감돌 때 노동공원을 중심으로 축제가 열린다.

대련이 커진 것은 여순(旅順) 지방을 통합하면서 커지게 되었다. 여순을 일제시대에 일본인들이 많이 살아, 일본인들이 많이 다니고 있다.

우리에게는 여순감옥으로 너무 알려진 이름이다. 여순감옥은 해방되기 전 수많은 사람들이 죽어 나간 곳이다. 우리나라의 안중근의사나 신채호 선생 같은 분이다.

여순감옥의 원 이름은 여순형방소이다. 얼마 전까지 개방이 되지 않았으나, 지금은 개방되어 감옥을 볼 수 있다. 감방(監房)은 253칸, 사형집행장소, 고문실, 공장 등이 있다.

서울의 한강변과 같은 무순(撫順: 푸순)

무순은 당나라가 고구려를 정벌하고 백성을 잘 살 수 있도록 어루만져(撫) 순(順)하게 되었다는데서 따온 이름이다.

무순은 차량 번호판이 D번이 있는 것을 보면 요녕성의 4번 째 도시라는 것을 알 수 있다. 시내에서 점심을 먹기 위해 한글로 써 있는 청천강식당을 가보았다. 마치 커피숍과 같이 깨끗하게 만들어져 있었다.

교포가 운영하는 식당이 아니라 중국인이 경영하는 식당이라고 한다. 요즈음 한국요리가 잘 팔리기 때문에 한국식당을 만드는데, 한족이 경영하는 식당이 많다고 한다.

시내 중심가에 혼하가 흐르고 있는데, 서울의 한강처럼 넓고 아름답다. 양쪽에는 새로운 고층 아파트들이 즐비하게 있어 야경이 아름답다.

이곳은 노천탄광으로 유명하여 바로 산 위에서 파 들어갔는데, 지금은 석탄이 없고, 30여 개의 층층대가 이루어져 깊이는 80m 정도 파들어 가 있었다.

심양의 9.18기념관이나 남경의 대학살기념관에 평정산기념비가 있다. 바로 이곳에 평정산이 있다. 기념비는 20m 높이에 돌로 쌓아 올렸다. 1932년 9월 16일 일본 헌병과 수비대들이 평정산 일대를 포위하여 전 마을 주민 3,000여명을 살해한 곳이다.

지금도 기념관 내에 5m×80m의 넓이에 800여명의 뼈가 그대로 보관되어 있다. 시체를 태운 목재라던가, 휘발유통, 엄마와 아이가 바로 옆에 껴안고 있는 처참한 것들이 놓여 있다.

일본이 망하자 전범과 청나라 마지막황제 부의 갇힌 무순감옥이 있다. 감옥이 그대로 보존되어 기념관으로 사용되고 있다. 기념관에는 일본인들의 학살장면과 전범들에 대한 중국인들의 대하는 장면, 부의(溥儀)의 일생에 대해 적혀 있었다.

부의는 1906년 2월 4일에 태어나 1967년 10월 17일 사망한 것으로 되어 있다. 그의 나이 16세에 17세인 황후 완용(婉容), 13세인 숙비 문수(文綉)와 결혼했다.

그는 1943년 한족 15세인 담옥령(譚玉玲)과 살았으며, 1962년 5월 1일 이숙현(李淑賢)과 다시 결혼했다. 감옥 생활하는 장면, 빨래하는 장면 등이 자세히 사진으로 남아 있다.

무순에서 철령으로 넘어가는 고개에 고구려산성이라는 비석이 보인다. 진주 강씨들의 시조인 강이식(姜以式) 장군의 비석이 무순시 고려영자촌에 있는 것을 보면 알 수 있다.

무순에는 전국에서 유명한 뇌봉(雷峰)기념관이 있다. 그는 호남성 출신으로 요양시에 근무하다 무순에 입대한 지역이란 요양시에 기념탑이 있고, 무순에는 기념관이 있다.

1962년 22살 청춘으로 무순에서 사망한 군인이었다. 그는 남을 위해 노력한 대표적인 군인이었다. 모택동도 “뇌봉을 따라 배우자”하고 호소하였다. 그에 대한 영화가 중국인들에 사랑을 받고 있다.

그 때부터 뇌봉은 훌륭한 사람의 본보기 가 되어 매년 뇌봉이 사망한 3월 5일이면 전국적으로 기념활동을 펼치기도 한다. 기념관 앞은 깨끗하게 잘 만들어져 있다.

이성량 장군의 철령(鐵嶺: 테링)

심양에서 교포인 신태산(申泰山) 철령시 조선족문화관장을 만나 철령시에 방문을 요청 받았다. 혹시 이성량 장군이나 이여송 장군의 사당이 있는가 물어보니 사당을 짓고 있다는 말을 듣고 가 보았다.

마침 고속도로 입구에 왕아려(王亞麗) 문화국 부국장이 나와 안내를 하였다. 중국의 사당답지 않게 조그마했다. 철령 시내에 있는 간화루(看花樓) 터를 그대로 옮겨 놓았다.

철령시내에 주은래 수상이 어릴 적에 공부했던 기념관이 잘 갖추어졌고, 1961년에 다시 찾아 왔을 때 조선족 동포들과 담소하는 장면이 특이했다.

바로 옆에 박물관, 그리고 용수산이 아름다웠다. 저녁은 교포들이 운영하는 식당에서 마국군(麻國軍) 문화국장, 오민(吳敏) 관광국장을 만나 철령의 문화와 관광에 대한 의견을 나누었다.

이성량장군의 사당을 가보았는데, 2003년도에 거의 완공 단계에 이르렀다. 2005년 다시 철령에 들렸을 때 이성량의 가계도가 나왔다. 그의 조상은 조선으로부터 왔다는 것이 쓰여 있었다.

이성량장군의 아들이 이여송으로 임진왜란 때 조선을 도우러 온 명나라 장수다. 그런데 이러한 사실을 모르는 사람이 많다 그는 성주 이씨로 그 후손이 철령에 많이 살고 있기 때문에 우리나라 성주 이씨들과 서로 교분이 많이 있다고 한다.

고구려의 첫 수도 환인(桓仁)

환인은 고구려의 건국지인 졸본(卒本)이다. 그곳은 만주족자치주로 인구 30여만 명으로 그 중 50% 이상이 만주족이다. 우리민족은 3% 정도 차지하고 있다. 환인은 발음이 우리와 같다. 원래 중국 발음은 '환런'이지만, 현지인들은 '환인'이라 부른다.

환인에서 가 볼만한 곳은 다른 곳이 아니라 오녀산성(五女山城)이다. 가는 길에 옛날 주몽이 건넜다는 비류수(沸流水)는 지금은 혼강(渾江)으로 불리는데 지금은 요녕성에서 가장 큰 댐이다.

오녀산성의 높이는 821m로 아주 가파르다. 버스로 중간까지 올라갈 수 있으며, 계단 999개나 된다. 18반(盤)이란 곳은 경사로 길을 만들어 돌아갈 수 있게 만들었다.

산성 정상에 오르면 궁궐터인 주춧돌이 있다. 40여 년간 수도로 있었지만, 2천년이 지난 지금까지 보존되어 있는 것은 너무나 가파른 절벽으로 이루어졌기 때문에 남았을 것으로 추측한다.

따로 보관된 박물관에는 발굴되어 있는 물건들이 많이 있다. 군인들이 사용했던 철 가마는 현재의 것과 비슷하였다. 가마 솥 안에는 화살촉, 도끼, 발 족쇄 등 다양하였다.

정상에 천지(天池)라는 조그만 연못이 있어, 천명이 먹을 수 있는 물이 나온다는 것이 희한하였다. 태극정이란 곳에서 아래를 내려다보면 환인현 전체가 보인다.

태극이란 태극 마크를 연상할 수 있다. 바로 이곳의 혼강이 태극마크를 그대로 하고 있는 곳이다. 오녀산성의 절벽과 아름다움보다 태극 형상을 바라보는 것이 더 감격적이었다.

하산하는 길은 올라간 길을 내려 갈 수 있지만 일선천(一線天)이란 곳으로 내려올 때는 주의해야 한다. 계단은 잘 만들어져 있지만 70도 경사와 80도 경사로 이루어졌다.

고구려의 두 번째 수도 집안(集安)

집안은 고구려의 역사가 숨 쉬는 곳으로 우리 조상들의 기상이 서린 곳이다. 집안을 가기 위해서는 졸본성인 환인을 지나게 된다.

환인에서 바로 집안으로 갈 수 있지만 길이 좋지 않기 때문에 통화를 거쳐 집안으로 가는 것이 편하다. 환인까지는 요녕성이지만, 통화와 집안은 길림성에 속한다.

다른 길은 요녕성의 성도인 심양을 거쳐 길림성 매하구(梅河口)를 지나 통화를 거쳐 집안까지 가는 방법이 있다. 이렇게 가는 방법이 제일 편리하고 시간이 절약된다. 심양에서 밤 10시 기차를 타면 새벽 6시에 통화역에 도착한다.

전에는 통화역에 도착하면 탈북 청소년들이 몰려와 돈 달라고 한다. 우리 일행들은 거의 그들에게 만원씩 손에 쥐어 주면서 굶지 말고 잘 살도록 부탁하면서 떠난다. 통화에서 아침을 먹고 출발하면 점심때쯤 집안에 도착하게 된다.

집안으로 가는 길은 강원도 산길을 가는 것처럼 굽이굽이 돌아 들어간다. 압록강을 사이에 두고 북한의 만포시와 맞닿고 있다. 집안은 고구려의 두 번째 도읍지로 국내성터가 있다. 넓은 평지가 아닌 산속에 있는 성인데, 적들의 침입을 막기 위해 자연적으로 만들어진 요새라고 볼 수 있다.

이곳은 박물관, 장군총, 광개토왕비, 고분군, 환도산성 등 역사의 산 교육장이 즐비하다. '무덤의 도시'라 해도 과언이 아닐 정도로 곳곳에 적석묘들이 널려 있다.

박물관은 규모는 작지만 역대 고구려의 왕들의 초상화와 유물들이 많이 있고 박물관 밖에도 주춧돌 같은 것들이 많이 널려져 있다. 고구려에 대한 역사 서적이 흔한 것을 보면 중국에서 고구려를 연구하는 학자들이 많은 것을 알 수 있다.

유람선을 타고 압록강을 돌며 북한의 만포시의 풍경을 감상할 수 있다. 거리에는 택시를 찾아 볼 수 없다. 경운기 같은 것을 개조하여 만든 차가 있다. 빠르지는 않지만 시내 구경을 하는데 안성맞춤이다.

국내성(國內城)터가 그대로

시내에는 아직도 국내성터가 잘 보존되어 있다. 고구려가 국내성에서 평양으로 수도를 옮긴 것은 427년이다. 그로부터 1600여 년의 세월이 흘렀는데도, 아직까지 국내성터가 옛 모습을 간직하고 있다는 것은 참으로 다행스러운 일이라 하지 않을 수 없다.

시내 중심부의 아파트 뒤편에 남아있는 성곽의 높이는 2~3m 정도로 올라가 보면 여기저기 휴지가 널려 있지만, 국내성이란

집안 국내성 터에서

표지판이 있어 2천 여년전 우리 조상들의 숨결이 살아 숨 쉬는 것 같아 성벽을 어루만져 본다.

집안을 찾아오는 한국인들은 관광객이라기보다는 학교 선생님들이나, 역사에 관심이 있는 사람들만 방문하지 관광객은 거의 없다.

아침에 요란한 악기 소리가 울리기에 나가보니 축제가 열리고 있었다. 나가서 사진을 촬영하고 있는데, 춤추는 아주머니들 중에 한국말로 '한국에서 오셨어요?'하고 반갑게 말을 건넨다. 이곳에도 동포들이 상당히 살고 있다는 것을 알았다.

동포들이 많이 살고 있지만 그들에게는 문제는 많다고 한다. 동포아가씨들이 전부 도시로 나가기 때문에 총각들이 결혼을 못해 할 수 없다는 것이다. 그러나 그들의 조국이 잘 사니 가슴이 뿌듯하다는 이야기를 많이 들었다.

웅장한 광개토대왕비

졸본성에서 천도한 고구려의 2대 유리왕이 축조한 국내성은 그 위용은 이제 자랑할 만하다. 유리왕은 송양의 딸을 왕비로 삼았으나 이듬해 사망하고 만다. 다시 두 여자를 얻어 화희(禾姬)와 한인의 딸 치희(雉姬)를 얻었다. 그런데 유리왕이 기산(箕山)으로 사냥을 나간 사이 두 여자가 크게 싸워 치희가 도망 가버렸다.

치희를 잊지 못한 유리왕이 어느 날 나무 밑에서 쉬다가 황조 암수가 서로 정답게 노는 것을 보고 부른 노래가 우리 국문학사에 전하는 황조가(黃鳥歌)다.

펄펄 나는 꾀꼬리, 암숫놈 서로 지저귀는데.
나의 외로움을 생각하니, 그 누구와 돌아갈꼬

翩翩黃鳥, 雌雄相依. 念我之獨, 誰其與歸

그러나 그 옛날의 정서는 찾아볼 수 없고 세월의 무상함을 쓸쓸하게 말하고 있을 뿐이다. 고구려 최전성기의 영웅 광개토대왕비는 집안시 태왕향(太王鄕) 구화리에 대왕의 기상처럼 당당한 모습으로 서 있다. 1982년부터 주황색 기와로 비각을 세워 보호하고 있다.

6.39m 폭 2m의 웅장한 높이에 무게만 37톤에 달하는 거대한 응회암 비석은 인공적으로 꾸미기보다는 야성 그대로를 좋아하는 고구려인들의 취향답게 자연 그대로의 모습이다.

서기 414년에 세운 이 비석은 당시 유행하던 예서체의 글씨로, 고풍스러우면서도 힘이 넘쳐나 강인한 고구려인의 기상을 잘 보여주는데 현재 이 글씨체를 로고로 사용하는 곳도 있을 정도로 단아한 맛이 풍긴다.

비문은 잘 알아 볼 수 없으나 원래는 1,775자이지만, 탈락되었거나 금이 가고 마모돼 판독할 수 없는 글자가 141자나 된다. 이 글자들의 해석을 둘러싸고 한국, 일본, 중국, 북한 사이에 벌어진 논쟁이 아직도 끝이지 않을 정도로 논란이 많은 비석이기도 하다.

이 비가 광개토왕비라는 것을 처음 밝혀낸 사람은 일본군 참모본부 소속의 사쿠오(酒句)라는 위관급 장교다. 그는 중국에 파견된 간첩으로 북경에서 중국어를 배운 후 한의(漢醫)로 가장해 만주로 갔다.

그는 1883년에 우연히 거대한 비석을 발견하게 된다. 이 비문의 내용을 왜곡하여 일본의 한반도 지배를 합리화할 수 있다는 판단에서 현지 중국인을 시켜 탁본을 뜨게 했는데 이것이 바로 쌍구본이라고 한다.

집안에는 곳곳에 고구려의 유적들이 있는데 '동방의 피라미드'로 불리는 장군총이 있다. 5세기 초에 고구려인에 의해 건립된 적석묘로 일설에는 광개토대왕의 아들 장수왕의 무덤이라고도 한다.

이 고분은 높이 12.4m의 위용을 자랑하지만 1천 6백년의 세월 탓인지 무덤을 쌓아올린 돌의 틈새가 벌어져 곧 무너져 내릴 것만 같은 상황에 처해 있다.

관이 안치돼 있던 왕릉내부로 통하는 문은 평소 잠가놓고 있다가 관람객이 요청하면 돈을 받고 열어준다. 장천(長川) 1호분 등 유명한 고구려 벽화고분들도 대부분 출입문을 시멘트로 봉쇄해 접근이 불가능하다. 공개된 벽화는 곳곳에 하얗게 곰팡이가 피어 있었다.

국내성내에 환도성터가 있다. 환도성은 국내성의 일부이다. 졸본성은 동명성왕이, 국내성은 유리왕이, 환도성은 산상왕이 평양성은 장수왕이 천도하였다.

환도산성에는 환도산성비가 있는데, 비문에는 다음과 같은 내용이 기록되어 있다. '환도산성의 처음 이름은 위나암성이고, 고구려 국내성의 위성(衛城)이다. 서기 3년부터 쌓기 시작하였으며,

고구려 무덤 떼

209년 산상왕이 환도성으로 옮겼다.

고구려의 왕도(王都)로서 산성이 웅장했고, 담장은 돌로 쌓았으며, 문은 5군데나 있었다. 전체의 길이는 7km이었고, 성내에 궁전이 있었다. 유적으로 조망대와 저수지가 있는 데 고구려를 연구하는 중요한 가치가 있다.'라고 적혀 있다.

집안시 일대에 흩어져 있는 고구려 통구 고분군(古墳群)은 11,258기나 되는 무덤 떼를 이루고 있다. 이들 중에 발굴된 것은 1천여기 뿐이며 나머지는 손도 대지 못한 채 방치돼 있는 실정이다.

녹색의 도시 장춘(長春: 창춘)

장춘은 글자의 의미상 '봄이 길다'이다. 그러나 장춘의 봄은 길지 않고 오히려 겨울이 긴 곳이다. 인천에서 매일 항공기가 취항하고 있으며, 울산시와 자매결연을 맺은 도시이다.

장춘은 관광지가 많은 곳은 아니나, 길림성의 성도이며, 녹색의 도시이다. 국교 수교 전에 처음 장춘에 갔을 때의 일이다. 장백산 호텔에 들렀는데 북한사람들도 관광 왔다. 호텔에서 아침을 먹을 때, 다른 사람들이 이야기를 걸어도, 대꾸도 하지 않고 밥만 묵묵히 먹고 있었다.

그래서 내가 가서 농담을 하면서 말하니, 그들도 입을 열기 시작했다. 한 번 말하기 시작하자 서로 주고받았다. 아침을 먹고 헤어지려고 하자, 북한 사람들이 우리 차에 올라와 노래를 한 곡 불러주어, 우리는 우레와 같은 박수를 치자 그들도 대단히 기분이 좋은 모양이었다. 작은 선물을 주고 아쉬운 이별을 해야 했다.

최근 들어 무석이나 횡점이 영화 촬영지로 이름이 났지만, 장춘은 중국에서 가장 많이 알려진 영화 촬영 장소이다. 넓은 지역에 고대·중대·근대에 이르는 다양한 건물들과 여기 저기 촬영하느라 정신없이 제작하는 과정을 볼 수 있는 곳이다. 지금 중국 여기저기에 자동차공장이 들어섰지만, 얼마 전까지만 해도 자동차 공장은 장춘 밖에 없었다.

장춘에도 황궁인 위황궁이 있다. 그것은 거짓 황궁이라는 뜻이다. 자금성에서 어린 나이에 쫓겨난 청나라의 마지막 황제 부의가 살았던 황궁이다.

중국에서는 부의가 일본의 괴뢰정부인 만주국을 세웠다하여, 만주국을 정식국가로 인정하지 않았다. 그렇기 때문에 '위황궁'이라고 부르는 것이다.

우리는 '마지막 황제'라고 하지만 한자표기는 말대황제(末代皇

帝)이기 때문에, 교포들이 '말대황제, 말대황제'라고 말하면 우리는 그 뜻을 잘 알아듣지 못한다.

마지막 황제 부의에 대한 기록이 많이 남아 있다. 부의가 전범으로 감옥에 갇혀있는 곳이 무순이다. 그곳에 부의에 대한 자료가 많이 있다.

정월담이란 호수는 아름다운 숲이 조성되어 많은 사람이 찾는다. 아름다운 호수, 아름다운 소나무, 18홀의 골프장은 누가 보아도 감동적이다.

겨울이 더 좋은 하얼빈(哈爾濱)

하얼빈은 인천에서 항하고 있다. 중국에서 가장 추운 북쪽의 대표적인 도시이며, 가장 추울 때는 영하 40도까지 떨어진다고 한다.

하얼빈 공항에서 시내까지는 35km로, 꾀나 먼 거리에 있다. 고속도로가 잘 갖추어 있으나, 겨울이면 얼음이 얼기 때문에 운전을 조심해야 한다.

시내 중심에 싱가폴호텔이 있다. 옛날에는 이곳에 공항이 있었다고 하는데 지금은 번화가로 탈바꿈하였다. 중국의 발전하는 모습이 대단히 빠르다고 생각하지만, 하얼빈은 조금 늦은 감이 든다.

한자표기는 합이빈(哈爾濱)이지만, 발음하기 곤란하여 옛날부터 중국말로 하얼빈으로 사용한다. 교포들이 발행하는 책자나 신문

소피아 성당

을 보면 하얼빈을 '할빈'이라고 표기되어 있다.

러시아풍의 대표적인 건물이 시내 중심가의 소피아 성당이다. 아름다울 뿐만 아니라, 야경이 특히 아름답다. 소피아성당은 1932년 건립된 러시아 동방정교의 성당이지만, 오늘날은 예배를 보지 않고 건축물 전시만 하고 있다.

성당 바로 옆에 중앙대로가 있는데, 길바닥은 벽돌모양 같은 돌로 되어 있다. 약 1.5km의 거리인데, 120년 전 벽돌하나에 1달러씩 들었다고 하는 아름다운 거리이다. 마카오의 돌길과 같이 이곳 야경의 불빛이 너무 아름답다.

다른 지역은 겨울에 관광객이 없어 고민하는데, 겨울철에 하얼빈만은 호텔이 부족한 실정이다. 멀지 않은 곳에 스키장이 두 곳이나 있어, 중국 남방 지역 사람과 동남아에서 많은 관광객이 몰리고 있다.

12월 말부터 시작되는 얼음 축제인 빙등절(氷燈節)은 세계의 이목을 이곳으로 집중시키고 있으며, 다음해 2월말까지 계속된다.

축제기간에는 송화강가에 조각공원이 생기며, 송화강 줄기인 태양도에서 얼음을 싣고 와 만든 조각공원으로 세계 각국의 건축물을 이곳으로 옮겨 놓은 것과 같다. 한 시간 이상을 다니면서 보아도 지루한 감이 없을 정도로 시간 가는 줄을 모른다.

하얼빈에는 1929년에 만들어진 공자묘(孔子廟)가 있다. 공자묘는 곡부, 북경, 남경 그리고 하얼빈에도 있다. 하얼빈의 공자묘는 충효정신을 기리기 위해 서안사건의 대표적인 인물 장학량이 만들었다고 한다.

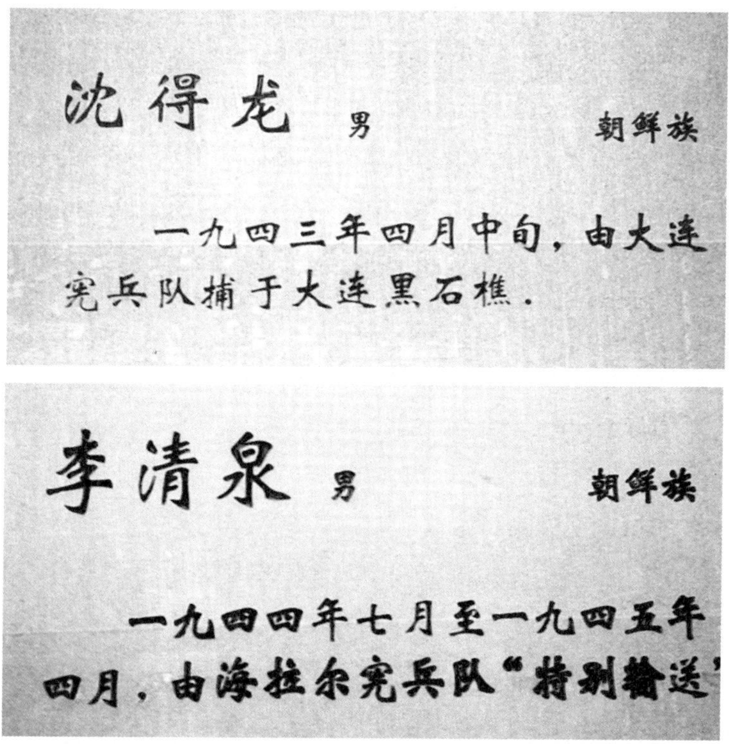

일본인에 학살된 조선인

공자묘는 정문이 없는 것이 특이하다. 정문을 만들기 위해서는 장원급제한 사람이 있어야 하는데, 이미 1904년에 과거가 폐지된 후 지은 것이라 정문이 없다고 한다.

이 공자묘에는 공자의 학문이 중국에서 한국으로 전파되었고, 다시 한국에서 백제의 왕인박사가 서기 285년에 일본으로 전파했다는 기록이 있다.

하얼빈의 중요 유적지는 731부대이다. 이곳은 일본인들이 중국인이나 조선인, 러시아인을 생체 실험한 악명 높은 곳이다. 생체 실험의 대상자를 마루타라고 한다.

이곳에서 처절하게 죽어 가는 마루타의 모습이 있다. 이것을 통해 일본의 잔혹한 행위를 볼 수 있는데, 남경대학살과 같은 만행이 저질러진 곳이다.

뜻있는 일본인들이 이곳에 와서 잘못을 뉘우치는 것을 볼 수 있다. 우리 한국인 희생자도 두 명이나 있는데, 심득룡과 이청천이다.

하얼빈 시내 중앙대로에 북한 금강산 식당이 있으며, 바로 옆에 도리조선족소학교가 있다. 학교의 살림이 너무 어렵다는 김선녀 교감의 말이다. 그래도 민족 교육을 위해 열심히 노력한다는 말에 감동을 받았다.

하얼빈 시내에 코리아타운을 만들고 있다. 그리고 하얼빈역에 안중근 의사의 비가 없는 것이 아쉬움이었다.

하얼빈은 박영란씨의 소개로 돌아다니게 되었으며, 왕영생 흑룡강성 국장을 자주 만나게 되었는데, 그에게 안중근 의사비가 있어야 한다는 생각은 갖고 있지만, 애로가 있는 모양이다.

금나라의 수도 아성(阿城: 아청)

아성시는 하얼빈에서 30km 떨어진 끝없이 펼쳐지는 평원에 자리 잡은 하얼빈에 속하는 현급시다. 왜 아성이라 불렀을까 생각해 보니, 서기 1115년 여진 완안부 아골타가 수도를 잡은 곳이다.

아성에는 아직도 토성이 남아있다. 아골타가 쌓았던 성이라 하여 아성이라 부른 것 같다. 금나라는 그 뒤 연경, 개봉으로 천도하였다.

박물관에 만주족의 여러 계파가 적혀 있었다. 숙신으로 시작해서 읍루, 물길, 말갈이다. 말갈은 다시 불열, 백출, 안차골, 흑수, 호실, 속말, 백산으로 8개 분류로 나누어진다.

흑수(黑水)에서 다시 여진-만주족으로 나누어지게 된다. 흑룡강이란 말도 흑수에서 전래된 것이라는 것을 알 수 있었다.

맥주의 도시 청도(青島: 칭따오)

청도는 산동성의 성도는 아니지만, 산동성에서 가장 큰 도시이다. 청도에 가는 항공편은 인천, 대구, 부산에서 취항하고 있으며, 인천에서는 페리가 다니고 있다.

청도는 깨끗한 도시이며, 한국인 기업체가 가장 많이 상주해 있는 중국 최대 공업지역의 하나로 한국과 가까운 도시임에 틀림이 없다.

청도는 산동성 동부에 위치하고 있으며 삼면이 바다로 둘러

청도시 해안가

싸여 있는 항구도시이며, 공업도시이다. 삭막한 공업도시를 연상하고 시내를 둘러보면, 그런 생각은 순식간에 사라지고 아름다움에 반할 것이다.

아름다운 해양 휴양지로 전세계 관광객이 몰리는 국제적인 도시이기도 하다. 시내에 즐비한 독일식 붉은 건축은 1898년 독일 조차지로서 개화한 뒤에 세워진 것이었다.

현재는 완전히 중국인의 생활 속에 융해되어 청도를 대표할 만큼의 상징물이 되었다. 이러한 모습 때문에 향수를 즐기려는 독일인들이 주로 찾는 곳이기도 하다.

청도의 인구는 대략 600만명 정도이며 7개구와 5개의 현급시로 구성되어 있는 전통과 역사와 문화의 도시이다. 청도의 대문구문화(大文口文化)나 용산문화(龍山文化), 동구문화(洞丘文化)를 통하여 중화민족의 오랜 역사를 엿볼 수 있다.

동주시대(BC 770~BC 256)에 청도는 제(齊)나라의 통치하에 있었다. 진시황은 중국을 통일한 후(BC 221년) 세 번에 걸쳐 청도를 다녀갔다고 전해진다. 1891년 6월 청나라의 주요 병력이 주둔함으로써 해양 방위의 요충지로 자리 잡게 되었고, 이때부터 발전은 가속화되었다.

1897년 11월, 독일이 청도를 강점하여 독일의 식민지로 전락하였다. 당시 독일은 자국의 선교사 두 명이 중국인들에게 살해당한 것을 빌미로 청도를 점령하였다. 독일군의 속셈은 극동지역에 독일 해군의 전진기지를 확보하려는데 있었다.

독일군이 청도에 진주하면서 그 전까지 작은 마을에 지나지 않았던 이곳에 현대식 도시가 세워졌다. 항구시설이 갖추어지고 전기가 들어오기 시작하자 자연히 상업지구가 형성되었다.

제 1차 세계대전이 발발한 1914년 11월에 일본이 독일 치하의 청도를 차지하였으나, 1920년 5.4운동으로 청도를 되찾게 되어 1929년에 국민당 정부가 청도를 관할 특별시에 편입시켰다.

1938년 1월, 일본이 다시 청도를 점령하였으나 1945년 국민당 정부가 다시 이를 회복하여 관리함과 동시에 미국의 해군기지가 되었다. 1949년 6월 2일에 이르러서야 청도는 이른바 완전한 해방을 맞이하게 되었다. 이처럼 역사는 수많은 시련을 주었지만 동시에 다양한 역사의 흔적과 문화유산을 남겼다.

청도는 바다를 끼고 있는 노산에서 나는 광천수로 세계적인 맥주를 개발하였다. 물이 풍부한 도시이긴 하지만 분명 섬이 아닌 산동반도에 자리 잡은 중국 대륙의 일부분인 이 지역이 왜 청도라는 이름을 갖게 되었을까?

해안을 따라가다 보면 소청도라는 조그마한 섬 하나를 발견하게 된다. 바로 이 작은 섬에서 청도라는 명칭이 유래되었다고 한다. 그곳 섬이 푸르러 사람들은 이곳을 푸른 섬이라는 뜻의 청도(靑島)라고 불렀다고 한다. 그것이 유래가 되어 도시이름을 부른다고 한다.

도교의 사당이 있는 노산(嶗山 1,130m)은 시의 동쪽 90km에 있다. 각종 기이한 절벽과 산줄기가 급경사의 계곡을 따라 굽이치고 있어 이곳 사람들은 신이 사는 신성한 장소라고 줄곧 믿어 왔다. 태산에 버금가는 산이라 할 수 있을 만큼 바위가 많은 산이다.

청도에서 1903년 중국 최초의 맥주가 탄생하였는데, 청도 맥주의 명성과 지방 관광활성화를 위해 1991년부터 맥주축제를 시작되어 매년 열리고 있다. 청도는 독일의 식민지로 오랜 세월동안 있었기에 맥주 가공기법이 뛰어나 지역 특산물로 개발하게 된 것이다.

축제기간 동안 청도는 매년 30개의 맥주회사와 50만명의 사람들이 이 축제에 참가하는데 이 축제가 세계적으로 청도를 알리는 계기가 되었으며, 경제와 무역 증진과 생활을 풍요롭게 해주는 윤활유 역할을 한다.

축제 기간동안 대규모의 예술 축제와 불꽃 놀이, 퍼레이드, 그리고 중국 전통민속 공연, 맥주 마시기 경연대회가 개최된다. 청도에서 열리는 맥주 축제의 하일라이트는 당연히 맥주 마시기 경연대회가 꼽힐 것이다.

장보고 장군의 유적지 영성(榮成: 룽청)

영성에 가기 위해서는 평택에서 취항하는 페리를 이용하면 된다. 약 12시간 정도 황해를 가로지르면 항구에 도착한다.

영성시는 통일신라시대 때의 해상왕 장보고 장군의 유적이 많이 있는 곳이다. 영성시는 장보고의 고향 전남 완도와 자매결연 맺은 지역이다. 영성시에 도착한 항구가 용안(龍眼)이라는 지역이다. 용안은 옛날에 이곳에서 한국으로 다니는 배가 많았을 것이다.

이곳에서 멀지 않는 곳에 화반채석(花斑彩石)이라는 곳이 있다. 전국의 유명한 수석을 다 이곳으로 모은 것 같은 곳이다. 특히 바닷가의 특이한 돌들이 많이 있는 곳이기도 하다.

입구에 들어가면 마도성공(馬到成功)이란 돌이 있다. 말이 달려가는 형상이다. '어떻게 이런 돌이 있을까?'하는 생각이 든다. 이곳엔 전시장이 여러 채 있는데 중국 이곳 저곳의 특이한 수석이 모여 있다.

각종 기이한 돌이 많이 있는 중에서 바다 위에 있는 용안석(龍眼石)이라는 바위는 정말 용의 눈알처럼 생긴 바위다. 그래서 항구 이름을 용안이라 부른 것 같다.

제주도의 용두암보다 더 큰 바위인데, 용의 눈동자 형상이 수십개가 있다. 영성시는 조그만 도시이지만, 시내의 도로가 10차선이 넘게 잘 만들어졌을 뿐만 아니라, 영성시 시청이 크게 보였다.

영성시 석도(石島)에 장보고 장군이 지은 적산법화원이 있었다. 지금 그 자리에 높이 8m 무게 6t의 거대한 장보고 상을 세우고 '장보고 기념관', '적산법화원'을 '적산선원', '극락보살계' 거대한

석도 적산 법화원의 장보고 장군상

신인 '명신' 등이 있다.

이곳 풍경구는 '석도적산'이란 회사에서 관리하는데 장영강 사장은 대단한 서예가 이기도 하다.

장보고(張保皐)장군은 일명 궁복(弓福)·궁파(弓巴)로 불리었다. 일찍이 당나라 서주(徐州)에 건너가 무령군(武寧君) 소장이 되었으나, 신라에서 잡혀간 노비의 비참한 처우에 분개하여 사직하고 귀국했다.

5년 뒤 신라에 돌아와 해적들의 인신매매를 근절시키기 위해 왕의 허락을 얻어 1만의 군사로 해로의 요충지 청해진(靑海鎭)을 설치하고, 가리포(加利浦)에 성책을 쌓아 항만시설을 보수하여, 전략적 거점을 마련했다. 그리고 청해진 대사가 되자 휘하 수병을 훈련시켜 해적을 완전 소탕했다.

문성왕(文聖王)이 즉위하자 진해장군(鎭海將軍)이 되었으며, 840년 일본에 무역사절을, 당나라에 견당매물사(遣唐賣物使)를 보내어 삼각무역을 했다. 845년 딸을 왕의 차비(次妃)로 보내려 했으나 군신들의 반대로 좌절되었다.

846년 그의 세력에 불안을 느낀 조정에서 보낸 자객 염장(閻長)에게 살해되었다. 얼마 전까지 해신(海神)이란 드라마가 인기를 끌었으며, 완도에 해신 촬영지에 많은 관광객들이 몰리고 있다.

최초의 뱃길이 열린 위해(威海: 웨이하이)

위해는 산동반도의 동북단에 위치하며 연대와 가까이 있다. 인천과는 최초로 뱃길이 열렸으며 일주일 3편의 페리가 취항하고 있고, 항공기도 취항하고 있다. 한국이 없었다면 위해는 없었다고 해도 과언이 아니다.

그래서 한국인들이 일찍이 위해에 터를 잡고 있었다. 위해시는 중국에서 깨끗하게 만든 시범도시이다. 위해에 들어가면 과연 이곳이 중국인가? 하는 생각이 들 정도로 깨끗하다. 인류가 살기 좋은 100개 도시에 산동성의 청도와 함께 위해가 포함된다고 한다.

위해에 특급호텔인 금해만호텔이 있다. 부산의 해운대와 같은 기분이 들며, 인구 250만명에 달한다. 한국의 기업이 많이 들어와 있으며, 교포와 한국인을 합하여 3만명 정도 살고 있는데, 곳곳에 한글 간판이 즐비하다.

위해는 연대와 마찬가지로 한국 상품이 많은데, 아름다운 해변가에 한국 상점들이다. 추운 겨울날 사람은 보이지 않는데, 불빛을 밝게 비추는 가로등이 아름답다. 오늘날 중국은 도시를 밝게 만들자는 생각을 갖고 야경에 힘을 기울이고 있다.

산동대학과 하얼빈대학의 분교가 있는 위해는 유공도(劉公島)라는 섬이 있다. 2km 거리에 있는 작은 섬으로 청일전쟁 때 일본에 넘어가기도 한 섬이다. 섬 안에는 청일전쟁 기념자료와 북양함대의 모형이 진열되어 있다.

한국 화교의 교향 연대(烟臺: 옌타이)

우리나라에 살고 있는 화교들 거의 90%가 이곳 연대 출신이다. 연대 지방의 사투리는 북경 발음과 약간 달라, 집 가(家)자 발음인 '쨔'가 아니라 '꺄'로, 몇 기(幾)자는 '지'가 아닌 '기'로 발음되어 오히려 우리 발음에 더 가깝다.

연대를 '연태'로 틀리게 발음한다. 대(臺)의 약자인 태(台)를 쓰기 때문이다. 연대(烟臺)라는 지명은 명나라 때 왜구의 침입을 막기 위해 봉화대를 세운 뒤 연대라 칭한다.

연대산에 오르면 옛날 미국 영국 덴마크 등의 영사관이 있고, 주변의 모든 건물들이 서양식 건물로 아직도 잘 보존되어 있다. 옛날 덴마크 영사관 건물 앞에는 덴마크에서 볼 수 있는 인어상이 있다.

연대산 정상에는 옛 봉화대가 있으며, 내려다보이는 도시의 정경은 아름답다. 시내에는 중국에서 가장 유명한 포도주 공장이 있다.

이곳 장유(張裕) 술공장으로 중국 제일의 포도주공장과 포도주 박물관이 있다. 중국의 주요 인물들인 모택동, 주은래, 강택민, 손문, 장학량 등이 방문한 적이 있다.

연대시의 해안선 전체 길이가 무려 900km에 달한다. 해안선을 동쪽으로 가면 바다에 갈매기들이 많이 있는데, 가로등에 갈매기 모양을 하여 저녁에 불이 켜지면 갈매기들이 날아다니는 것 같다.

연대 시내에서 1시간 이상을 달리면 현급시인 봉래시가 나온다. 옛날 당나라 시대에 이곳에서 신라와 일본으로 무역선이 왕래한 곳이다. 그 때 생겨난 지명이 당진(唐津)이다. 충청도 당진과 일본 규슈에도 가라쓰(唐津)가 있다.

연대시 학봉리(郝鳳利) 유국장이 우리들이 연대시를 방문했을 때, 무척 도와준 분으로 기억하고 있으며, 관광산업에 힘을 쏟고 있는 분이다.

옛날의 무역항 봉래(蓬萊: 펑라이)

산동반도의 동북단에 위치하며 제일 뾰족 나온 곳에 봉래각(蓬

萊閣)이 있다. 봉래각을 경계로 하여 왼쪽은 발해, 오른 쪽은 황해로 나뉘어 진다.

봉래각에는 누각, 사원, 불상이 많고 종루도 있으며, 만리장성의 축소판 같은 성벽을 지나면 계단이 시작되고 넓은 바다가 눈앞에 펼쳐진다.

봉래각은 중국 4대 누각의 하나라 말한다. 무한의 황학루, 동정호의 악양루, 남창의 등왕각은 모두가 강남 지방에 있지만, 강북 지방의 가장 아름다운 누각이 바로 봉래각이다.

북송시대 가장 유명한 시인 소동파가 이곳에서 태수로 있으면서, 써 놓은 비석이 있고, 소동파를 모시는 문공사(文公祠)가 봉래각 속에 있다.

특히 삼국시대부터 우리나라와 무역하던 배들이 가장 활발하게 드나들던 항구는 봉래(蓬萊: 당시 등주)와 절강성의 영파(寧波: 당시 명주)이다. 얼마전 고려시대 배가 발견되기도 하였다.

봉래각을 내려오면 척계광(戚繼光) 장군의 석상이 있다. 그의 고향이 바로 이곳이며, 생가 잘 보존되어 있다. 그는 왜구들이 산동성에서 강소성, 절강성, 복건성까지 왜구를 막는데 가장 큰 공헌을 하였고, 절강성 태주시에는 그의 비가 있다.

불로초를 캐러 간 서복(徐福)

진시황 37년(BC210)이 한국과 일본에 불로초(不老草)를 캐러 서복(徐福)이란 사람에 선남선녀 3천명을 보낸 곳이다. 이곳에 서복이란 마을도 나온다.

일본 구주(九州: 규슈) 지방 좌하(佐賀: 사가)현 금립(金立: 긴류)지방의 풍월(風月)이란 고속도로 휴게소가 있다. 이곳에 중국 진나라 진시황이 보낸 서복이 도착한 곳이라는 표지판이 있다.

서복이가 지나간 곳이란 지명이 한국은 물론, 일본에도 많이 있다. 그런데 바로 이곳에 서복이란 마을이 있다. 들어 가보지는 못했지만, 길에서 화살표만 보았다.

연대시에 골프장 시설이 많고 남산 골프장은 무려 225홀이 있으며, 서울에 사무실까지 두고 있다. 회사 직원인 최옥근(崔玉芹) 이사가 전국을 누비며 남산골프장을 선전하고 있는 것을 본 적이 있다.

그룹에서 운영하는 종교문화원에 불교사원이 있다. 남산대불은 무게가 380톤이나 되며, 조그만 부처가 9,999개 대불이 하나 모두 1만개의 부처가 있는 곳이다.

서하(棲霞)시에 있는 애산(艾山) 온천은 아주 좋은 곳으로 남녀가 함께 온천을 할 수 있는 노천탕이 있다. 이곳은 학봉리국장의 고향이기도 하여, 음식 준비를 잘 했는데, 우리나라 꼬리곰탕이나 군만두는 우리와 똑 같았다.

제(齊)나라의 수도 치박(淄博: 쯔뽀)

영성, 위해, 연대, 청도에서 제남(濟南)으로 가기 위해 고속도로를 따라가면 치박이 나오는데 치박을 가기 전에 유방(濰坊), 청주

(靑州)라는 지명이 나온다.

치박은 옛날 제나라의 수도이다. 제나라는 강태공이 세운 나라로 치박엔 당시의 유적들이 많이 있는데, 고차(古車)박물관, 순마갱(殉馬坑), 강태공 사당, 포송령의 요재원, 관중 사당, 축구 박물관이 있다.

고차박물관은 제남과 청도간 고속도로를 건설하다 발견된 곳으로 수레와 말들이 많이 묻혀 있는데, 지하에 기념관을 만들고, 그 위로 고속도로에 자동차가 달리고 있다. 순마갱은 아직 관광지로 개발은 덜 되었으나, 고차박물관과 달리 이곳에는 말만 600여마리 순장되어 있다.

치박에 가장 중요한 것은 강태공의 의관총(衣冠塚)이 있다. 강태

낚시의 대명사 강태공

공은 주나라의 제후국인 제나라를 건국하고, 다시 주나라에서 정사를 보았기 때문에, 이곳엔 의관 등 유물만 묻혀있다.

강태공은 주나라 문왕과 무왕을 도와 은나라를 멸망시키고 제나라를 세운 인물이다. 당시 인물 중에 우리에게 많이 알려진 인물이 백이숙제이다.

백이와 숙제는 고죽국 왕의 아들인데, 그들의 아버지는 아우인 숙제에게 후사를 잇게 할 작정이었다. 그러나 아버지가 죽자, 숙제는 왕위를 형 백이에게 양보하려고 했다.

그러자 백이는 '아버지의 명령이다'라면서 밖으로 달아나 버렸고, 숙제 또한 왕위에 오르려 하지 않고 떠나버렸다. 고죽국 사람들은 할 수 없이 둘째 아들을 왕으로 세웠다.

이 때 백이와 숙제는 주나라 문왕(文王)이 늙은이를 잘 모신다는 소문을 듣고 그를 찾아가서 몸을 맡기려고 했으나, 그들이 주나라에 이르렀을 때, 문왕은 이미 죽고 없었으며, 그의 아들 무왕(武王)은 나무로 만든 아버지의 위패를 수레에 싣고 동쪽으로 은나라 주왕(紂王)을 치려했다.

백이와 숙제는 무왕의 말고삐를 붙잡고 간언하기를 "아버지가 돌아가셨는데 장례도 치르지 않고 바로 전쟁을 일으키는 것을 효라고 할 수 있습니까? 신하가 군주를 죽이는 것을 인(仁)이라 할 수 있습니까?"

그러자 무왕 곁에 있던 신하들이 무기로 그들의 목을 베려 하자, 강태공이 그들은 두둔하며 말했다. "이들은 의로운 사람들이다." 이에 그들을 보호하여 돌려보냈다.

그 뒤 무왕이 은나라를 평정하니, 천하 제후들은 주나라를 종주(宗主)로 삼았다. 그러나 백이와 숙제만은 주나라의 백성이 되는 것을 부끄럽게 여겨, 지조를 지켜 주나라 곡식을 먹지 않고, 수양산으로 들어가 고사리를 뜯어먹으며 살았다.

우리나라에 백이와 숙제는 지조있는 사람으로 알려져 조선 세조 때 사륙신의 하나인 성삼문은 그의 시조에서 백이숙제는 고사리를 먹었지만, 그는 풀 한 포기도 먹지 않겠다는 글이 나온다.

> 수양산 바라보며, 이제(夷齊)를 한(恨)하노라
> 주려 죽을지들 채미(採薇)도 하난것가
> 비록애 푸새엣것인들 그 뉘 따헤 났다니

치박시에 볼만한 곳은 강태공사당, 관중사당과 포송령의 고향이다. 매년 강태공 사당 앞에서 제문화축제를 열고 있다. 2005년 9월 강태공 탄생 3,144 주년 축제를 하였다.

중국에 있는 강태공 후손은 물론 한국, 대만, 동남아 등 각국에서 600여명이 참석하고 있다. 아직까지는 치박시가 잘 알려지지 않고 있으나, 조영생 국장이 각국을 돌아다니며, 제문화축제를 알리고 있었다.

강태공의 사당에는 중앙에 강태공, 왼쪽에 그의 아들 정공, 오른 쪽에 제나라시대 가장 뛰어난 환공(桓公)이 나란히 있다.

강태공의 셋째 아들이 목공(穆公)이 구(丘)씨로 바꾸었기 때문에, 사당 내에 목공의 사당도 있다. 한국의 구씨들도 목공 사당에 비석이 만들어 있다. 강태공의 8대에 이르러 노(盧)씨로 바뀌어 전 노태우 대통령도 강태공 사당에 방문한 적이 있다.

관포지교로 유명한 관중 사당

관포지교(管鮑之交)로 유명한 관중(管仲) 사당이 있다. 관중은 제나라 정치가. 이름은 이오(夷吾)이다. 관중과 포숙아의 평생 우정은 관포지교라 하여 오늘날까지 모범이 되고 있다. 고기·소금 등 자원을 이용하여 상공(商工)을 보호했고, 적절한 물가 정책을 시행하였으며, 부국강병의 기틀을 세워 환공의 패업(覇業)을 크게 도왔다.

사기(史記)나 관안열전(管晏列伝)에 의하면 중국 제나라의 관중과 포숙은 어릴 때부터 친구였다. 그들이 함께 장사를 할 때 가난한 관중은 출자금을 조금만 냈지만, 포숙은 이익을 똑같이 나누며 '관중은 집이 가난해서 그렇다'고 이해하였다.

함께 싸움터에 나아가서는 관중이 쳐들어갈 때는 뒤처지고 도망칠 때에는 앞장서서 비웃음을 받자, 포숙은 '관중이 죽음을 두려워하는 것은 늙은 어머니를 봉양하기 때문'이라고 했다. 관중은 '나를 낳으신 분은 부모이지만, 나를 알아주는 사람은 포숙'이라고 말하였다.

뒤에 관중과 포숙은 희공(僖公)의 신하가 되어 관중은 공자 규(糾)를 섬기고 포숙은 공자 소백(少白)을 섬겼다. 희공이 죽고 맏아들 제아(諸兒)가 뒤를 이어 양공(襄公)이 되었다. 뒤에 양공이 죽고 소백이 왕위에 올라 환공(桓公)이 되어 포숙을 재상으로 삼으려 하자, 포숙은 관중을 추대하여 재상이 되게 하고 둘이 국정을 다스렸다.

요재지이로 유명한 포송령(蒲松齡)

포송령의 요재원은 청나라 시대 문학가인 포송령은 치박시 치천구 출신이다. 요재원은 아름다운 정원으로 그의 호인 유천(柳泉)이란 호수가 있다. 정원에는 소죽림(小竹林)이 있고, 만정사(滿井寺)라는 절이 있다.

여우와 선녀가 만난다는 줄거리가 있어 그런지 호선원(狐仙園)에 그의 저서들이 많이 진열되어 있다. 양자강의 풍도에 귀신성이 있듯이 이곳에 그의 작품을 인용한 귀신집이 있다.

정원 한 귀퉁이에 그의 묘에 나무로 우거져 있으며, 비석이 있다. 그는 19세 때 현의 시험에 수석으로 급제, 시인 시윤장(施潤章)에게 인정받아 문명을 떨쳤으나, 그 뒤의 향시(鄕試)에는 여러 번 낙방, 72세 때 공생(貢生)이 되었을 뿐 일생은 불우하였다.

33세부터 38년간 세도가의 집에서 교사로 있으며 독서와 창작에 힘썼다. 단편소설집 요재지이(聊齋志異)는 문어체 괴이소설집(怪異小說集)으로 유명하다.

445편을 수록한 이 판본 계통의 16권본이 여러 판본 가운데에서도 가장 많이 유포되었는데, 지금은 500편 이상을 수록한 좋은 판본이 있다.

축구의 시발지 치박

치박에는 요즈음 축구의 시발지로 인정을 받아 축구박물관이 2005년 9월에 문을 열었다. 1층과 2층으로 구별되어 있으며, 축구 역사박물관이다.

치박은 이외에도 8천년 전부터 도자기가 발달된 곳으로 도자기 박물관도 유명하다. 각국의 대통령들이 도자기에 새겨져 있는데, 전 김대중 대통령이나 미국의 클린턴 대통령의 도자기도 있다.

청주에도 제나라가 있었다

고속도로를 타고 가면 청주(靑州)라는 곳이 나온다. KBS역사스페셜에 나오기도 했던 곳이다. 강태공의 제나라가 아닌 제나라가 약 55년간 존속했던 곳이다.

청주의 제나라는 고구려 유민인 이정기(李正己)가 세운 나라이다. 그는 지금의 조양(朝陽)인 영주(營州)에서 태어났다. 안록산의 난을 진압하라는 명령을 받고 절도사로 영주에서 산동성 등주(登州)에 와 765년에 제나라를 세웠다.

이정기는 779년에 청주에서 운주로 수도를 옮겨 강력한 군대와 경제권을 장악하고 있었으나, 786년 악성 종양으로 그가 사망하자, 아들 이납(李納)이 정권을 이어 갔으며, 이사고(李師古), 이사도(李師道) 등으로 이어지는 4대에 걸쳐 55년간 산동반도 전체를 통치했다. 그 기록이 '신구당서(唐書)'와 '자치통감(自治通鑑)' 등에 나타난다.

산동성의 성도인 제남(濟南: 지난)

제남은 산동성의 수도이지만, 청도보다 번화한 도시는 아니다. 제남은 용산문화의 발상지로 춘추시대 발해만으로 흐르는 제수(濟水)의 남쪽에 있다하여 제남으로 불리게 되었다.

시내 중심의 천성광장에는 38m의 아름다운 분수대가 있고, 조각이 샘처럼 만들어져 있다. 천불산에 오르면 제남 시가지를 한눈에 볼 수 있고, 맑은 날에는 멀리 황하도 보인다.

제남에서 가 볼만한 곳은 대명호와 표돌천이다. 많은 샘물이 유입되어 형성된 대명호는 청나라 건륭황제가 많이 찾은 곳이다. '황제의 딸'이라는 드라마에 나오는 황제의 딸인 자미(紫薇)가 태어난 곳으로 유명하다.

산동성에는 일성일산일천(一聖一山一泉)이 있다. 일성은 공자, 일산은 태산, 일천은 표돌천을 나타낸다. 표돌천은 춘추시대에 표수라고 불렀던 유명한 샘이다. 매초 1,600리터의 물을 뿜어내고 있는데 천하제일천(天下第一泉)이라는 건륭황제가 세워둔 비석이 함께 있다.

표돌천에서 뿜어나오는 물을 보면 정말 천하제일천이라는 생각이 든다. 물이 솟구치는 곳이 3곳이 있는데 원내에 북송(北宋) 말기의 대시인 이청조(李淸照)의 기념당이 있다.

제남의 산동성 박물관은 황하문명의 5천년을 볼 수 있는 곳이다. 황토를 끌어들여 거침없이 흐르는 모습이 웅대한데 강폭이 넓으며 부근에 부교(浮橋)가 있다. 산동성은 한국인 관광객들을 성심성의껏 대하고 있다. 이덕명 국장이나 왕원생 부국장등이 관광객들에게 따뜻한 정성을 보이고 있는 것이다.

하늘아래 있는 태산(泰山)이 있는 태안(泰安)

태안은 우리가 늘 말하는 국태민안(國泰民安)의 줄인 말이다. 호텔에서 고근 부국장과 만나 태안에 대한 이야기를 나누던 중 두보의 망악(望岳)이란 시가 있어 중국어로 읊어보니 그녀가 깜짝 놀랐다.

더구나 한자(漢字)로 쓰니 더욱 놀라, 그녀가 갖고 다니는 공책에 망악이란 시를 써 주었다. 기념으로 생각한다는 것이다.

태안시내에 천평호(天平湖)라는 호수가 있는데 깨끗하고 아름다웠다. 호수 둑에는 커다란 공원을 만들었고, 태산과 닮은 거대한 돌이 세워져 있다.

그 돌에는 전면에 나 아(我)자 모양이 뚜렷하게 보이고, 뒷면에는 태산의 신을 나타내는 모양이 새겨져 있다.

태산이 높다하되 하늘 아래 뫼이로다.
오르고 또 오르면 못 오를 리 없건마는
사람이 제 아니 오르고 뫼만 높다 하더라

양사언이 읊은 이 시조에 나오는 '태산'이 바로 중국에 있는 태산이다. 태산은 중국의 오악(五岳) 중에서 가장 중요시하는 산이다. 위대한 인물은 태두(泰斗)라 하는데, 태산과 부두칠성이 같다하여 첫 글자만 따 태두라 한 것이다.

태산을 올라가면 마음이 넓어지고, 용기가 솟는다고 한다. 공자가 태산에 올라 지은 글이 있다.

"등동산이소로(登東山而小魯)하고, 등태산이 소천하(登泰山而 小天下)라" 동산에 올라보니 노나라가 좁은 줄을 알고, 태산에 올라보니 천하가 좁은 줄은 알았다는 내용이다.

태산에 오르면 천하가 좁다는 것을 안다는 것은 지금까지 세상을 너무 좁은 마음으로 살았다는 것이다. 당나라 시인 두보(杜甫)도 태산에 올라 지은 망악(望岳)이라 시가 있다.

태산은 어찌 하여,
제나라와 노나라가 푸른 빛이 이어졌는가.
조물주의 신비스러움을 여기에 다 모았고
응달과 양달, 어둡고 밝음이 생겼구나
층층이 피어나는 구름에 가슴을 열어젖히고
눈을 크게 떠 날아가는 새를 뚫어지게 바라보노라
모름지기 태산 꼭대기에 올라보니
모든 산들이 작음을 알겠노라

망악(望岳)

岱宗夫如何　齊魯青末了　造化鍾神秀　陰陽割昏曉
盪胸生層雲　決제入歸鳥　會當凌絕頂　一覽衆山小

태산을 올라가는 코스가 몇 개 있는데, 중천문에서 케이블카를 이용하여 올라가는 것이 가장 아름답다. 그리고 남천문과 도화원에서 올라가는 세 가지 방법이 있다.

만일 케이블카를 이용하지 않고 6,666(또는 7,412)개 계단을 이용하여 올라간다는 것은 참으로 힘든 일이다. 그런데 짐꾼들은 많은 양의 짐을 지고 꼭대기까지 한 번도 쉬지 않고 올라간다. 만일 중간에서 쉬면 힘이 많이 들어 쉬지 않고 올라간다고 한다.

태산 정상에서

태산의 높이는 1,545m에 불과하다. 그런데 왜 태산을 높은 산으로 생각하는가? 평평한 평지 위에 바로 태산이 우뚝 솟아 있고, 바위산으로 험하게 생겼기 때문에 높게 보일 뿐만 아니라, 오르기 힘든 산이기 때문이다.

태산은 과거 황제들이 하늘에 제사를 지낸 곳으로 중국 명물 중의 하나였다. 황제가 천하태평을 지상에서 실현되기를 신에게 비는 의식을 봉선(封禪)이라 한다. 그래서 덕망이 있는 황제에게

만 허락되었는데 진나라의 시황제, 한나라의 무제, 당나라의 현종, 청나라의 강희황제를 위시하여 72명만이 봉선을 했다.

이렇듯 태산은 사람의 영혼이 깃든 신성한 장소로서 예로부터 사람들의 공경을 받아 왔다. 등산 도중 태산의 도교사원에 참배하러 가는 나이든 사람들을 자주 볼 수 있는 것도 이 때문이다.

일반 관광객들은 케이블카를 이용하여 쉽게 올라갈 수 있지만, 여유 있는 중국인들은 9km나 되는 돌계단을 밟으면서 정상에 오른다.

중천문에서 왼쪽으로 조금 내려가 완만한 돌계단을 오르면 운보교(雲步橋)가 나온다. 운보교를 지나 왼쪽의 영객송(迎客松)을 옆으로 끼고 돌계단을 밟고 가다보면 오대부송(五大夫松)이 있는 오송정에 도착한다.

옛날 진시황이 봉선을 위해 산에 오르던 중에 큰 폭풍우를 만나 이 소나무 아래서 비를 피했다 한다. 진시황은 이 소나무에게 오대부 작위를 주었고, 지금 남아 있는 3그루는 청나라 옹정황제가 1730년에 다시 심은 것으로 전해진다.

태산의 정상에는 태산의 신을 모신 천황전이 있다. 북경의 자금성, 곡부의 대성전과 더불어 중국 3대 건축의 하나다. 올라가면서 황제나 유명인들의 글씨를 볼 수 있고, 오악독존(五岳獨尊)이란 글씨가 있으며, 두보의 '조화종신수(造化鍾神秀)'와 '일람중산소(一覽衆山小)'의 글씨도 있다.

이외에도 '만대첨앙(萬大瞻仰)' '웅치천동(雄峙天東)' '태산관해(泰山觀海)' 등의 글씨와 이붕, 주은래의 부인인 등영초 등의 글씨들이 보인다.

태산에 비유한 말이 많다. 티끌 모아 태산(塵合泰山)이나, 태산명동서일필(泰山鳴動鼠一匹) 태산에서 요란한 소리가 나서 가보니 쥐 한 마리라, 요란스러워 가보니 아무 것 아니라는 것도 있다. 그런데 이곳에서 물어보니 전혀 모르고 있었다. 이것은 아마도 우리의 속담인 모양이다.

공자의 고향 곡부(曲阜: 취푸)

곡부는 제녕(濟寧)시에 속하는 현급시다. 치박이나 태안보다 낮은 시이다. 공자는 은나라 왕족의 혈통을 이어 춘추시대 말기에 태어났다. 아버지의 성은 숙량(叔梁), 이름은 흘(紇)이며 어머니는 안씨(顔氏) 집안이다.

공자의 아버지는 제나라와 싸움에서 공을 세운 부장(部將)이었으나, 공자가 세 살 때 세상을 떠나 공자는 빈곤 속에서 자랐다.

곡부는 중국의 문화적 고성으로 주나라 때 노나라의 도읍이었다. 공자는 BC 552년에 태어나 74세를 일기로 세상을 떠났지만, 중국은 물론 우리나라에도 많은 영향을 끼쳤다.

BC 5백년 경부터 공자의 혈통이 계속 이어져 자손들이 곡부 시내의 1/5을 차지하고 있다. 공자를 모시고 있는 공묘(孔廟), 공자의 후손들이 살았던 공부(孔府), 공자의 후손만이 묻힐 수 있는 공림(孔林)을 가리켜 3공이라 부른다.

공묘의 대성전은 북경의 자금성, 태산의 대묘와 더불어 중국의

3대 궁전 건축양식이다. 방이 466개나 있는 거대한 규모로 공묘는 금성옥진(金聲玉振)에서 13비정(碑亭)까지의 전원과 대성문(大成門)에서 성적전(聖跡殿) 까지를 후원으로 나뉜다.

공자가 공부를 가르쳤던 행단(杏壇)이 나온다. 대성전에 생민미유(生民未有)이란 글씨가 있다. 아직까지 공자와 같은 성인은 태어나지 않았다는 글이다.

진시황이 분서갱유로 모든 경서를 없앨 때, 공자의 8대 후손이 벽에 감추고 흙을 발라버린 후, 나중에 발견되었던 노벽(魯壁)이 있고, 공자가 마셨다는 우물이 아직도 있다.

중국 어디서나 볼 수 있듯이 반으로 동강난 비를 붙여 놓은 것을 이곳서도 볼 수 있다. 이것은 문화대혁명 때 입은 상처의 흔적으로 보아야 할 것이다. 다만 행단에 있는 비석에 당(黨)자가 있어 그것만은 부수지 않았다고 한다.

청나라 건륭황제는 이곳을 8번이나 방문하여, 그의 딸을 공씨 가문으로 시집을 보내기도 했다. 청나라 고전극 '도화선(桃花扇)'의 작가인 공상임(孔尙任)이 그의 사위이다.

공자의 후손들이 살았다는 공부는 성부(聖府)라고 적혀 있다. 정문을 들어가면 중광문(重光門)이 나온다. 이 문은 황제만이 들어갈 수 있는 문이어서 강택민은 들어갔어도, 주용기는 들어가지 못했다고 한다.

서태후도 이곳을 들렸다 간 적이 있는데 그녀가 써놓은 수(壽)자가 있다. 공부에 남녀의 구별이 엄격하여, 여자들이 사는 곳은 남자들이 못 들어가, 물을 길러줄 때도 물은 밖에서 부으면 안에서 받아쓸 수 있도록 되어 있다.

중국의 10대 명주에 속하는 공부가주가 공씨 가문에서 만들어 내는 술로 후손들이 돈을 벌어 가문을 빛낸다고 한다.

공림은 공자의 후손들이 묻혀 있는 공동묘지라고 할 수 있다. 공씨가 아니면 들어갈 수 없는 곳으로 세계 제일의 가족묘지이다. 약 10만기가 있으며, 면적이 20ha에 달한다.

공자의 묘에는 황금색의 전서로 대성지성문선왕묘(大成至聖文宣王墓)라 쓰여 있다. 명나라 시기인 1444년에 건립되었는데, 여기에 특이한 것은 왕(王)자가 밖에서 보면 간(干)자만 보인다. 이는 황제가 참배할 때 왕(王)자가 보이면 안 되기 때문에 간(干)자만 보이고 자세히 보면, 길게 쓴 간(干) 밑에 한 일(一)자가 붙어 있다.

묘 바로 왼쪽의 작은 집은 공자의 제자인 자공(子貢)이 시묘 살이 6년간 하면서 살았던 곳이다. 묘 동쪽에 있는 세 개의 정자는 송나라 진종(眞宗), 청나라 강희제와 건륭제가 공자의 묘를 참배할 때 쉬어 간 곳이다.

한나라 시대 이후 황제들은 모두 공자를 존경하여 공자의 자손은 동등한 지위를 받았다. 송나라시대부터는 공자의 자손에게 연성공(衍聖公)이라는 작위가 주어졌다.

곡부에서 25km 떨어진 곳에 맹자의 고향인 추현(鄒縣)에도 공자의 것과 마찬가지인 맹자의 맹묘, 맹부, 맹림 등이 있다. 공자를 지성(至聖)으로 맹자(孟子)를 아성(亞聖)으로 부르지만 공자의 명성에 빛을 제대로 발휘하지 못하고 있다.

공자 후손 전 세계에 300만 명

10세기 초, 공자 집안에 변고가 발생했다. 42세 손 공광사(孔匡嗣)가 공자의 무덤을 지키던 묘지기 공말(孔末)에게 죽임을 당했다.

공말은 적손 자리를 노려 이런 범행을 저질렀다. 그는 43세 손 공인옥(孔仁玉)마저 죽이려 했으나, 다른 아이를 죽이고 말았다. 가까스로 목숨을 지킨 공인옥은 훗날 후당(後唐) 명종(明宗) 때 이 사연을 조정에 고해 잘못을 바로잡았다.

이렇게 명맥을 이어온 공자의 후손이 공자 탄생 2556주년(2005)을 맞아 전 세계에 걸쳐 300만 명 이상으로 집계됐다. '공자족보연구센터'의 공덕명(孔德銘) 부주임이 집안 족보들을 조사해 통계를 낸 것이다.

공자의 후손 중 250만 명은 중국에 살고 나머지는 홍콩. 대만 등지에 흩어져 산다. 중화권 바깥에선 한국에 후예가 가장 많다.

그 다음이 미국, 말레이시아, 싱가포르 순이다. 공자 집안은 1996년부터 대만에서 거주하는 77세 적손 공덕성(孔德成)의 동의에 따라 족보 재편찬 사업을 벌이고 있다. 2007년 출간한다는 목표다.

중국의 맹주를 노리는 광주(廣州: 광저우)

광주 사람들은 다른 지역에 비해 부유하기 때문에 우리 비행기를 타고 미국으로 가는 사람이 많다.

광주는 광동성(廣東省)의 성도이다. 인구 1,000만명이 넘는 도시로 중국의 5대 도시에 속한다. 항공편 발달은 북경과 상해에 이어 세 번째이다.

광주지방은 홍콩이나 마카오에서 사용하는 광동어를 사용하고 있다. 광동어는 북경어와는 전연 다른 말이며 통역이 있어야 가능한 말이다.

새로운 백운공항은 시내로부터 30km에 위치한 공항으로 아시아에서 가장 큰 공항이라 할 수 있다. 광주에 들어서면 가장 시원하게 있는 것이 주강(珠江)이다.

주강 유람은 중국에서 가장 아름다운 곳이다. 양자강의 중경의 유람보다 물결이 빠르지 않으며, 무한이나 남경보다 넓지 않으며, 상해보다 흔들리지 않는 중국에서 제일가는 선상 유람이라 할 수 있는 곳이다.

특급호텔인 백천아호텔은 주강의 양 갈래의 한 중앙에 있어, 경치를 맛볼 수 있을 뿐만 아니라, 강 건너에 '나는 어머니의 강, 주강을 사랑한다'는 글자가 크게 적혀 있는 것을 알 수 있다. 그런 것을 보면 광주사람들이 얼마나 주강을 사랑하고 있는지 알 수 있다.

시내의 황화강공원(黃花崗公園)은 청나라를 멸망시키고, 중화민국을 건설하기 위해 죽은 72명을 기리기 위한 공원으로 손문 선

손문 선생의 생가에서

생의 글이 있다. 중산기념당은 중국의 국부 손문을 기리기 위한 건물로 앞에는 천하위공(天下爲公: 천하의 모든 것은 황제를 위한 것이 아니라, 모든 백성을 위해야 한다)라는 글이 적혀 있다.

손문은 원래 향산현에서 태어났다. 지금은 손문의 호를 따 중산시로 바뀌었다. 기념당은 100년이 넘었는데 중앙에 기둥 하나 없는 대강당으로 되어 있으며, 시내 중앙에 위치한다.

시내에 있는 월수공원(越秀公園)은 광주시의 대표적인 공원이다. 공원의 대표적인 건축물은 오양석상(五羊石像)과 진해루(鎭海樓)가 있다. 오양석상은 양이 다섯 마리 석상인데, 양들이 벼이삭을 물고 있다.

옛날에 광주는 벼가 없었는데 하늘에서 양 다섯 마리와 벼를 내려보내 그 뒤부터 잘 살게 되어 그 기념으로 조각상을 만들었다. 그래서 광주를 나타내는 글자는 수(穗:이삭 수)자이다.

그런데 2001년 8월에 벼락을 맞아 제일 큰 양의 뿔이 떨러져 시민들이 무슨 사고가 일어나지 않을까 걱정했는데, 광주에는 별다른 사고가 없고, 뉴욕의 세계무역센터가 폭파되었다고 한다.

진해루는 영국군들이 쳐들어 올 때 방어하는 곳으로 대포를 둔 곳이다. 우리나라 강화도와 같이 대포는 있지만 서양 무기를 따라갈 수 없을 정도로 만든 대포이기 때문에 전쟁에 졌다고 한다. 진해루에서 내려다보면 시내의 아름다움을 만끽할 수 있는 곳이다.

광주시내 특급호텔인 중국대주점이 있다. 객실이 무려 700여 개에 이르는 고급호텔이다. 이 호텔을 건립하기 위해 땅을 팠는데 남월국(南越國) 시대의 왕의 묘가 발견되었다.

남월왕 박물관에 부장품들이 많이 전시되어 있고, 아직도 계속 증축중이며, 큰 묘역임을 알 수 있다. 주강을 따라 가면서 손문 선생이 세웠던 중산대학 북문광장도 볼 수 있는데, 아름답게 꾸며져 있다.

중화민국시대 총통부로 있던 손중산 대원수부 유적지가 있다. 광주는 손문 선생이 태어난 곳이 가깝기 때문이기도 하지만 대만이나 중국 모두가 국부로 모시는 분이라 유적이 많은 곳이다.

시내에 진씨서원(陳氏書院)이 있다. 광주시내에서 가장 볼 만한 곳이다. 이곳은 광동성에 살고 있었던 광동진씨들이 청나라시기에 지은 곳으로 진씨 후손들은 이곳에서 공부를 하여 과거에 급제할 수 있도록 도와준 곳이기도 한데, 조각 작품들이 궁궐에 있는 것과 같을 정도로 정교하다.

전남 해남에 임진왜란 때 우리를 도와준 진린(陳璘) 장군의 후

광저우시의 랜드마크 오양석상

손들인 광동진씨들이 살고 있다. 그래서 진린의 고향인 광동성 옹원(翁源)현과 해남군이 자매결연을 맺고 있다.

광주시내에서 야간에 볼만한 거리는 상하구 보행거리다. 이곳은 약 2km의 거리로 화려하게 꾸며진 곳으로 어느 누구나 갈 수 있는 곳이다. 광주는 상해 심천과 더불어 중국을 이끌어 가는 최대의 도시임에는 틀림없는 곳이다.

광주예술박물관은 광주에서 가장 큰 문화예술회관이라고 보아야 한다. 1층부터 서예, 그림 등 각양각색의 문화가 전시되어 있을 뿐만 아니라, 다양한 볼거리를 제공하고, 먹을거리 역시 제공되고 있는 곳이다.

광주시의 특이한 점은 다른 지역은 우리 동포들이 통역을 많이 나오는데, 이곳은 북한 출신의 화교들이 많음을 알 수 있다. 그래서 그들에게 북한에서 왔다고 괄시하지 않던가 물어보니, 전연 그런 대접은 받지 않았다고 말한다.

과연 우리나라에 살고 있는 중국에서 온 동포들에게 중국인들과 같이 따뜻한 대접을 해 주고 있는지 우리도 생각해 볼 일이다.

광주시의 가장 볼만한 곳은 번우구다. 번우구의 인구는 100만을 넘은 도시이다. 번우구의 구청이 우리나라 광역시 시청보다 좋게 지어져 있다. 주용기가 총리시절 청사를 보고, '중국에는 굶는 사람도 많은데 청사를 너무 좋게 지었다'고 말했다 한다.

번우구는 음악가 선성해(冼星海)의 할아버지 고향으로, 그는 마카오에서 태어나 말레이시아에 살다 중국의 어려움을 알고 중국에 돌아와 유명한 '황하대합창'을 남겼다.

관세음보살상의 연화산

연화산은 옛날부터 채석을 한자리인데, 채석하는 과정에서 아름다운 절벽으로 만든 천하의 절경이 있다. 어떻게 채석을 했으며, 이러한 예술품이 나왔는가를 알 수 없다. 채석을 하고 나니 이곳이 연꽃 모양이라 연화산(蓮花山)이라 불렀다. 그 곳에 대웅전을 짓고, 관세음보살상을 만들었는데, 금으로 전체가 도색 되어 있고, 주변에 골프장과 특급호텔이 있다.

여음산방은 광동성의 4대 정원으로 되어 있다. 규모는 소주의 졸정원이나 유원에 비해 작지만 꾸며 놓은 것을 보면, 상해의 예원과 같은 중국 남방의 정원의 대표라 불릴 정도다.

향강 야생동물세계는 아프리카를 옮겨 놓은 것과 같이 꾸며진 동물원이다. 이곳이 특이 한 점은 야간에 구경거리가 좋다. 분수쇼, 돌고래쇼, 야간 수상쇼, 코끼리쇼등 다채롭게 할 뿐만 아니라, 러시아 서커스를 하는 곳이다.

탁월한 광동인의 상술

상인(商人)이란 말이 있다. 원래 상인이란 상(商)나라 사람을 말한다. 상나라는 은(殷)나라를 말한다. 은나라가 주(周)나라에 망하고, 그들이 중국 전역을 돌아다니면서 장사를 하였다. 그래서 주나라 사람들이 저기 상인이 온다라고 해서 생긴 말이다.

중국인들은 장사에 탁월하다는 누구나 잘 알고 있는 사실이다. 그들은 '사업은 인생의 소금이다.'라는 말을 명심하고 산다. 그리고 '상인은 조국이 없다'고 생각하며 장사는 무엇이든지 팔아먹을 수 있고, 어느 나라 사람에게 팔아먹을 수 있다는 생각을 갖는다. 그들의 생활 철학은 '형제(兄弟)처럼 살고, 모르는 사람처럼 장사하라.'이다.

해외를 돌아다니면 물건을 사는 습성이 한국, 일본, 중국이 다른 생각을 한다. 일본인은 일제인가 아닌가를 따지며 사고, 중국인은 중국 사람이 장사하는가 하지 않는가를 따지고, 우리는 한국인이 경영하는 상회에 가면 '저놈이 우리에게 바가지 씌우지 않나? 하는 생각을 갖고 있기 때문에 가지 않는다. 그러나 요즈음은 많이 바뀌지고 있는 것도 사실이다.

중국인이 대단한 장사꾼이라는 데에 이의를 다는 사람은 별로 없다. 중국을 경험한 외국인들은 하나같이 중국인의 단점으로 사기성, 협박성, 교활성, 능수능란한 거짓말 등을 든다.

그러나 이러한 요소들은 위대한 상인이 되기 위해서는 반드시 갖추어야 할 덕목들이다. 물론 중국 상인 하면 신용과 의리라는 것도 틀림없다.

중국에서의 상업은 엄청난 유교문화의 무게에 눌려 장사꾼 취급을 받을 수밖에 없었다. 서방에서는 중상주의가 대두되고 산업혁명을 거쳐서 자본주의가 그 결실을 나누어 먹을 때도, 공산혁명 중의 중국에서 상인들은 민족자본을 팔아먹는 매판자본가의 이름표를 목에 걸고 형장으로 향해야만 했다.

지금 중국에서 한창인 개혁과 개방은 수 십년 전의 시각으로 보면 합작형식을 빌려 외국자본가와 손을 잡은 매판자본가의 대량생산에 지나지 않을지도 모른다. 하지만 중국인의 피에 살아 숨쉬고 있는 탁월한 상업성을 발휘할 기회를 제공한 것에 불과하다.

세계 각지에서 번창하는 차이나타운을 보면 중국인들만의 특유한 상술을 직접 체험할 수 있다. 중국인들은 차이나타운을 당나라 사람들의 거리라는 뜻의 당인가(唐人街)로 부르는데 이는 가장 풍성한 문화와 경제를 향유했던 당나라 시절을 그리워해서다.

미국의 어느 경제학자가 이야기한 대로 만약 중국이란 거대한 나라가 자본주의 국가였다면 이미 세계의 절반은 차이나타운이 되었을 것이라는 지적이 맞는 것 같다.

중국 최고의 경쟁력 도시 심천(深圳: 선쩐)

우리나라에서 심천까지 직항노선이 생겼다. 전에는 홍콩이나 광주를 통해서 들어 갈 수 있었는데, 홍콩에서 들어가는 것이 훨씬 편하였다. 홍콩 첵랍콕공항에서 심천의 사구항구까지 30분이면 달릴 수 있는 배가 다닌다.

홍콩 구룡(九龍)역에서 출발하여 홍콩의 끝인 나호(羅湖)역에서 내려 입국수속만 하면 된다. 홍콩과 심천의 경계는 조그만 도랑이 하나 있는데, 홍콩 쪽에 철조망이 둘러져 있다. 워낙 사람들이 많이 다니기 때문에 초심자는 힘이 든다.

지금은 심천을 '선전'으로 표시하지만, 우리 음은 '심수'인데 국무회의에서 '심천'으로 고쳐 부르자고 가결을 한 곳이다. 그래서 처음 심천에 들어가면 동포들이 전부 심수라고 불렀지만 지금은 심천으로 부른다. 심천의 중국어 발음은 '선쩐'이지만, 우리나라 언론에서는 '선전'으로 표기하고 있다.

금수중화(錦繡中華)

우리나라는 금수강산이라 말한다. 그리고 중국은 금수중화(錦繡中華)라 부른다. 중국의 관광 명소 모형을 모아 놓은 테마 공원으로 광대한 부지 내에 만들어 놓은 곳이다. 중국을 다 구경할 수 없기 때문에 이곳만 와도 전체를 관람할 수 있다. 북경의 만리장성, 계림의 이강, 항주의 서호, 운강석굴 등이 있다. 이 모든 것을 조그맣게 만들어 두었다.

중국 소수민족의 생활 모습을 알 수 있다. 56개 민족의 모든 건물을 만들어 놓고 있다. 우리나라 건물도 만들어져 있다. 한국풍보다는 연변의 풍을 만들어졌다.

중국에서 가장 웅장하고 볼만한 곳은 민속촌에서 거행하는 소수민족의 경연이다. 약 600여명의 각 민족들이 나와 공연하는데 웅장함은 이루 말할 수 없고, 호화찬란하다. 이것을 보고 감탄하지 않은 사람이 없으며, 중국이 무서운 나라라는 것을 알 수 있는 공연이다.

심천은 중국을 대표하는 개혁 개방의 산물이다. 인구 5만명에 불과한 조그만 어촌이 지금은 무려 500만명이 넘는 중국 최대의 번화한 도시로 발전했다. 홍콩과 연결이 되어 있기 때문에 경계선만 없애면 완전히 홍콩이나 마찬가지다. .

박물관에 가 보면 심천의 변화하는 모습을 사진으로 잘 보여주고 있으며, 발전의 그래프를 보면 홍콩 1위, 싱가포르 2위, 대만 3위, 한국 4위, 심천 5위라고 표시되어 있다.

전원도시 주해(朱海: 주하이)

주해는 마카오와 접경도시이다. 90년 초만 하더라도 여권을 맡기고 당일 관광은 허용되었으나 지금은 마카오에서 자유스럽게 다닐 수 있는 곳이 되었다.

주해에서 바로 옆의 마카오를 저녁에 바라보면 정말 아름답다. 마카오에서 마카오를 바라보는 것보다 주해에서 마카오를 바라보는 것이 아름답다. 시내 구주공원은 가로등이나 가로수가 잘 정돈되어 있다.

북경에 이화원과 같이 아름다운 원명원이 있다. 그것을 본 따 만든 원명신원을 새로 만들었다. 커다란 호수에 섬을 하나 만들었는데, 이 호수를 복해(福海)라 지었다. 주위에 항주 서호에 있는 평호추월, 곡원풍하 같은 것을 아름답게 만든 건물들이 즐비하다.

이곳은 저녁 쇼가 아름답다. 여기 쇼는 청나라 강희황제가 강남에 오는 장면을 꾸민 것이다. 이외에도 몽고족 춤, 방패 춤, 서커스, 말 타고 하는 전쟁 등은 볼만하다. 심양의 청문화 축제 일부를 이곳으로 옮긴 것 같다.

주해는 전원도시로 불릴 만큼 손색이 없는 도시로 주변에 온천과 골프장이 많이 있다. 대만, 홍콩, 일본, 한국인들이 자주 찾는 곳이 되었다.

손문의 고향 중산(中山)

중국의 국부로 알려진 손문 선생은 한국인들에게도 너무 많이 알려진 인물이다. 그의 고향은 원래 향산(香山)이다. 그가 유명해지자 그의 호를 따 중산으로 바뀌진 곳이다.

손문 선생의 고향인 취형촌(翠亨村)은 90년 초부터 주해를 통해 들어갈 수 있었다. 손문 선생의 고가와 기념관이 있다. 집 입구에 들어가면 손문 선생이 가장 아끼는 말 천하위공(天下爲公)이 적혀 있다.

기념관에 들어가면 '세계 조류를 따라가는 것은 나라가 발전하고, 역행하는 것은 망한다(世界潮流 浩浩蕩蕩 順之則昌, 逆之則亡)란 손문 선생의 글이 크게 써 있다.

손문 선생의 부인이 송경령으로만 알고 있는 사람이 많다. 그러나 기념관에 보면 첫 부인은 노모정, 두 번째는 진수분, 세 번째가 송경령이다.

도박의 도시 마카오(澳門: 아오먼)

도박의 도시 마카오지만 그 이름은 엄숙한 전래 신앙과 연결돼 있다. 옛날 중국의 남부 해안지역 사람들은 어선, 또는 상선들이 출항할 때 선원들의 수호여신 아마(阿媽)에게 무사히 항해를 비는 제사를 지냈다.

광동성 주강 삼각주에 이 여신의 사당인 아마신묘(阿媽神廟)가 있었으며 그 줄임말인 마각(媽閣)의 광동어가 "마카오" 였던 것이다.

이 일대의 원지명인 호경오(濠鏡澳)도 이 여신과 관련된 것으로 현재 마카오의 중국 이름인 아오먼(澳門)은 여기서 유래됐다.

마카오가 포르투칼의 식민지가 된 과정은 영국이 대중국 아편 전쟁의 전리품으로 획득한 홍콩과는 다르다. 1513년 포르투갈 범선이 처음으로 주강 어귀에 닻을 내린 이후 마카오는 중국의 묵인 아래 포르투갈의 대중국, 대일본 교역의 중요 거점이 됐다.

이 같은 상황에서 포르투갈은 중국 남부해안에 출몰하던 해적을 소탕하는 공을 세웠는데, 중국 황제는 1557년 그 보답으로 포르투갈인들에게 마카오 영주권을 줬으며 1623년에는 포르투갈 총독에 의한 마카오 통치를 인정했다.

그렇지만 그 후에도 마카오의 주권은 중국에 귀속돼 있었으며 포르투갈 당국은 마카오를 자국의 무역거점으로 사용하는 대가로 매년 500냥의 황금을 지불했다.

그러나 19세기 중국이 유럽열강의 침략 앞에 잇달아 무릎을 꿇는 나약한 모습을 보이면서 포르투갈도 사용료 납입을 거부하는 등 마카오의 주권획득을 도모, 1887년 리스본 조약에 의해 결국 영구 관리권을 확보함으로서 식민지화를 완성시킨 것이다. 그 마카오의 주권이 1999년 12월 20일 중국에 반환됐다.

우리나라 최초의 신부인 김대건 신부는 세인트 폴 성당에 공부하러 왔다. 마카오 시내에 있는 공원의 한적한 곳에 김대건 신부 동상이 세워져 있어 한국인들은 한 번씩 가보아야 할 곳이다.

대한항공 폭파범이었던 김현희가 바로 마카오의 애도호텔에서 묵었던 곳이며, 북한 사람들이 많이 살고 있는 곳이다. 마카오는 인구 50만명 밖에 되지 않은 조그만 도시이다.

마카오는 카지노의 도시라고 보아도 과언이 아니다. 마카오는 세금이 없고, 도박장과 관광객 수입으로 충당하고 있다. 도박장이 여러 개 있다.

마카오의 택시들은 거의가 검정 색으로 되어 있다. 이곳은 도박의 도시이기 때문에 마카오에 들어 와 택시에 오르면서부터 재수가 없도록 만든다는 것이다. 그러나 우리의 자동차는 고급 차일수록 검정 색이다.

마카오 세인트 폴 성당 앞에서

포르투갈 식민지로 있을 때는 총독을 몰라도 스텐리 호만은 알고 있다고 한다. 모든 행사에 총독보다는 이 사람을 초청하기 때문이다.

한국과 중국이 국교가 이루어지기 바로 전부터 한국인들이 마카오를 통해 간혹 들어갔다. 제일 처음은 주해시와 손문이 고향인 중산시를 볼 수가 있었다.

그 뒤부터 주해를 거쳐 심천까지 관광하는 길이 열리다가 국교 수립 후에는 마카오에서 심천까지 바로 가는 배가 있어 이것을 이용하기도 한다. 마카오에는 카지노가 많이 있기 때문에 몸 파는 아가씨들이 많이 있다. 중국에서 넘어 온 아가씨들이라든가, 러시아나 동남아 아가씨들이 즐비하게 서 있다.

세인트 폴 성당

마카오에서 가장 유명한 곳이기 때문에 누구나 한 번은 가 보게 된다. 마카오를 상징하는 곳은 바로 세인트 폴 성당이다.

이 성당은 17세기 초에 이탈리아인 수도사가 천주당을 설계, 공사를 어렵게 진행하고 있던 중에 일본에서 추방된 일본인 천주교인들의 협력으로 완성하였는데, 당시는 동양에서 가장 아름다운 교회로 알려 졌다.

1835년에 태풍으로 화재가 발생하여 건물이 전소되었는데, 앞면만 그대로 남아 있다. 그리고 당시 박해받아 희생된 천주교인들의 뼈가 잘 보관되어 있는데, 조선의 신자들도 있다고 한다.

관음당과 몬테 요새

마카오 시내에 있는 절로 약 400여년 되었다. 관음당내에 약 200여년된 분재는 한 스님이 만들었다는 것으로 앞에서 보면 복(福)자로 보이고, 뒤에서 보면 수(壽)자가 보인다.

뒤뜰에 커다란 나무가 있는데 암수 형태가 있어 아들 못난 사람은 나무를 만지면 낳는다고 했는데, 그 나무가 이제는 죽어 손자나무만 살고 있다.

경내에 돌로 만든 원형 테이블은 1844년에 중국과 미국이 통상우호조약을 체결했을 때 사용했던 것으로 돌 테이블을 반으로 나누었는데 미국 쪽이 약간 크게 보인다.

세인트 폴 성당 동쪽으로 꾸불꾸불한 길을 올라가면 구릉으로 되어 있는 곳에 있다. 외적이 쳐들어오지 못하도록 만들어 둔 곳으로 조경이 잘 되어 있고 남 지나해를 바라볼 수 있는 곳이다.

마카오의 특산품은 오팔이나 비취를 많이 팔고 있는데, 오팔은 호주 산이며, 비취는 버마 산이다. 이곳에서 값싼 중국인 노동력으로 가공하기 때문이다.

별들이 소곤대는 홍콩

별들이 소곤대는 홍콩의 밤거리... 흘러간 옛 노래에 홍콩을 생각한다. 홍콩의 밤거리는 정말 아름답다. 홍콩공항은 몇 년 전에 현재의 공항인 책랍콕공항으로 옮겼는데, 전에는 카이탁공항이었다. 카이탁공항은 시내의 중심에 있고 활주로가 짧아, 조종사가 대단한 실력이 있어야만 다닌다는 공항이었다.

카이탁 공항은 한자로 계덕(啓德)공항이었다. 그래서 '개떡' 공항이라 불렀다. 현재의 책랍콕(赤臘曲)공항은 아시아에서 제일가는 공항으로 시내에서 멀리 떨어진 난타우섬에 위치하고 있다. 전에 공항도 복잡하였는데, 지금 공항은 초심자가 이용하기는 어렵게 보인다.

홍콩은 한자로는 '향항(香港)'이다. 중국의 북경어 발음은 '샹깡' 인데, 광동어는 '헝꽁'이다. 헝꽁의 발음이 영국인들의 귀에 '홍콩'으로 들려 홍콩으로 된 것이다.

중국에 서양문물은 홍콩을 통해 들어간다고 보아도 과언이 아니다. 북경을 요즈음은 거의 Beijing으로 발음 하지만 옛날에 북경은 'Peking'이라고 했는데, 이것은 광동식 발음이다.

홍콩은 아시아에서 일본 동경 다음으로 디즈니랜드가 생겨 많은 사람들이 모여들고 있다.

홍콩이라고 불린 것은 150년 밖에 되지 않는다. 그 전에는 7천명 밖에 살지 않은 조그만 어촌에 불과하였다. 향항이란 향기나는 항구라 해서 향항을 사용하게 되었다.

영국과 중국이 1840년 아편전쟁을 승리로 이끌어 홍콩을 할양받았는데, 홍콩은 3구역으로 나누어진다. 홍콩섬, 구룡반도, 신계지로 구분되는데, 홍콩섬은 영구적으로 활양받고 구룡반도와 신계지는 150년 빌려 1997년에 되돌려 주게 되었다.

홍콩섬은 돌려주지 않아도 되는데, 돌려주지 않는다면 홍콩은 반 조각이 되므로, 50년간 현 체제를 유지한 대신에 홍콩섬을 돌려주게 된 것이다.

구룡반도는 용이 9마리이란 말이다. 원래 8마리 용과 같았는데 황제가 와서 물어 보니 황제를 포함하여 9룡이라고 사용하여 구룡반도가 되었다.

홍콩 제일의 해양공원

남랑산 구릉에서 남지나해에 이르는 일대를 모두 사용하는 넓이로 어른이나 어린이도 하루 종일 즐길 수 있도록 설계되었다. 세계적으로 가장 길다는 에스컬레이터가 있는가 하면 6인승의 원형 곤돌라로 약 10분간 공중산책을 즐길 수 있는 케이블카가 유명하다.

케이블카가 연속 돌아가고 있지만, 아직까지 사고 한번 나지 않은 것을 자랑으로 생각한다. 공중에 매달린 적이 있는데, 그 때는 장애인이 내린다거나 탈 때 잠깐 멈춘다. 공중에 매달려 있으면 발가락이 근질근질 한다.

해양극장은 돌고래 쇼 등 다양한 쇼가 진행되어 즐거움을 만끽할 수 있고, 세계적인 수족관이 원형으로 만들어져 돌아가면서 3층까지 만들어져 있다.

맨 아래쪽은 중국의 역사인 진나라시대부터 청나라시대까지 알아 볼 수 있도록 민속촌인 집고촌(集古村)이 있다. 매일 서커스를 보여 주기 때문에, 하루종일 구경을 하여도 지루하지 않는 곳이다.

우리나라 관광지를 가면 입장료가 여러 곳에서 받는 곳이 많은데, 이곳은 먹는 것을 제외하고는 한 번 낸 입장료로 전체를 둘러본다. 입장료도 비싸지 않은 편이며, 60세 이상은 외국인도 무료로 들어 갈 수 있다.

홍콩의 자랑 백만불 야경

백만불 야경이란 홍콩섬과 구룡반도에 있는 바다 사이의 높은 빌딩과 홍콩은 산악지역이라 높은 아파트들의 불빛을 바라보는 것이다. 옛날 홍콩시내의 하루 전기료가 백만불 들었다고 하여 백만불이란 명칭이 붙었다고 한다.

백만불 야경은 바다의 유람선을 타고 보는 방법과 홍콩섬에서 제일 높은 빅토리아 산정에 올라가서 내려보는 두 가지 방법이 있는데 어느 것이나 좋다.

고층 아파트의 불빛 찬란하다. 아파트가 보통 30~40층이기 때문에 버스로 내려오면서 보는 것이나, 삭도(索道)를 타고 보는 것이나 모두 아름답다.

홍콩 구룡반도의 바닷가를 중심으로 연인의 거리가 있다. 경치가 아름다울 뿐만 아니라, 바다 위에 도로를 만들어 산책로, 조깅코스 및 연인들이 걸어가게 만들어 연인의 거리라 부른다.

홍콩의 대표적인 황대선 사당이 있다. 황대선은 절강성 난계지방에서 태어나 홍콩에서 의술로 많은 사람의 질병을 고쳐 홍콩사람들의 신으로 모시고 있다.

홍콩은 면적이 좁으면서 650여 만명의 사람이 살고 있어 묘지

문제도 복잡하다. 여기는 돈이 있어야 매장이 되는데, 워낙 좁아 매장할 때, 우리는 누워서 묻지만 이곳은 세워서 묻는다고 한다. 묘지가 좁은데 우리 돈으로 1억원 정도 간다고 하는데, 보통 계약이 15년 정도 한다.

리펄스 베이는 모정이란 영화가 촬영된 곳으로 유명하며, 해수욕을 할 수 있는 천수만의 바로 옆에 있다. 여기는 절이 있고, 홍콩의 제일 부자들이 사는 곳이다. 유일하게 조그만 골프장이 있기도 한다.

홍콩은 쇼핑의 천국이다. 모든 물건이 면세로 들어오기 때문이다. 홍콩거리의 자동차는 벤츠가 많다. 전에는 우리나라 자동차가 많지 않았지만 요즈음은 간혹 보인다. 역시 면세로 들어오기 때문이다. 그리고 이곳의 번호판을 사고 팔 수 있기 때문에 6666, 8888, 9999번이 몇 억씩 한다.

홍콩에서 주로 판매하는 것은 한약, 다이아몬드 등 보석류와 최신 옷 등 다양한 물건들이 많이 있다. 우리나라 부유층들은 쇼핑만 하기 위해서 홍콩 가는 사람이 많다고 한다.

아무리 잘사는 나라도 못사는 서민이 있게 마련이다. 홍콩은 전기료나 물 값이 싸다. 서민들에게 생활할 수 있도록 전기료가 싸야 일년 내내 에어컨을 틀 수 있다. 날씨는 습도가 많다. 서민주택 아파트가 너무 좁고, 우리나라 평수로 7평 정도 불과하다. 세탁물 걸어 놔 만국기가 펄럭이는 것과 같다.

홍콩의 점보식당은 유명하다. 전등불만 3만개 이상이 켜 있는 식당으로 움직이지 않는 배로 된 거대한 식당이다. 누구나 한번쯤 식사를 해보고 싶고, 바로 옆에 황제와 황후복을 입고 사진

촬영하도록 되어 있다.

홍콩사람들은 얌차를 먹는다

홍콩사람들은 아침에 얌차(飮茶)를 많이 먹는다. 얌차란 '마실 음'에 '차차'를 쓴 글자로 북경어로는 '인차'이지만 광동어로 '얌차'가 된다. 즉 차를 마신다는 말이다.

차를 마시면서 가벼운 만두를 먹는데 이 때 먹는 만두가 우리 입맛에 잘 맞는다. 홍콩에 갈 때는 아침 호텔에서 먹는 뷔페보다는 얌차를 먹는 것이 훨씬 좋다.

중국의 만두는 서안, 심양 것이 좋지만, 그것은 고급이고 서민들이 값싸게 먹을 수 있는 것은 홍콩의 얌차라 생각해도 좋다.

봄의 도시 곤명(昆明: 쿤밍)

해발 1,895m에 있는 곤명은 항상 봄이다. 그래서 항상 꽃이 피어 있기 때문에 꽃의 도시이기도 한다. 곤명은 운남성의 수도이다. 옛날 삼국지에 나오는 안남지방이다.

곤명은 시내인구 160만명, 시 전체인구는 400만명에 이른다. 비록 시내 인구가 160만명이라 말하지만, 대단히 큰 도시라 할 수 있다.

제갈공명이 맹획(孟獲)이란 장수를 일곱 번 풀어주고, 일곱 번

붙잡은 칠종칠금(七縱七擒)이란 고사성어가 만들어진 곳이다. 우리가 흔히 말하는 알랑미라는 것이 바로 이곳에서 생산된 안남미(安南米)이다.

안남미가 있는 지역으로 국수를 만들어 먹는데 닭기름으로 만든 국수가 유명하다. 제갈공명이 전쟁할 때 만두를 만든 곳이기도 하다.

시내에 원통사(圓通寺)라는 절이 있다. 이 절은 특이하게 우리나라 절과는 다르다. 우리의 절은 대웅전이 올라가면서 있는데, 이곳은 밑으로 내려가면서 있다.

취호(翠湖) 공원이 있다. 시내 중심가에 있는데 아름답다. 아름다운 연못이 있으며, 중국 3대 음악가의 한 사람인 섭이(聶耳: 녜얼) 선생의 석상이 있다. 그의 작품인 의용군행진가가 2004년에 정식 중국 국가(國歌)로 선포되었다.

코끼리 걷는 바위

도시 변두리에 대관루(大觀樓) 공원이 있다. 커다란 호수와 연결되어 있는 호수는 곤명호(昆明湖)라 부른다. 북경의 이화원(頤和園)에 있는 호수는 항주의 서호를 본따서 만들고, 이름은 곤명의 곤명호로 지었다.

대관루 공원은 아름다운 연꽃이 피었는가 하면, 여기 저기 나이 든 분들이 춤추고 즐겁게 사는 것을 볼 수 있다.

곤명호를 바라볼 수 있는 곳은 서산(西山)이다. 케이블카를 이용하여, 산 정상까지 오를 수 있으며, 정상에서 용문(龍門)이란 곳을 지날 때면 정말 놀라운 곳을 볼 수 있다.

한 스님이 50여년간 만들었다고 하는데, 깎아지를 듯한 절벽에 길을 만들었는데, 군인들이 참호(塹壕)를 만들어 이동할 수 있도록 만들 만들어 놓은 길과 같다.

지금 같으면 좋은 기술이 있지만 옛날에 그러한 길을 만들었다는 것은 상상할 수 없으며, 절을 비롯한 갖가지 건축물이 있다는 것에 놀랄 일이다.

곤명 시내에서 조금 떨어진 곳에 구향동굴(九鄕洞窟)과 석림(石林)이 있다. 이곳은 곤명의 대표적인 관광지로 가기 전에 칠채운남(七彩雲南)이란 쇼핑센터가 있다.

이곳은 쇼핑센터라기 보다는 석림을 모방하여 아주 잘 만들어 놓은 곳으로 운남성의 생산물인 비취를 팔고 있다. 그리고 식당에서는 민속쇼를 식사하면서 관람할 수 있게 만들어져 있다.

구향(九鄕) 동굴은 심양의 본계수동, 계림의 관암동굴, 장가계의 황룡동굴과는 다른 동굴이다. 동굴이라기 보다는 대만 화련의 계곡에 지붕이 덮여진 곳이라 해도 과언이 아니다.

자웅(雌雄)을 겨루는 미국과 카나다의 경계선에 있는 나이아가라 폭포 소리와 같은 폭포 소리가 들리고, 필리핀의 산등성이에 수 천개의 논이 있는 것과 같은 신전(神田)이 있다.

가장 보기 좋은 곳은 석림이다. 1억 5천만년 전에 바다가 융기되었다는 석림은 참으로 신비스럽다. 석림을 구경하다보면 산호가 화석으로 되어 있는 것을 볼 수 있는데, 이것은 옛날 바다라는 것을 증명할 수 있는 것이다.

석림을 들어가기 전에 조그만 바위 덩어리들이 많이 있는데, 석림에 가까워졌다는 것을 알 수 있다. 마치 양떼들이 풀어 뜯어

곤명 석림에서

먹고 있는 모습들인데, 이것을 상품화한다면 좋은 관광상품이 될 수 있다.

석림의 방위 형태들은 기기묘묘하다. 여기 저기에 많은 글씨들이 새겨져 있다. 천조기관(天造奇觀: 하늘이 기이하게 볼 수 있는 것)을 만들었다

천봉경수(千峰競秀: 수 천개의 봉우리가 다투어 솟아오른다), 검상석주(劍狀石柱: 칼 같은 돌기둥이 여기저기에 많이 꽂혀 있다).

바위를 치면 쇳소리가 나는 종석(鐘石)이 있고, 망봉정(望峰亭)에 오르면 모든 석림의 봉우리를 바라 볼 수 있다.

조그만 한국 연변(延邊)

우리 민족이 많이 살고 있는 곳은 미국의 로스앤젤레스, 일본의 오사카, 중국의 연변, 러시아의 연해주일 것이다. 중국에서 한민족이 살고 있는 동북 3성인 요녕성, 길림성, 흑룡강성이다. 특히 길림성 연변조선족 자치주에 집중적으로 많이 있다.

중국에는 약 200만명으로 추산되는 재중동포들이 살고 있다. 요즈음 한국인이 중국으로 많이 진출한 관계로 동포들이 중국 전역으로 이동 중에 있다.

연변조선족 자치주는 원래 성으로 승격시키려고 했으나 인구가 너무 적어 자치주가 되었다. 성(省)과 같은 급이 자치구(自治區)이다. 중국에는 5개의 자치구가 있다. 광서, 티베트, 위구르. 내공고, 영하자치구이다.

자치구보다 낮은 급인 자치주가 있는데, 우리 민족만 있는 것 같다. 그리고 그 아래 자치현 등은 중국 전역에 많이 있다.

지금은 직항노선이 있어 인천에서 연길을 직접 가는 것이 있지만, 전에는 서울에서 심양이나 장춘을 통해 연길에 갈 수 있었다.

그리고 90년 초에는 서울에서 홍콩을 거쳐 중국의 북경이나, 상해, 천진 등을 거쳐갔으며, 그 이후 서울에서 상해를 거쳐 갈 수 있었다.

90년 초 북경에서 연길에 갈 때, 심양을 거쳐 연길로 가는 프로펠라기를 타야만 했다. 지금은 북경에서 연길까지 두 시간이면 갈 수 있지만, 그 때는 심양을 거쳐가기 때문에 하루가 걸렸다.

지금도 연길공항에 내리면 한글로 '연길'이란 글이 우리를 반갑게 해준다. 지금의 공항은 우리나라 삼성건설의 기술로 지었지만, 그 당시 공항은 조그만 했다. 공항에 도착하면 여기저기서 일가친척을 찾는 소리가 들린다.

시내로 들어가면서 조선족자치주답게 한글과 한자가 나란히 써 있는 것을 볼 수 있다. 몇 년 전에 비해 지금의 거리는 몰라보게 발전하고 있는 것을 알 수 있다.

10여년 전 처음 가이드로 나오는 사람은 지금처럼 한국을 잘 알고 있는 사람들은 없었다. 그저 한국말을 할 수 있고, 대학을 졸업했거나 대학생이었다. 지금은 호텔이 많지만, 연길에서 가장 좋은 호텔은 백산호텔이었다.

처음 연길에 갔을 때, 대학 4학년이라는 이미자라는 학생이 가이드를 했다. 처음으로 호텔에 들어온 모양이었다. 우리에게 명

연변대학

함을 한 장 달라고 해서 7층으로 올라오라니까, 어떻게 올라갈 줄을 모르겠다고 하였다.

함께 올라가서 명함을 주면서 잘 가라고 말하니, 역시 어떻게 내려가는 줄을 모르겠다고 하여, 엘리베이터 문을 열어 준 적이 있다.

90년대 초만 해도 교포들이 한국인의 명함 한 장을 갖고 있다는 것도 상당히 가슴이 뿌듯한 일이었기 때문일 것이다. 그러나 그 뒤로 연변을 혼탁하게 만든 사람들이 너무 많아졌다.

당시만 해도 한국에서 왔다는 것은 연변을 들뜨게 했고, 서로가 만나서 이런 저런 이야기를 나누는 것을 보면 정말로 한 민족이라는 것을 알 수 있었다. 그러나 사기치는 사람과 사기를 당하는 사람들이 여기저기 많이 나오면서 많은 문제도 발생했다.

연길 백산호텔 바로 앞에 연변조선족자치주 정부청사가 있다. 이곳이 연변의 중심가라고 할 수 있는데, 여기서부터 서시장을 비롯한 거리와 공항까지 가는 길이 발전되어 있고, 아직은 멀리 있지만 대우호텔 부근도 발전하고 있는 모습이 보였다.

연변은 한국과 직결되는 도시다. 한국의 경제가 어려우면 바로 연길의 경기가 어려워진다. 우리나라에 연변의 많은 동포들이 불법체류하고 있지만, 이것은 불법체류로 보아서는 안될 것이다.

연변에는 자랑스러운 연변대학이 있다. 이곳도 줄여서 연대라고 말한다. 우리나라 연세대학과 같은 연대다. 우리 민족이 건립했다는데 자부심을 갖는 대학이기도 하다.

연변은 요즈음 우리나라 언론들이 인물이나 지명의 발음 표기하는 것에 불만을 나타내고 있다. 이곳은 우리식대로 '연변, 연길, 연변대학, 용정' 등으로 표기되어 있는데도 우리나라 언론은 '옌볜, 옌지, 옌볜대학, 룽징' 으로 표기하고 있으니 말이다.

외래어 표기법에 맞춰 표기하겠지만, 중국의 인명이나 지명을 우리 발음으로 읽어야 한다고 주장하는 사람이 많고, 나 역시 그렇게 표기하기를 바란다.

연변방송국 이순옥부장은 한국을 많이 다니고, 경희대학교에서 석사학위까지 받았기 때문에 한국에 대해 잘 알고 있고, 한국과 연변의 가교역할의 많이 하고 있다.

우리 민족의 등불 용정(龍井)

간도지방은 북간도와 서간도 지방을 말한다. 연변 주위를 북간도라 하고, 백두산 서쪽의 장백현쪽을 서간도라 한다. 얼마 전 박경리의 소설 '토지'가 방송되었다.

간도라는 지명은 이 지역이 청나라의 발상지에 가까워 청나라 왕조가 봉금(封禁)의 땅, 즉 이주를 금하는 무인지대로 삼았다.

조선과 청나라 사이에 있는 섬과 같은 땅이라 해서 붙여진 이름이기도 하고, 두만강의 사이에 있는 조그마한 모래 섬을 '사이섬'이라 하여, 간도라 부르면서 확대되기 시작하여 붙여진 이름이라 하기도 한다.

1712년 청나라 강희황제가 파견한 목극등(穆克登)은 조선 관리들과 함께 백두산 일대를 답사한 후 정계비(定界碑)를 세웠다. 양쪽의 동쪽 국경으로 명시된 토문강(土門江)이 송화강의 지류라는 사실은 분명했고, 19세기말 국경 분쟁이 일어났을 때 이중하 등은 이를 지키기 위해 혼신의 노력을 기울였다.

청나라와 조선은 이 간도지방을 서로 자기 땅이라고 주장하였으나 국경문제가 미확정된 상태에서 조선의 외교권을 쥐게 된 일본은 1909년 간도협약으로 만주에서의 이권을 얻는 대가로 조선으로 하여금 청나라가 주장하는 국경을 인정하도록 강요하였다.

우리 민족의 선구자들이 살았던 용정에는 아직도 우리 선조들이 파 놓은 용두레 우물이 지금도 있다. 용정(龍井)이라는 지명이 바로 이 우물에서 유래되었는데, 이 자리에 용정기념비가 세워져 있다.

용정은 1850년대 이전에는 함경도 지방의 조선인들이 수렵과 약재를 캐기 위해 몰래 드나들었던 곳으로, 일본이 우리 강토를 침탈하면서 우리나라 사람들이 모여 살기 시작한 곳이다.

용정 우물터에서 멀지 않는 곳에 용정시인민정부가 바로 일제시대 일본 영사관 건물이다. 그 건물을 보면 창문이 좁게 만들어져 있는 것을 알 수 있다. 창문이 좁다는 것은 침략자의 본성이라고 말할 수 있다.

시내 중앙에는 용정중학은 대성중학이라 하였는데, 몇 차례의 개명과 함께 다섯 학교가 통합하여 오늘의 용정중학이 되었다. 대성중학은 너무나 잘 알고 있는 윤동주(尹東柱) 시인 다녔던 학교이다. 윤동주시인의 생가도 용정 시내에서 멀지 않다.

'일송정'에 오르면 용정시내를 바라볼 수 있다. 해란강이 시내

윤동주 시인 생가

를 관통하여 만주벌을 적시며 흐르고 있다. 해란강과 일송정은 가곡 '선구자'의 노래에 등장하는 곳으로 이곳이 일제시대 독립운동을 하던 선조들의 무대였다. 그러나 일반관광객들은 그냥 지나치기가 일쑤다.

하지만 뜻 있는 사람들은 올라가는데, 이곳에서 용정 시내를 내려다보면서 '선구자'를 부르면 정말 가슴이 뿌듯하고 뜨거운 마음이 된다.

선구자의 일송정

일송정 푸른 솔은 늙어 늙어 갔어도
한 줄기 해란강은 천년 두고 흐른다
지난 날 강가에서 말달리던 선구자
지금은 어느 곳에 거친 꿈이 깊었나

일송정 앞에 기념비와 최근에 조성된 '고향의 봄' 노래비가 있다. 일송정의 소나무는 몇 차례 심었어도 잘 자라지 않는다고 한다. 용정은 우리 민족의 등불이다.

일송정으로 올라가는 길에 소설가 강경애의 작품비가 서 있는데, 한국의 뜻 있는 학자들이 세웠다고 한다. 일제시대 여성문제를 다룬 최고의 여성 소설가로 인정받고 있는 강경애는 윤동주 시인과 더불어 간도의 지성으로 새롭게 부각되고 있다.

눈물 젖은 두만강의 도문(圖們)

압록강의 국경도시라면 단동을 말하지만, 두만강의 국경도시는 도문이다. 도문은 우리나라 지도를 바라볼 때 맨 끝 쪽이다. 지금은 연길에서 도문까지 고속도로가 생겨 가기 수월하다. 몇 년 전만 해도 꼬불꼬불한 도로를 타고 가야만 했다.

두만강으로 흐르는 지류를 보면 모두 푸른 물이 아니라 거의 흙탕물이다. 그래서 강을 따라 가면서 김정구 선생의 '눈물 젖은 두만강'을 한 곡씩 불러 보지만, 오늘날의 두만강은 그 옛날의 두만강이 아니다. 눈물 젖은 두만강의 발생지가 도문이다.

왜 북한은 개방을 하지 않는지, 가슴 답답할 일이다. 얼마 전만 해도 북한이 더 잘 살 때는, 중국의 교포들이 북한에 가서 살았지만, 지금은 탈북자들이 너무 많은 실정이다.

탈북자들은 연길은 물론 심양, 북경, 상해에서도 얼마든지 만날 수 있다. 도문에 도착하면 국경지대를 바라본다. 그러나 북한 쪽은 건물 몇 개와 산뿐이다.

길림, 장춘, 하얼빈 쪽에서 살고 있는 할머니들은 돈이 없거나, 고향에서 초청해 줄 사람이 없어 도문에 와 북한쪽이라도 바라보는 사람들이 많다.

우리 정부에서 일가친척이 없는 노인들을 불러다 여생을 고국에서 보내게 해 주어야 할 일이다. 그래야 조국을 잊지 않을 것이다.

전에는 산에 요란스런 구호가 많았는데, 요즈음은 그렇지 않다. 다리의 중앙에 경계선이 있는데, 입장료를 주고 가볼 수 있다. 한국 사람들은 북한으로 가라고 하더라도 가지 않기 때문에 얼마든지 경계 지점까지는 갈 수 있다. 하지만 꼭 중국군 병사가 경계선까지 따라 붙는다.

요즈음은 대나무 뗏목을 타고 북한병사가 있는 곳까지 갈 수 있다. 돈을 돌멩이에 싸서 던져주면 군인들이 받아 간다. 그것도 자주 하다보니, 중국인들이 못하게 한다.

도문도 새로운 바람이 일어 고층 건물들이 많이 들어서고 있다. 대형건물들이 들어서고 있는 것을 보면, 압록강에서 단동을 바라보는 모습과 같다.

삼각의 도시 훈춘

연길 이명수씨가 차를 내주어, 도문을 지나면서 두만강을 따라 가다 보면 훈춘이 나온다. 연길에서 100여km를 더 간다.

국경지대까지는 너무 멀기 때문에 가지 못하고 시내 구경을 하였다. 가는 도중에 참외를 내다 팔고 있어서 사먹고 가기로 했다.

참외를 먹으면서 맛이 없다고 말하자, 그들은 돈을 받지 않겠다고 했으나 주었다. 착한 마음이지만, 그냥 먹을 수는 없기 때문이다.

훈춘시내나 용정이나 별로 틀린 것은 없지만, 시내 변두리에 커다란 절을 짓고 있어서 가보았다. 연변에서 보기 드문 절이었다. 영보사(靈寶寺)라는 절이다. 아주 크게 짓는 것을 보면 이름 있는 절이 될 게 분명하다.

민족의 산 백두산(白頭山)

백두산 가는 길은 용정을 지나가는 방법도 있고, 안도현으로 가는 방법이 있다. 10여년 전에는 비포장 도로였기 때문에 여름에 비가 오지 않으면 먼지가 너무 많았다.

비가 오면 길에서 먼지가 발생하지 않으나, 천지를 볼 수 없고, 맑으면 좋은데 먼지 때문에 고생이었다. 그 당시 에어컨이 있는 버스가 없었다.

지금은 포장도로가 뚫리고 에어컨 버스가 있어, 백두산 여행은 수월하다. 가이드들이 가끔 이 버스는 '가야콘'이라 말한다. 버스가 문을 열고 가야 바람이 들어오기 때문에 가야콘이라 말하면 한 바탕 웃는다. 그러나 요즈음은 모두 에어컨 버스만 있다.

중국에서는 백두산을 장백산(長白山)이라고 부른다. 그런 중국도 천지만큼은 그들 지도에 장백산 천지(天池)가 아닌 백두산 천지로 표기되어 있다.

중국의 주은래 총리와 북한의 김일성 주석이 1962년 10월에 체결한 변계조약(邊界條約)은 제1조 첫머리에 '백두산천지의 변계선은 천지를 둘러싸고 있는 백두산 봉우리 가운데 서남쪽으로는

백두산 천지

2520고지와 사이의 산허리 중심을 기점으로 해서 동북쪽으로 향해…'로 시작하였으며 그밖에 압록강, 두만강의 섬 4백 51개의 소유권 등 새로운 사실들을 확인시켜 준다.

이 조약에 의해 '백두산 천지'는 중국과 북한간에 공식명칭이 된 것이다. 김일성은 자신의 항일유격 활동의 근거지이자 민족의 성산이라는 의미를 내세워 천지와 백두산을 절반 이상 차지하고 명칭에서도 끝내 중국의 양보를 얻어냈던 것이 아닌가 짐작한다.

우리는 백두산과 천지를 민족의 성지인 영산으로 믿고 귀중히 생각해 오고 있다. 그러나 이러한 관심이 고조된 것은 근세의 일이다. 청나라에 의해 정계비가 세워지면서 백두산에 대한 관심이 일었다.

1712년에 서위압록, 동위토문(西爲鴨綠, 東爲土門: 서쪽으로는 압록강, 동쪽으로는 토문강)이라 기록한 비석을 그 두 강의 분수령이라고 여겨지는 백두산 남쪽 기슭에 세운 것이다.

170여년 후인 19세기 말 두만강 유역의 거류민 문제 등으로 청나라와 토문(土門) 문제를 논의한 적이 있다. 이때 우리는 토문강은 송화강 상류의 토문강을 가리킨다고 주장했다.

백두산 깊숙이 들어가면 미인송(美人松)이 많이 보인다. 금강산과 백두산에만 존재한다고 하는데, 불그스레하고 늘씬한 처녀의 다리를 연상시키는 나무다.

백두산 등정은 약 1,000여m 까지 버스로 이동하다가 지프차를 이용하여 10km 정도 20여분간 올라가면 백두산 거의 정상에 도달한다. 넓은 공터에 기상대도 있다. 100m 정도만 올라가면 황홀한 천지를 바라볼 수 있다.

천지는 세 번 가야 한 번 정도 볼 수 있다. 그것은 이름난 명산이 아니고, 신비스러운 영산(靈山)이기 때문이라고 말한다.

어렵게 이루어 낸 것이 값이 있듯이, 천지도 몇 번만에 어렵게 보게 되면 기쁨이 이루 말할 수 없었다.

'92년 천지를 보고 내려온 중국인 50여명이 사망한 사건이 발생한 적이 있다. 연길에 도착하니 그 날 백두산 정상에 지프만 올라가게 되었는데, 중국인들이 버스를 타고 올라갔다 내려오는 길에 굴러 떨어졌다는 것이다.

천지를 구경하고 장백폭포를 가는 길에 떨어진 버스를 보았는데 마치 엿가락 구부러져 있었다. 그 뒤 백두산을 오르내릴 때마다 다리가 후들거렸다.

장백폭포는 약 68m 높이에서 힘차게 떨어지고 있다. 우리 한국 땅에 이러한 폭포 하나만 있다 해도 좋았을 걸 하는 생각이 들었다.

장백폭포 앞에서

몇 년 전 만해도 장백폭포까지 공짜로 들어 갈 수 있었으나 지금은 입장료를 내야 한다. 지금은 장백폭포를 지나서 천지로 바로 걸어 올라가는 사람이 많다.

장백폭포 아래 호텔들을 많이 건립하여 온천욕을 즐길 수 있다. 그 전엔 300원 정도 받았는데, 지금은 우리 돈 1만원 이상을 받고 있다. 이 곳은 일년 중 불과 3개월 정도 밖에 일하지 않기 때문에 도리가 없을 것이다.

천지를 구경하지 못한 사람들에게 위로해 주는 곳이 있다. 이 곳이 바로 소천지이다. '작은 천지'라는 의미로 말하는 소천지는 장백폭포 아래에 위치한다.

장백폭포 바로 밑에는 온천물에 삶은 달걀을 팔고 있다. 천 원이면 즉석에서 3개씩 삶아 먹을 수 있다.

한민족에게 백두산은 민족과 국가의 발상지이며, 혼이 박혀있는 명산으로서 민족의 성산(聖山)·신산(神山)으로 숭앙되어왔다. 고조선이래 부여·고구려·발해 등이 백두산에 기원을 두고 있다.

백두산 주변의 숙신족·읍루족·말갈족·여진족·만주족 등도 그들 민족의 성산으로 숭앙하여 역사화·전설화·신격화했다.

풍수지리에서는 지세를 사람의 몸에 비유하여 이해하기도 하는데 우리민족은 백두산을 기(氣)가 결집된 머리로, 낭림－태백－소백산맥을 백두산의 기가 전달되는 등뼈산맥으로서 백두대간(白頭大幹)으로 인식했다.

그밖에 청나라의 번영도 태산(泰山)·장백산(長白山)을 통해서 풍수지리상으로 백두산의 정기를 받았다는 사실을 암시하고 있다. 따라서 백두산은 한민족뿐만 아니라 북방 이민족의 정신적 구심점과 활동무대가 되어왔다.

천지는 백두산 정상에 위치한 화구호로 해발 2,155m 높이의 기암괴석에 둘러싸여 있다. 평균수심 204m, 최고수심 373m 이며 남북 길이 4.86km, 동서길이 3.35km이다.

천지에 담긴 물의 용량은 무려 40억t에 이른다. 매년 1,400mm의 강수량과 지하 온천수, 눈이 녹은 물이 수원을 공급하고 있다. 잉어를 비롯한 몇 종류의 어종이 서식하고 있다.

백두산 천지 주변은 16개의 봉우리로 둘러 싸여 있다. 가장 높은 봉은 백두봉으로 북한측에 위치하고 있다. 주요 봉우리는 향로봉, 청석봉, 백운봉, 차일봉, 제비봉, 천문봉이다.

천문봉 좌측 장군봉에는 북한에서 설치한 케이블 열차가 운행되고 있다. 16개의 봉우리는 중국 측에 6개 북한측에 7개가 있다.

나머지 3개의 봉우리는 중국과 북한의 경계선에 놓여 있다.

하루 빨리 통일이 되어 우리의 산하를 어루만지며 눈이 아프게 바라보고 싶다. 백두산을 우리의 땅을 딛고 오르고 싶은 것이다.

김정호는 "백두산은 조선 산줄기의 아비"라고 했다. 풍수지리의 대가 도선은 우리나라는 백두산에서 일어나 지리산에서 마치니 그 세는 물을 근본으로 하고 나무를 줄기로 한다'고 말했다.

백두산은 또 한민족의 발상지다. 단군 신화가 잉태된 곳이다. 최남선은 백두산을 '우리 겨레의 근본, 우리 문화의 연원(淵源)이고, 역사의 포태(胞胎)'라고 했다.

앞으로 중국이 아닌 북한에서 백두산에 오르는 관광길이 열리게 된다고 한다. 정치적 논란도 없지 않지만 금단의 땅에서 백두산의 흙을 밟을 수 있다는 건 가슴 설레는 소식이 아닐 수 없다.

사천성 성도(省都)인 성도(成都: 청뚜)

성도까지는 인천에서 비행기가 취항하고 있다. 성도(成都)는 사천성의 성도(省都)로 서부지역의 대표적인 도시이며, 우리나라 영사관이 있는 지역이다.

중경은 사천성에서 분리되어 직할시로 되었지만, 성도는 중국에서 인구가 많은 지역이다. 사천이란 4개의 강으로 가릉강, 부강, 타강, 민강이다.

성도를 나타내는 한자는 촉(蜀)이다. 옛날 촉나라의 수도였기 때

사천성 성도의 삼성퇴 박물관

문이다. 요즈음 용(蓉)자를 많이 쓰고 있는데, 부용(芙蓉)이란 뜻인 모양인데, 아마도 연꽃이 많았던 모양이다.

성도는 사천요리가 유명하다. 한국인의 입맛에 가장 맞는 지역이다. 요즈음 구채구를 가기 위해서 성도로 많이 들어가고 있다.

제갈공명의 무후사(武侯祠)

제갈공명의 사당은 이곳 성도와 섬서성 면현, 절강성 제갈촌에 있다. 면적은 약 3.7만 평방미터이며, 서진(西晉) 말 이웅(李雄)에 의해 건립되어 다른 곳에 있었으나 이곳으로 이전되었다.

당나라 때 시인 두보의 촉상(蜀相)에 보면, '승상의 사당을 어디가 찾으리오, 금관성 바깥의 잣나무 우거진 곳이로다(丞相祠堂何處尋, 錦官城外柏森森)'. 현재의 무후사는 청나라 강희황제 때 중건한 것이다.

대문에 들어서면 유비전이 나오고, 양쪽으로 문신과 무신들이 나란히 서있다. 그 다음에 제갈량전이 나오고, 바로 옆으로 하화지(荷花池)가 있으며, 유비의 묘인 한소열릉(漢昭烈陵)이 나온다.

두보의 시 촉상처럼 사당에 푸른 잣나무가 빽빽이 우거져 있는 것은 아니다. 사천성 류첩여유국장에게 무후사에 잣나무가 많았으면 좋겠으며, 촉상이란 시비가 사람들이 잘 보인 곳에 있으면 좋겠다는 말을 하였다.

도원결의인 도원이란 정원과 세 사람이 결의했다는 결의루가 나온다. 결의루 뒤에는 저녁 8시부터 삼국지에 대한 경극을 한다.

1982년 9월 21일에 김일성이 등소평과 함께 다녀갔으며, 2000년 6월 10일에는 김영삼 대통령이, 다음날인 6월 11일에는 노태우대통령이 방문하였다.

4각과 8각이 어우러진 망강루(望江樓)

망강루는 성도시 구안교라는 다리의 금강 강변에 있다. 건물이 특이하게 아름답다. 망강루는 39m의 4층 누각으로 1층과 2층은 4각형으로 되어 있으며, 3층과 4층은 8각 형으로 만들어졌다.

여기에는 하나의 우물이 있는데, 물맛이 달콤하다는 전설이 있다. 당나라 때 여류시인 설도(薛濤)가 이곳에서 물을 길렀다 하여 설도정이 있고, 그녀는 이곳에서 많은 시를 남겼다.

대문에 들어가면 무성한 대나무 숲이 보인다. 설도가 한 평생 대나무를 사랑하여 여기저기에 많은 대나무가 있는데, 미륵죽, 방죽, 관음죽, 봉미죽 등 다양하다. 공원내에 설도의 석상과 묘까지 있다.

망강루는 원래 숭려각(崇麗閣)으로 왕희지의 '숭'자와 '려'자를 집자(集字)한 글씨가 걸려 있다. '망강루 위에서 강물이 흐르는 것을 바라본다'라는 글씨가 있다. 망강루는 널따란 공원으로 크고 작은 건물과 아름다운 정원으로 잘 만들어져 있다.

두보 초당(草堂)

두보는 중국에 가장 유명한 시인이다. 그래서 이백을 시선(詩仙)이라 부르지만, 두보는 그보다 높은 시성(詩聖)이라 부른다. 두 사람을 누가 높다고 평할 수는 없지만, 조선시대 유교를 숭상하는 시대에 부모형제를 그리워하고, 나라에 충성심이 간한 두보의 시를 두 차례나 간행한 것을 보면 두보를 더 존경한 것 같다.

두보초당에 들어가자 시사당(詩史堂)이란 건물이 나온다. 그곳에 두보는 712－770이란 글자가 보인다. 바로 앞에 두보 사당이 보인다.

두보 사당을 공부사(工部祠)라 한 것은 그가 공부의 관리로 있었기 때문이다. 바로 옆에 소릉초당비가 있다. 두보의 자가 소릉(少陵)으로 두보초당이라 하지 않고, 소릉초당이라 하였다.

사당 옆으로 완화계(浣花溪)라는 시냇물이 흐르고 있다. 두보가 피난 생활을 하면서 '춘야희우(春夜喜雨)'라는 시를 짓기도 했다.

강진 다산(茶山) 선생의 초당을 가면 기와집으로 되어 있으나, 이곳의 초당은 아직도 풀로 엮어져 있는데, 이곳이 바로 두보초당이다.

대아당은 중국 역대 시인들이 굴원, 이백, 소동파 등 많은 시인들의 내력과 상(像)이 모셔져 있다. 분재들로 이루어진 8각형 정원 안에 두보의 시 100편 중 나무판에 조각되어 있다. 현대의 인물로 곽말약(郭沫若), 동필무(董必武), 우우임(于右任) 등의 글씨가 보인다.

가장 큰 돌 불상 낙산대불(樂山大佛)

낙산대불을 가기 위해서는 성도와 낙산까지의 고속도로인 성락고속도로를 타고 가야한다. 낙산으로 가는 도중에 소동파의 고향에 있는 삼소사(三蘇祠)가 나온다.

삼소사는 소동파인 소식(蘇軾), 아버지인 소순(蘇洵), 아우인 소철(蘇轍)을 함께 모시는 사당이다. 그 곳을 가지 않고 바로 지나간다.

고려 김부식의 아버지는 소동파 집안을 좋아해 소식의 식(軾)자를 붙였고, 동생은 소철의 철(轍)자 이름을 따 김부철(金富轍)이라 했다.

그런데 소동파는 고려를 아주 멀리 하려고 노력했다. 되도록 사신들이 들어오는 것을 싫어했으며, 책을 사가는 것도 싫어한 사람이다. 그것은 고려와 금나라가 친하게 지낼까 두려워했기 때문이다.

낙산에서 아미산까지는 약 20km만 더 가면 된다. 아미산은 중국 4대불교의 성지로 이름이 난 곳이다. 낙산이란 글자는 원래 요산으로 읽어야 하는데, 이곳만은 낙산으로 읽는다.

요산이란 요산요수(樂山樂水)에서 나온 말이다. 산을 좋아하고 물을 좋아한다는 말로 논어에 나온 글이다. 어진 사람은 산을 좋아하고, 지혜로운 사람은 물을 좋아한다는 뜻이다.

낙산 시내에 민강(岷江)이 흐르고 있다. 대불은 하나의 바위산을 그대로 놔두고 깎아 만든 것이다. 70여m 산이다. 산 위에서 내려오면서 부처님의 머리부터 발끝까지 보면서 내려와 다시 옆의 굴을 따라 밖으로 나간다.

민강가에 관불루(觀佛樓)에서 배를 타고 대불까지 바로 가서 볼 수 있다. 걸어가면 2시간 이상 걸리는 것을 배를 타면 10분이면 충분하다.

인류 최초의 제방 도강언(都江堰)

도강언을 가기 위해 시내를 지나가면 명청시대의 거리인 금대(琴臺)가 나온다. 금대라 하면 무한의 금대가 생각난다. 백아와 종자기의 지음(知音)에 대한 고사성어가 만들어진 곳이다.

그러나 이곳은 옛날 술 마시고 노는 장소인데, 지금은 북경의 유리창, 상해의 예원상장 등과 같은 옛날의 거리가 되었다.

조금 지나면 금사(金沙)란 지역으로 5천년 전에 탈이 발굴된 삼성퇴(三星堆)문화 유적지이다. 류첩 여유국장으로부터 탈을 선물로 받았다.

도강언에 흐르는 강은 민강이다. 도강언 입구 옆으로 남교라는 다리가 나온다. 3층 누각으로 민강을 사이에 둔 다리이며, 아름다운 누각으로 되어 있다.

도강언의 제방도 잘 되어 있지만, 아름다운 정원이 더 유명하다. 중앙에 분수대가 있고, 양옆에 12명의 도강언과 관계되는 인물들이 석상으로 만들어져 있는데, 그 중에 제갈공명도 있다.

도강언은 2,500년전에 제방을 만든 것으로 세계문화유산에 등록되어 있다. 도강언은 성도시에 속하는 현급시로 시 중앙에 최초로 만든 진(秦)나라 이빙(李氷)과 그 아들의 상(像)이 있다.

이곳에 3천년이나 되는 상목(商木)이란 나무는 기둥만이 남아있다. 2000년 6월 노태우 전대통령도 지나갔다. 민강 둑을 바라볼 수 있는 복룡관(伏龍觀)은 높은 곳에 2층 누각이다. 주변에 도교의 발상지인 청성산이 있어 청성산 박물관이 이곳에 있다.

두견새와 관련이 있는 망총사(望叢祠)

촉나라 망제(望帝)인 두우(杜宇)와 총제(叢帝) 별령(鱉靈)을 모시는 사당이다. 관현(灌縣)에 있는 망제사를 비현(郫縣)에 있는 총제사로 옮겨와 '망총사'라 하였다.

어느 날 망제가 강가에 와 보니, 물에 빠져 죽은 시체 하나가 떠내려 오더니 망제 앞에서 눈을 뜨고 살아났다.

망제는 이상히 생각하고 그를 데리고 돌아와 물으니 "저는 형주(荊州)에 사는 별령이라고 하는데, 강에 나왔다가 잘못해서 물에 빠져 죽었는데, 어떻게 해서 흐르는 물을 거슬러 여기까지 왔는지 모르겠습니다"라는 것이다.

망제는 '이는 하늘이 내린 사람이다'. 하늘이 내게 어진 사람을 보내주신 것이라고 생각하여 별령에게 집을 주고 장가를 들게 하고, 그로 하여금 정승을 삼아 나라 일을 맡기었다.

망제는 나이도 어리고 마음도 약한 사람이었다. 이것을 본 별령은 은연중 불측한 마음을 품고 망제의 좌우에 있는 신하 모두 매수하여 자기의 심복으로 만들고 정권을 휘둘렀다.

그때에 별령에게는 얼굴이 천하의 절색인 딸 하나가 있었는데, 별령은 이 딸을 망제에게 바쳤다. 망제는 크게 기뻐하여 나라 일을 모두 장인인 별령에게 맡겨 버리고 밤낮 미인을 끼고 앉아 바깥일은 전연 모르고 있었다. 이러는 중에 별령은 망제를 국외로 추방하고 자신이 왕이 되었다.

망제는 하루아침에 나라를 빼앗기고 쫓겨나와 그 원통함을 참을 수 없었다. 그리하여 피를 토하고 죽어서 두견이라는 새가 되어 밤마다 불여귀(不如歸)를 부르짖어 목구멍에서 피가 나도록 울었다.

뒷사람들은 그 새를 두우라고도 하며, 귀촉도(歸蜀途), 망제혼, 접동새, 소쩍새, 자규(子規)라 하여 망제의 죽은 넋이 변해서 된 것이라고 하였다. 고려말 이조년의 다정가에도 자규란 말이 나온다.

이화에 월백하고 은한이 삼경인제,
일지춘심을 자규야 알랴마는,
다정도 병인 양 하여 잠 못 들어 하노라

양자강 탐험의 출발지 중경(重慶: 충칭)

중경시는 중국 내륙 남서부 양장강의 상류와 중류로 나누어지는 지역이다. 사면이 산으로 둘러 쌓여 있어 산의 도시라 한다. 수상, 지상, 항공교통이 발달한 도시이다.

중경은 인천에서 직항노선이 있지만 많지 않기 때문에 북경이나 상해를 거쳐가야 한다. 중경의 경우 항공기들이 다니다 말다 하기 때문에 알아보고 가야 한다.

중경은 대한민국 임시정부가 마지막에 있었던 곳으로 상해의 임시정부보다 훨씬 규모가 크다. 건물 4동으로 되어 있고, 지금까지 두 차례에 걸쳐 보수가 이루어진 곳이다.

임시정부는 중경에서만 4번이나 옮겨 다녔다. 백범일지에 보면 1차는 양류가(楊柳街), 2차는 석판가(石坂街), 3차는 오사야항(吳師爺港), 4차는 연화지(蓮花池)에서 보냈다고 한다.

중경은 사천성에서 분리되어 북경, 상해, 천진과 같이 직할시이다. 중경을 우리의 광역시로 생각하면 잘못이다. 인구가 자그마치 3천만 명이 넘고, 남한 면적의 절반을 차지한다.

중경이란 이름은 쌍중희경(雙重喜慶) 즉 두 번의 거듭된 경사가 있었다는 뜻에서 유래되었다. 남송시대 조돈(趙惇)이란 사람이 경왕(京王)에 봉해지고, 곧 바로 황위를 계승 광종(光宗)이 된 것을 부른데서 유래되었다.

옛날에는 유주(渝州)라 불렀으며, 언덕이 많이 있어 산성도시라고 부르기도 한다. 중일전쟁이 일어난 1935~1945년에는 국민당 정부의 임시수도가 이곳에 설치되었다. 임시정부가 생기면서 중경은 비약적으로 발전하는 도시가 되었다.

중경은 산악도시이므로 자전거를 타는 사람이 많지 않으며, 케이블을 이용하여 강을 건너거나, 에스컬레이터를 타고 건너편을 이용하거나, 아파트에 돈을 주고 엘리베이터를 타는 곳도 많다.

중경은 남경, 무한, 형주, 의창 등에서 많은 짐들이 들어오고 나가기 때문에 짐꾼들이 많다. 우리는 상상도 할 수 없는 무게의 짐을 지고 잘도 다니는 모습을 볼 수 있다.

양자강의 본류인 장강과 지류인 가릉강(嘉陵江)이 흐른다. 장강은 황토물이 흐르고, 가릉강은 맑은 물이 흐른다. 이 두 강물이 합쳐지는데, 4km까지 분리된 것을 볼 수 있다.

여기도 경위분명(涇渭分明)이란 고사성어가 생각난다. 황하의 지류인 위수(渭水)와 경수(涇水)가 합쳐지면서 위수의 맑은 물과 경수의 흐린 물이 분명히 갈라지기 때문에 경위분명이란 말이 생겼다.

중경공항에서 시내까지 40분 정도 걸리며, 도시를 대대적으로 개발하고, 고속도로를 한창 건설 중에 있다. 중국 정부로부터 서부대개발이란 중경지역을 말한다.

산악의 도시라 낮에 다니는 것은 불편하여도 야경이 멋있다. 홍콩이나 상해에 비해 못하지만 머지않아 그 정도 될 것은 분명하다. 각 지역에 약칭이 있드시 중경은 파(巴)로 사용한다.

양자강 하행의 기점이 되는 중경은 옛날부터 수로를 중심으로 교통과 교역이 활발히 발달한 곳이다. 이곳에서부터 의창. 무한. 남경을 거쳐 상해까지 갈 수 있는 곳이다.

중경에서 가장 볼 만한 곳은 인민대례당이다. 장중한 느낌과 예술미가 있는 것으로, 북경의 천단 모양을 닮고 있는 건물이다. 1951년에 공사하여 1954년에 완공된 명조시대의 건축기술을 모방하여 세워진 곳이다.

이 건물을 공사할 때 건축장비가 없어 대나무 3만여개를 쓰면서 기중기를 대체하고 운반은 사람들의 힘을 빌려 완공한 곳으로 높이 57m이다. 대형공연이나 음악회 큰 회의가 있을 때 사용

중경시 인민대례당에서

된다.

양자강과 가릉강이 합쳐지는 조천문광장이 있는 곳도 볼만한 곳이다. 서기 314년 동진의 장군이 장이가 파(巴)나라를 멸망시킨 후 이곳에다 성을 쌓고, 천자(天子)의 문서를 받는 곳이라 하여 조천문(朝天門)이라 했으며, 강택민(江澤民)의 글씨가 써 있다.

아령공원은 중경시내에 제일 높은 곳에 있어 시내를 한눈에 내려다 볼 수 있는 곳이다. 그런데 아침에는 안개가 많은 도시이기 때문에 시내 전체를 보기가 힘든 곳이며, 항일전쟁 시기에는 장개석의 거처이기도 한 곳이다.

저녁이 되면 인민광장으로 나가면 즐길 수 있다. 광장바닥이 모두 대리석으로 되어있으며, '97년에 직할시로 승격되었다는 기념비가 있다. 중경사람들은 북경의 중국인들과는 얼굴 색이 조금 다르다. 약간 거무스레하고, 서역 지방의 냄새가 풍긴다.

중경은 사천성에서 분리되었기 때문에 음식이 사천요리이다. 그래서 맵고 짜다. 고추를 볶아 먹어, 한국인들에게는 음식이 제일 맞는 것 같다.

찜통의 도시 중경

중국인들은 남을 의식하지 않고 다닌다. 여름이면 웃통을 벗는 사람들이 많다. '99년 어느 날 북경에서 중경으로 가는 비행기를 탔다. 짧은 거리가 아닌 3시간 거리의 비행기를 탄다는 것은 돈이 많은 사람이거나 직위가 높은 사람만이 탄다.

그런데 나이가 40 정도 되어 보이는 남자가 웃통을 벗고 타는 것을 보았다. 정말 깜짝 놀랐다. 일반적으로 길거리에서 웃통을 벗고 다니는 사람들은 많지만, 비행기를 타면서 웃통을 벗고 타는 사람은 처음 보았으니까.

중국인들이 나에게 '어떤 사람이 웃통을 제일 많이 벗을까?' 물어 본다. 나는 아무나 잘 벗는다고 말하니, 그는 아무나 잘 벗지만 수박 장사들이 제일 많이 벗는다고 말했다. 웃통을 벗고 있어야 덥게 보여 수박이 잘 팔린다는 이야기다.

그런데 남자들은 그렇다고 치더라도 젊은 여자들이 내복 바람으로 시내를 돌아다니는 사람을 많이 보았다. 이것은 중국인들은 남을 의식하거나, 남에게 관여하는 일이 없기 때문이라고 말한다.

풍도의 귀신성

아침에 배를 타로 양자강을 따라 가면 풍도에 도착한다. 전에 삼협댐이 막기 전에는 케이블카를 타고 갈 수 있으나, 지금은 걸어가야 한다. 바로 옆에 커다란 옥황상제 모양의 호텔을 만들고 있다.

전국의 귀신이 모두 집결된 불교적인 사찰이라고 보아야 한다. 이승에서 죄를 지으면 어떠한 형벌을 받는다는 것이다. 가이드의 말을 빌리면 양귀비도 이곳에 와서 재판을 받았다고 한다.

귀신성 안에 장수석이란 돌이 있다. 동근 곳에 뾰족하게 서 있는 40cm 가량의 기둥에 올리는 것이다. 무게가 185kg으로 보통 사람들을 올릴 수 없다. 이 돌을 들어 올리면 부부간에 금실이

양자강 삼협시작의 석보채

좋다고 한다. 일반인들은 못하지만 그곳의 관리인은 몇 바퀴 돌리면서 바로 올린다.

건물 내에 무시무시하게 생긴 귀신 모양의 것들이 많이 있다. 아이들이 이곳을 보면 나쁜 짓을 하지 않을 것 같이 보인 교육이 될만한 곳이다.

풍도를 지나면 괴이한 건물 석보채(石寶寨)가 나온다. 이것은 중경시 충현 석보진에 위치한다. 300여년의 역사를 가지고 있으며, 탑으로 된 누각이 12층, 높이가 56m로 되어 있다. 세계 8대 기이한 건축물의 하나이다.

유비의 백제성(白帝城)

다시 배를 타고 가면 장비를 모시는 사당인 장비묘가 있는데, 삼협댐 건설로 강 건너 높은 곳으로 옮겼다. 장비는 죽기는 이곳에서 죽었으나 묘는 성도(成都)에 있다.

유비가 양자강변 백제성에서 죽으면서 제갈공명에게 부탁한 곳이 바로 백제성의 탁고당(托孤堂)이다. 아들 유선(劉禪)을 부탁한 '유비탁고(劉備托孤)'로 유명 곳으로 유비가 부탁하는 장면이 그대로 재현되어 있다.

유비가 누워있고, 그 앞에 아들 유리, 유영 옆으로 제갈공명, 조자룡, 장포, 마충, 마속 등 장군 들이 서 있다. 탁고당의 뒤 편으로 제갈공명의 무후사(武侯祠)가 있다. 무후사 양쪽으로 동 비림(碑林)과 서 비림으로 나누어져 있다.

이백의 시 조발백제성(早發白帝城)이 전국 어느 지역을 가더라도 장계의 풍교야박(楓橋夜泊) 처럼 많이 걸려 있으며, 시 또한 유명하여 중국 사람들에게 널리 애송하고 있으며, 강택민이 미국에 가서 이 시를 낭독한 적이 있다.

아침 아름다운 구름 속의 백제성을 떠나
천리나 되는 강릉 땅을 하루만에 갔구나.
양쪽 강 언덕에 원숭이 울음소리 멎기도 전에
가벼운 배는 이미 만겹이나 되는 산을 지났구나

朝辭白帝彩雲間　千里江陵一日還
兩岸猿聲啼不住　輕舟已過萬重山

백제성 두보가 머물렀던 '두보고거'가 있으며, '두보초당'도 있다. 두보는 안록산의 난리로 피난 생활을 하면서 지은 '등고(登高)' 시가 있다.

높은 산에 오르니 바람은 빠르고,
산 속의 원숭이소리는 슬프게 들리는구나.
강물이 맑아 모래는 하얗게 보이고,
뭇 새들이 날아다니는구나.
수명을 다한 낙엽들은 쓸쓸히 떨어지는데,
양자강 물은 끝없이 흐르는구나.
만리 땅에 가을이 슬퍼서 늘 나그네가 되고,
백년이나 되는 병에 나 홀로 대에 오르는구나.
가난과 고통으로 귀밑머리가 하얗게 되었으니,
쇠락한 몸골에 새로이 술잔을 멈추었노라.

風急天高猿嘯哀 渚淸沙白鳥飛廻
無邊落木蕭蕭下 不盡長江滾滾來
萬里悲秋常作客 百年多病獨登臺
艱難苦恨繁霜鬢 潦倒新停濁酒杯

세차게 물결치는 삼협(三峽)

양자강이 6,300km로 약 600km 구간에 협곡이 있다. 바로 3곳의 협곡을 삼협이라 하는데 구당협, 무협, 서릉협이다. 봉절에서 의창까지 193km 사이에 삼협이 있다. 지금 삼협댐 공사가 거의 끝나 삼국지에 나오는 유적지를 점점 볼 수 없게 되었다.

양자강에서 유래된 말이 있다. 공자가 한 말로 남상(濫觴)이란 말이 있는데 사물의 시초를 나타낸다. 공자가 양자강의 커다란 물도 근원지에 가면 술잔에 넘칠 정도라고 한데서 나온 말이다.

그러면 양자강은 얼마나 긴 강인가? 라고 질문하면, 청춘 남녀가 결혼하여, 오리 한쌍을 데리고 발원지에서 양자강 하구에 도착하면 아이가 3명이나 태어나고, 오리는 1,000마리로 불어난다는 말이 있을 정도다.

양자강을 유람하는 배는 여러 종류가 있다. 제일 좋은 배가 5성급, 4성급, 3성급이 있다. 5성급과 4성급은 주로 외국인을 위한 관광선이 있다. 중국인들이 타는 값싼 배도 있으나 에어컨이 없으므로 타기에 너무나 힘든다

보통 강의 넓이가 1km에 이르고 하구로 가면 4km 정도이다. 그러나 이 곳은 150m~200m의 양쪽 절벽 사이로 물살이 세게 흐르고 있다. 커다란 배끼리 지날 때 신호등을 받고 나아간다.

그런데 놀라운 점은 이미 2천년 전에 이 절벽 사이로 걸어 다닐 수 있도록 길이 만들어져 있다. 이런 길을 잔교(棧橋)라 부른다. 얼마나 많은 사람이 구멍을 파다 죽었겠는가를 알 수 있다.

두 번째 협곡 무협 12경이 있는데 가장 아름답고, 물살이 센 곳이 이곳이다. 송나라 시인 육유(陸游)는 '무산 12봉우리 중에 9봉우리만 보이는구나'라는 시를 짓기도 했다.

12봉 중에 가장 높이 솟아 있는 신녀봉은 아침 햇살을 일찍 받고, 저녁 늦게까지 해를 본다. 양자강은 협곡이기 때문에 해를 늦게 보고, 일찍 지는 곳이다.

양자강 삼협 선상에서

무산에서 용문교를 지나면 올라가면 소삼협이 나오고 또 다시 지류를 타고 올라가면 소소삼협이 나온다. 300m 절벽의 200m 지점에 현관(懸棺)이 있다. 현관이란 2천년전의 나무관으로 사람의 시체를 담아 그곳까지 올려놓은 것이다.

지금 생각으로는 상상을 초월할 정도이다. 요즈음 같으면 헬리콥터를 이용하며 조사를 하는데, 절벽에 비가 들지 않는 곳에 놓여 있다.

더 깊숙이 들어가면 남자들이 옷을 벗고 배를 끄는 장면을 볼 수 있는 곳이기도 한 곳이 소소삼협이다. 마지막 협곡인 서릉협은 삼협중 삼협으로 길이만 60여km에 이른다. 이곳에 삼협댐이 있다.

신농이 살았던 신농계(神農溪)

무협을 지나면 호북성 의창시 파동(巴東)이 나온다. 파동대교가 있으며, 소삼협처럼 신농계에 들어갈 수 있다. 신농계란 옛날 염제(炎帝) 신농(神農)씨가 이곳에서 약초를다는 전설이 나온다.

염제는 중국 삼황오제의 황제로 성은 강(姜)이다. 최초의 성이며, 호북성 수주(隨州)시가 태어난 곳이다. 신농계 옆에는 신농가(神農架)도 있다.

소삼협처럼 사람들이 배를 끌고 가는 모습은 정말 장관이다. 보통 승객이 200여명 내리기 때문에 조그만 배 20척 이상이 동시에 끌고 가는 모습을 보기 때문이다.

신농계의 배끄는 사람들

다시 조금 지나면 향계(香溪)란 곳이 나온다. 이곳은 초나라의 대 시인인 굴원(屈原)과 한나라시대 흉노족으로 간 미녀 왕소군의 고향이다.

서포 김만중 선생은 송강 정철 선생의 사미인곡과 속미인곡을 굴원의 이소(離騷)에 비교하기도 했다.

굴원의 이름은 평(平)으로, 전국시대 말 초나라 왕족의 후예다. 그는 뛰어난 학식으로 회왕(懷王)의 신임을 받아 26세에 나라의 정사를 주관하는 좌도(左徒)에 오른다. 그는 정치적 갈등으로 모함을 받게 되어 강남으로 추방된다.

유배되어 초췌한 몰골로 호숫가를 거닐고 있는 굴원에게 어부가 유배당한 이유를 묻는다. 세상 사람들이 죄다 부패했는데 자기 혼자만 깨끗했기 때문에 추방당했고, 세상 사람들이 모두 술에 취해 있는데 자기 혼자만 맑은 정신이어서 추방당했다는 것이다.

이것은 굴원이 자신의 결백함과 정치적 정당성을 선언하고 있는 것이라고 할 수 있다. 이러한 굴원의 비타협적 선언에 어부는 노를 두드리며 혼잣말처럼 노래하며 떠나간다. 이 구절 역시 명구로 암송되는 구절이다.

창랑의 물이 맑으면 갓끈을 씻고
창랑의 물이 흐리면 발을 씻는다.

滄浪之水清兮 可以濯吾纓
滄浪之水濁兮 可以濯吾足

굴원은 마침내 멱라수(覓羅水)에 빠져 죽는다. 이 말을 듣고 백성들이 종자(粽子)를 던지면서 배를 저어 간 놀이가 있는데 단오날에 행사를 한다. 종자란 대나무 껍질에 찰밥을 한 것과 같아 고속도로 휴게고에 많이 팔고 있다.

또한 왕소군(王昭君)의 고향도 이곳이다. 중국 한나라 원제(元帝) 때의 궁녀로 BC 33년 흉노와의 친화정책을 위해 흉노왕 호한야선우(呼韓邪單于)에게 시집가서 아들 하나를 낳았다.

그 뒤 호한야가 죽자 흉노의 풍습에 따라 왕위를 이은 그의 정처(正妻) 아들에게 재가하여 두 딸을 낳고, 그곳에서 생을 마쳤다.

왕소군에 대한 이야기는 전설화되어 후대에 많이 윤색되어 전해졌다. 서경잡기(西京雜記)에 따르면, 원제는 화공들에게 궁녀를 그리도록 명하여 그림을 보고 마음에 드는 여자를 불러들였다고 한다.

궁녀들은 모두 화공에게 뇌물을 주고 아름답게 그려달라고 했으나, 왕소군은 뇌물을 주지 않아 추하게 그려졌다. 원제는 그런 사실을 모르고 왕소군을 호한야에게 보내기로 결정한 후 그녀의 뛰어난 미모를 알고 나서 매우 안타까워했다.

그러나 외국과의 신의를 저버릴 수 없어 그녀를 보내고는 화공들을 죽였다고 한다.

두보(杜甫)와 이백(李白)을 비롯해서 당대(唐代)의 시인들도 이 이야기를 즐겨 썼다. 원·명대에는 희곡으로도 각색되었는데, 특히 원나라 마치원(馬致遠)의 희곡 한궁추(漢宮秋)가 최고의 걸작으로 꼽힌다.

세계 최대의 삼협댐

삼협댐은 만리장성 이후의 중국 최대의 역사(役事)로 꼽힌다. 1993년 착공한지 12년 6개월만이 2006년 5월에 완공했다. 삼협댐은 원래 손문 선생이 1919년 댐 건설 주장을 하기도 했다.

댐 높이 185m, 길이 2,309m에 이른다. 댐 건설에 앞서 삼협댐을 바라볼 수 있는 관광지를 해발 260m에 건설하였다. 자료관이나 기념관이 잘 만들어져 있으며, 중국전역의 1/2 전기 및 수자

삼협댐의 5계단 갑문

원이 제공된다고 적혀 있다.

유구한 중국문화는 바로 양자강과 황하에서 발생하여 내륙으로 침투해 들었다. 그 유구하고 장대하며 헤아릴 수 없는 역사유적, 문화유적이 물 속으로 많이 잠긴 것이 아쉽다.

댐의 갑문이 5단계로 되어 있으며, 삼협댐 아래에 갈주댐이 있는 데, 그곳은 갑문이 하나로 되어 있다. 갈주댐은 배 한척이 지나가는데, 이곳은 6척 이상이 동시에 움직인다.

지금은 4단계로 움직이는데 2시간은 족히 걸린다. 보통 저녁에 이곳을 통과하는데, 모든 사람이 나와 이것을 본다.

20여개의 수문으로 물이 나오는데 엄청나며, 오염물질 그리고 토사를 배출시키는 수문이 별도로 있다. 중국에서 대만과 전쟁이 일어나면 이곳을 공격 목표로 삼기 때문에 경비에 모든 신경을 쓰고 있다. 얼마 전 대만 간첩이 붙잡혔다는 이야기도 들린다.

마땅히 창성해야 할 의창(宜昌: 이창)

의창 시내를 가기 전에 삼유동(三遊同)을 지난다. 동굴은 높이가 6m 넓이가 23m의 동굴로 당나라 시대 이전에는 하나의 석회암 동굴에 불과하였다.

서기 819년 당나라 시대 시인 백거이가 그의 동생 백행간(白行簡)과 시인 원진(元稹)과 우연히 세 사람이 놀았다. 백거이 즉 백락천이 우리 세 사람이 놀았으니 삼유동이라 명하였다.

그후 100여년이 지난 후 소동파 3부자 소순, 소식, 소철이 놀았다 하여 후삼유라 부르기도 한다. 현재 삼유동에는 백락천의 삼유동서 등 많은 비석이 남아 있다.

점심시간에 의창시 국장들과 함께 할 자리가 있었다. 그들에게 이곳은 중국의 유명한 시인들이 이곳을 지나갔으며, 이백이나 두보가 지나간 길이란 비석을 세우는 것도 좋을 것이라 말하자, 그들도 좋은 생각이라 말했다.

의창은 비록 작고 산골 도시이지만, 공항도 있고, 삼협댐으로 인한 소득과 관광자원이 풍부하기 때문에 마땅히 창성될 것으로 생각되었다. 의창이란 한자가 바로 그러한 뜻이기 때문이다.

삼국지의 무대 형주(荊州: 징저우)

형주는 옛날에서 창성했지만, 지금은 많이 쇠락되었다.

의창에서 형주까지는 약 90여km로 그리 멀지는 않다. 시내에 들어오면 아직 깨끗하지 못하다. 몇 년전 중국이 변하지 않는 모습 그대로 보는 것 같다.

형주는 옛날 강릉으로 많이 알려진 곳이다. 그래서 이백의 시에도 천리강릉일일환이란 시에도 나온다. 형주에서 볼만한 곳은 형주 박물관이다.

이곳에는 2년년이 넘는 미이라가 보존되어 있다. 이것만 가지고 전시실을 몇 개 차지하고 있다. 그리고 박물관 내에 초악궁(楚樂宮)이 있다.

이곳에서 돈을 받고 공연을 한다. 아름다운 아가씨들이 나와

삼국지의 무대 형주 고성

노래와 춤을 추는데 볼만하다. 사면초가(四面楚歌)라는 고사성어가 있다.

적에게 둘러 쌓여 포위된 신세가 되었을 때 쓰는 말이다. 사방에서 초나라 노래를 부른다는 것이다. 아마도 이 노래가 그러한 것이라 생각한다.

또한 볼만한 곳은 형주고성이다. 고성에 누각이 있는데, 빈양루(賓陽樓)가 있다. 이곳에 올라가면 삼국의 촉나라에 나오는 유비, 제갈량, 장비, 관운장, 조자룡, 강유 등 영웅들이 모두 있다.

누각에서 바라본 형주의 시내를 바라볼 수 있다. 조금 아쉬운 점이 있다면, 아직 관광지로 개발되지 않았다는 것이다.

바로 옆에 강릉비원(江陵碑苑)이 있다. 주은래, 엽검영, 우우임, 손문 등 유명인들의 비가 300여개나 있고, 아름다운 정원으로 꾸며졌으나 찾는 이가 없었다.

형주에는 삼국을 나타내는 9만여평이 넘는 아름다운 삼국공원이 있고, 도원결의를 나타내는 삼의가(三義街) 거리가 시내에 있다.

장가계 출신 중국의 10대 장군에 속하는 하룡(賀龍) 장군의 살던 집이 있다. 형설지공(螢雪之功)이란 고사성어에 나오는 차윤(車胤)이 살았던 곳이다.

선상에는 매일밤 쇼가 있다. 첫째 날은 중국 소수민족 및 한(漢), 당(唐), 명(明), 청(淸) 나라 등 의상 쇼 및 비단 쇼가 있으며, 둘째 날은 노래 자랑, 셋째 날은 선장 초대 연회 가 있다.

황학루(黃鶴樓)가 있는 무한(武漢: 우한)

중국의 3대 찜통도시의 하나로 무창(武昌), 한구(漢口), 한양(漢陽)을 합친 도시다. 한양이란 한강의 북쪽 지방을 일컫는 말이다.

무한은 중국의 배꼽 도시로 불리는 중요한 도시이다. 3천년 전부터 번화했던 도시로 지금도 상공업이 발달해 있다. 북경-홍콩간 철로나 상해-중경 구간도 무한을 통과한다.

무한시청 부근에 유럽식 건물들이 즐비하고, 그곳에 송경령(宋慶齡)의 옛집이 있다. 송경령의 남편이 손문이 이곳에서 신해혁명을 일으킨 곳이다.

중국의 전통적 황제지배체제를 무너뜨리고 아시아 최초의 공화국을 세운 신해혁명은 좁은 의미에서 1911년 10월 무창봉기에서 시작되어 1912년 4월 원세개정권의 성립에 이르는 시기의 변혁과정으로, 넓은 의미에서는 1895년 무렵에서 시작되어 1913년 이른바 제2혁명의 실패로 끝나는 시기에 걸친 중국사회의 전반적이면서도 상당히 급속한 변화과정으로 이해될 수 있다.

손문을 중심으로 한 혁명파들은 1905년 일본의 동경에서 중국동맹회(국민당의 전신)를 결성하고 청조 타도를 외치며 혁명운동을 전개하였다. 혁명의 이념은 민족(民族), 민권(民權), 민생(民生)을 주장하는 삼민주의였다.

이와 함께 국내에서도 혁명세력이 성장하여 1911년 10월 11일 마침내 이곳 무창에서 군사봉기가 성공하자 혁명은 전국을 휩쓸었다.

이 무창봉기 이후 각 성은 청조로부터의 독립을 선언하였고, 혁명파는 1912년에 드디어 남경에 중화민국 임시정부를 수립하였다. 손문이 임시 대총통으로 선출되었으며, 중국동맹회는 국민당으로 창설되었다.

이것이 바로 신해혁명(辛亥革命)이다. 이 신해혁명의 성공으로 청조의 260여 년에 걸친 통치가 끝나고 2천여 년 동안의 황제통치가 막을 내리면서, 공화제를 기반으로 한 중화민국이 탄생하게 된 것이다.

무한에는 중국의 3대 누각인 황학루가 있다. 삼국시대(서기 223년)부터 지어진 것으로 몇 차례 개축하여 지금에 이른다. 현재 것은 1985년 등소평 시절에 만든 것으로 5층 건물로 높이는 51m이며, 볼거리가 무려 35개나 된다.

황학루 입구에 천하강산 제일루라 적혀 있으며, 출구에 명청시대의 거리가 있다. 황학루는 5층 누각으로 되어 있지만, 일반 건물 10층 높이와 비슷하다.

황학루에 오르면 무한 시내를 한눈에 바라볼 수 있다. 모택동의 시비정과 연못, 이백의 세필지(洗筆池)와 각필정(擱筆亭)이 유명

중국 제일의 누각 황학루

하다.

각필정이란 최호(崔灝)의 황학루시에 감탄한 이백이 시를 짓지 못하고 붓을 놓았다는 곳이다. 이백은 이곳에 최호를 필적할만한 시를 짓지 못하고 남경에서 등금릉봉황대를 지었다.

항주에 가면 악비묘가 있는데 이곳에 악비의 동상이 있다. 원나라시대 만든 백탑과 매원이라는 정원은 아름답다. 최호가 정치적으로 물러나 떠돌아다니면서 황학루에서 자기의 심정을 노래한 시가 유명하다.

> 옛날 사람은 이미 황학을 타고 날아갔고,
> 빈터에 황학루만 쓸쓸히 남아 있네.
> 황학은 한 번 가면 다시 돌아오지 않으니,
> 하늘에 흰 구름은 천년동안 유유히 떠다니고 있네.

청천에 한양수가 역력히 보이고,
꽃과 풀은 앵무주에 무성하게 보이네.
날이 저무는데 내 고향은 어딘가,
물안개 자욱한 강 위에 외로이 근심만 하는구나.

昔人已乘黃鶴去　此地空餘黃鶴樓
黃鶴一去不復返　白雲千載空悠悠
晴天歷歷漢陽樹　芳草萋萋鸚鵡洲
日暮鄕關何處是　煙波江上使人愁

양자강 건너에 청천각이 있다. 우(禹) 임금이 홍수 관리를 잘해 건립된 곳이다. 황학루가 당나라와 송나라시대에는 2층으로, 원나라와 명나라시대에는 2.5층, 청나라시대에는 3층으로 현재는 청나라식 5층으로 되었다.

항주는 서호로 유명하지만, 무한은 동호(東湖)로 유명하다. 동호에 굴원(屈原)을 기념하는 석상이 있다. 굴원 이곳에서 지냈기 때문에 세워져 있다.

동호 역시 민물 진주가 유명한 지역으로 진주가 많이 생산된 지역이다. 쇼핑센터에 가면 민물진주를 파는 곳이 많음을 알 수 있다.

지음(知音)이란 고사성어가 만들어진 곳이 바로 무한에 있다. 정원에 지금도 백아(伯牙)가 거문고를 쳤던 금대(琴臺)가 있다. 이곳에서 고산유수(高山流水)를 치자, 종자기(鍾子期)가 몰래 들었던 지음수(知音樹)라는 나무가 있다.

춘추시대 백아와 종자기가 있었다. 백아는 거문고의 명인이었고, 종자기는 듣기를 잘한 사람이었다. 그러던 어느 날 종자기가 죽었다는 소식을 듣고 백아는 '이 세상에 내 거문고 소리를 들을 줄 아는 사람이 없다'면서 거문고 줄을 끊어 버린 데에서 유래되었다.

최치원 선생의 추야우중(秋夜雨中)에 세로소지음(世路少知音, 세상에 알아주는 사람이 없구나)이란 글귀에도 지음(知音)이 나온다.

악양루(岳陽樓)와 동정호(洞庭湖)

'동정천하수, 악양천하루'라는 글이 악양루 입구에 있다. 동정호는 천하 제일의 물이요, 악양루는 천하의 누각이란 뜻이다.

당나라시대 어렸을 때부터 악양루에 올라가 동정호를 바라보는 것이 꿈이었다. 김만중의 구운몽도 동정호를 배경으로 지었다. 동정호 내에 있는 악양루는 중국 3대 누각이다.

악양루기를 지은 사람은 범중엄(范仲淹)으로 청렴결백한 관리이다. 그의 석상은 고향인 소주시 천평호텔 부근에 세워져 있다.

그는 북송 때 정치가로 과거에 급제하여 관계에 들어섰으며, 재상 여이간(呂夷簡) 일파의 정치를 비판하고, 조정에서 파벌싸움을 일으켜 여러 번 좌천되었다.

서하(西夏)의 방위를 위해 사령관으로서 북서쪽 변경에 몇 년간 머물렀고, 1043년 중앙에 돌아와 구양수(歐陽修) 등과 함께 정치개혁을 하였으나, 반대파의 공격으로 1년 만에 좌절되었다.

그가 쓴 악양루기에 '천하의 근심에 앞서 먼저 걱정하고, 천하의 기쁨은 나중에 기뻐한다'라고 한 말은 유명하다.

시인 두보도 피난 중에 꿈에 그리던 동정호를 보고 악양루에 오르면서 지은 시가 있다. 전에 고등학교 교과서에 '두시언해'가 나왔지만 지금은 없는 것 같다. 두보의 '등악양루(登岳陽樓)'라는 시로 더욱 동정호는 유명해졌다.

> 옛날부터 동정호의 아름답다는 말을 들었는데,
> 오늘에야 비로소 악양루에 오르는구나.
> 오나라와 초나라는 동쪽과 남쪽으로 갈라졌고,
> 하늘과 땅은 밤낮으로 둥둥 떠 있구나.
> 친한 친구의 편지 한 장 없으니,
> 늙어감에 외로운 배만 넓은 호수에 떠있구나.
> 전쟁은 아직도 고향 땅에서 계속되고 있으니,
> 난간에 기대어 눈물을 흘리노라.
>
> 昔聞洞庭水 今上岳陽樓 吳楚東南坼 乾坤日夜浮
> 親朋無一字 老去有孤舟 戎馬關山北 憑軒涕泗流

이 시는 안록산의 난리에 폐병을 앓고, 떠돌이 신세로 있으면서 죽기 바로 전에 지은 시로 많이 알려진 시이다.

두보는 동정호 아래 담주라는 곳에서 죽기 전 이구년(李龜年)을 만난다. 이구년은 당나라 현종시대 가장 유명한 가수였다.

이구년이가 지나가면 뭇 여성들 존경의 대상이 되었다. 그 옛날 호화롭던 시절은 어디 가고, 거리에서 돌아다니며 노래 한곡 부르고 거지 노릇을 하고 있는 이구년을 보고 지은 시다.

강남에서 이구년을 만나다

기왕의 집안에서 그대를 늘 보았었고,
최구 집 앞에서 몇 번이나 노래를 들었도다.
정말 이 좋은 강남 땅에 풍경은 좋은데,
꽃 떨어지는 시절에 또 그대를 만나는구나.

岐王宅裏尋常見　崔九堂前幾度聞
正是江南好風景　落花時節又逢君

기왕은 현종의 동생으로 최고의 권력가였고, 최구는 식객 3천 명을 거느린 최대의 세력가 집안에서 잔칫날이면 두보는 말석에서 최구의 노래를 들을 수 있었는데, 그 좋은 시절은 어디 가고, 이제 꽃 떨어지는 시절, 즉 죽어 가는 시절에 또 한번 만나는 장면이다.

중국 제일의 명산 황산(黃山)

황산은 상해를 통해 비행기로 이용할 수도 있고, 항주의 천도호를 지나서도 갈 수 있다. 남경을 거쳐 기차로도 갈 수 있고, 고속도로가 완공되어 항주를 지나 갈 수도 있다.

중국의 제일의 명산 황산은 1,864m로 안휘성에 있다. 케이블카가 3곳이나 있지만, 사람이 많을 때는 너무 많이 기다리는 것이 흠이다. 금강산과 설악산을 합한 것이 황산이라고 생각하면 된다

황산은 하나의 봉우리로 되어 있는 것이 아니라, 72개의 봉우리와 24개의 계곡으로 이루어진 산악지대이며, 황산이 더욱 알려지게 된 것은 명나라 때 여행전문가였던 서하객(徐霞客) 때문이다.

그는 30년에 걸쳐 중국의 명산대천을 돌아다닌 후 황산을 말하면서 '오악(五岳)인 태산, 화산, 형산, 항산, 숭산에서 돌아온 사람은 보통의 산은 눈에 들어오지 않는다. 그러나 황산에서 돌아온 사람은 그 오악조차도 눈에 들어오지 않는다'라고 하였다.

황산은 아침 안개가 자욱할 때, 바라보는 것이 제일이다. 맑은 날 산을 바라보는 것은 설악산과 비슷하다. 그러나 안개가 끼일 때 바라보는 것이 일품이다.

안개가 끼이면 동서남북으로 보이는 산이 바다 위의 섬과 같아 보인다. 그래서 황산은 전해, 천해, 동해, 서해, 북해로 되었다. 황산의 아름다움을 글로 표현한다는 자체가 우스운 일이라는 생각이 들었다.

지난 1990년 12월 유네스코의 자연 유산의 하나로 황산을 중국인들이 중국에서 가장 적지로 칭송하고, 일생동안 보고 싶어하는 산을 황산으로 꼽는다.

황산의 안휘성 남부의 황산시에 속하며 산악지대의 남북간, 동서간 길이는 30km에 이른다. 관광특구 전체 면적이 1,200km^{2}로 기기묘묘한 것이 여성스러움은 설악산을 닮았고, 웅장한 것은 지리산과 견줄 수 있는 곳이다.

황산은 황제헌원이 한 때 수련을 통해 신선이 된 곳이라 전해지며, 747년 당나라 현종이 산세의 수려함과 그 위용이 중국의 어느 산보다 훌륭하기 때문에 '황산'이라고 명명했다고 한다.

황산의 기암괴송

산 전체가 붉은 색의 화강암으로 이루어졌으며, 하늘이 그린 그림이라는 칭송을 받기도 한다. 이름이 붙은 봉우리는 인간선경이라 칭하는 명승지이다.

높은 산과 풍성한 강우량, 깊은 골짜기가 어우러져 천하 절경을 이루고 있는데, 황산 운해(雲海)의 놀라운 비경을 본 관광객들은 평생동안 그 감동을 잊을 수 없다고 한다.

자광각에서 케이블카로 옥병루까지 오른 뒤 황산 최고봉인 연화봉(1,860m)을 거쳐, 산행의 백미인 서해대협곡을 지나가는 코스가 있다. 본격적인 서해대협곡 산행이 가파른 절벽 사이에 콘크리트 다리를 걸쳐 만든 본선교를 지나면서 시작된다.

깊이 수백 미터의 절벽 중턱을 가로질러 계단으로 난 대협곡 루트는 마치 공중에 허공다리를 걸어놓은 듯, 아래를 쳐다보기만 해도 다리가 흔들거린다.

수천 길 낭떠러지의 아찔한 절벽과 거대한 기암봉들의 그림자가 어우러진 절경이 마치 '마귀의 환영' 같다고 해서 선인들이 서해대협곡을 가리켜 마환세계라 칭한다.

절벽에 매달린 계단을 걷다 위를 쳐다보니 거대한 칼로 쳐낸 것 같은 뾰족한 봉우리들은 금세 머리 위로 쏟아져 내릴 기세다. 아래로는 까마득한 협곡이 시커먼 입을 벌리고 있으니 시선을 돌리기조차 쉽지 않다.

서해대협곡 루트는 1979년 76세의 나이로 황산에 올랐던 등소평이 협곡을 보고 감탄하여 개발을 지시했다고 한다. 그 후 12년간의 설계 기간과 9년 간의 공사 기간을 거쳐 2001년에야 완공됐다.

황산의 일출이 가장 아름다운 곳은 청량대다. 이곳을 중턱에 품은 사장봉(1,670m)정상은 또 일몰의 명소, 마치 원숭이가 운해를 바라보는 것 같다 하여 '후자관해(猴子觀海)'라 이름 붙여진 바위 또한 이 곳에 있다.

청량대의 일출을 감상한 뒤 비래석, 서해문을 거쳐 백아령으로 이동하면 서해대협곡의 전경이 한눈에 들어온다. 숲을 나와야 비로소 숲이 보이는 법, 서해대협곡의 시원한 전체 비경을 보는 순간 대협곡을 걸을 때 피로가 거짓말처럼 풀린다.

중국 황산은 예로부터 구름이 바다를 이룬다하여 운산(雲山)이라 일컬었다. 바람과 함께 움직이는 구름이 봉우리 사이를 흘러다니며 기암괴석과 노송을 감추었다 드러내기를 반복하면 한 폭의 산수화다.

기암괴석의 봉우리마다 뿌리내린 천태만상의 소나무들은 운해와 어우러져 더욱 기묘한 풍광을 연출한다. 황산은 운해(雲海), 기송(奇松), 괴석(怪石), 온천(溫泉)으로의 4절(絕)로 유명하다.

황산은 이외에도 가볼 만한 곳이 많다. 언제 누가 팠는지, 무엇을 위해 팠는지 모르는 화산미굴이란 동굴이 있다. 규모는 여기 저기에 많이 있다.

황산 시내에 옛 거리 또한 볼만하다. 북경에서 유리창과 같은 골목이지만, 이 지방은 먹이라던가, 종이가 유명하여 전국에서 문방4보를 사기 위해 몰려 든 곳이다.

천하제일 계림(桂林: 꿰이린)

옛날에는 계림을 갈 때 북경이나 상해를 거치거나, 홍콩을 통하여 심천을 통해 갔는데, 지금은 계림까지 직항로가 개설되어 훨씬 편리하다.

계림은 광서 장족자치구의 동북부에 위치한다. 말 그대로 천하제일의 산수다. 산이 맑고(山淸), 물이 빼어나게 아름다우며(水秀), 동굴이 기이하고(洞奇), 돌이 아름답다(石美).

아시아에서 계림의 산수와 비슷한 곳이 베트남의 하롱베이다. 금강산도 계림에 비할 바가 못 되지만, 장가계를 보고 계림을 보는 것보다, 계림을 보고, 장가계를 보아야 더욱 가치가 있다.

계림이란 계수나무가 숲을 이룬다고 해서 생긴 이름이다. 그래서 계림은 다른 지역보다 계수나무가 훨씬 많으며, 도시의 가로수가 계수나무다.

천하제일 계림산수

계림은 천하제일이라는 절경답게 도시가 깨끗해졌으며, 가을이면 거리에 계수나무 꽃이 흐드러지게 피는 곳이다.

도시 한 가운데 흐르는 강을 이강(漓江)이라 부르는데 그 아름다움으로 인해 더 유명한 계림은 중국의 산수가 빼어난 관광도시이다. 기온이 온화해 겨울에도 영상의 온도를 유지한다. 하지만 영상기온으로 인해 계림은 조금은 더운 도시이다.

중국에서 흔히 '하늘에는 천당이요 땅에는 소주와 항주'란 말이 있지만, 계림을 보지 않고 평한다는 것은 우스운 일이다.

'계림산수 갑천하'라는 말이 있다. 계림이 천하의 제일가는 산수라는 것이다. 계림을 설명하는 말 중 가장 유명한 말은 '이강에서 배를 띄우고 고기를 잡는 계림 시민일지언정 신선은 안한다'는 말이 있다. 이 말은 이강의 운치가 신선의 자리를 마다할 만큼의 가치가 있다는 뜻이다.

많은 사람의 입에 오르고 있는 이강 유람선 갑판에 올라 경치에 빠져 있노라면 여름의 뜨거운 햇볕을 피할 수 있는 곳은 없어도 갑판을 떠나고 싶은 마음이 없다.

강이 그리 깊지 않아 '정말 이 배가 떠 있는 것일까'라는 생각이 들 정도로 밑이 보이지만 왜 그토록 많은 이의 입에 오르고 있는지를 실감할 수 있다.

계림 관광은 중국 관광의 절정이라 할 수 있다. 동양화의 그림이나 사진에 자주 등장하는 산수화가 바로 이강의 산이다. 계림에서 양삭까지는 83km로 마이산 같은 산봉우리가 3만여 개가 나온다.

관광객들이 죽강(竹江)에서 배에 오르자마자 사진 촬영하느라 정신이 없다가 배가 출발한지 2시간이 지나면 전부 뱃속으로 들어와 눈을 감고 자버린다. 계림은 가이드의 설명이 필요 없다.

너무나 아름다운 풍경을 많이 보기 때문에 눈이 아플 지경이다. 배 안에서 점심을 먹고 양삭에서 내린다. 양삭도 대단히 아름답다. '양삭의 산수는 계림에서 으뜸'이라는 말이 있다.

양삭을 관광하고 다시 버스를 타고 1시간 이상 달려 계림에 도착하게 된다. 그러나 요즈음은 관암동굴 부근까지 버스로 이동한 후 그곳에서 배를 타고 1시간 가량 이강을 관광하다 관암동굴로 이동하는 코스가 개발되었다.

신비스러운 관암동굴

버스를 타고 관암(冠岩)동굴 앞까지 가서 그곳에서 배를 타고 이강을 1시간 반 가량 관광한 후, 관암동굴로 가는 코스가 있다.

계림에서 관암까지는 35km의 거리다. 이강을 따라 관암으로 가는 길도 경치가 이루 말할 수 없이 절경이다. 특히 우리나라에 없는 봉미죽(鳳尾竹)이란 대나무가 많아 관광객을 반기는 듯하다.

관암동굴에 들어가기 전에는 소수민족 아가씨들이 물을 뿌리면서 반갑게 환영하는 모습이 태국의 물의 축제와 비슷하다. 10층 높이의 엘리베이터를 타고 내려가면 폭포수가 있다. 동굴 속의 각양각색의 모양인 악어, 독수리, 복숭아 등 수천 가지의 조화를 이루어 조물주의 신비로움이 이곳에 다 나타난 것 같다.

한참을 구경 하다가 조그만 기차를 타고 5분 이상 달려간다. 그 뒤 다시 여러 가지 신비한 동굴 모습을 구경하다 이번에는 10여분간 배를 탄다.

깊이가 3m 이상이나 된다고 하니 꽤나 깊은 곳으로 물소리가 요란하다. 밖으로 나올 때는 걸어 나가거나 모노레일을 타고 가는 두 가지가 있다. 대만 자본가가 투자하여 개발한 곳이다.

기이한 봉우리와 산

계림의 북쪽에 위치한 독수봉(獨秀峰)은 남북으로 긴 장방형의 성벽으로 둘러싸인 높이 70m의 봉우리다. 시내의 기이한 봉우리 중에서 가장 높다. 그래서 홀로 독(獨)자에, 빼어날 수(秀)에, 봉우리 봉(峰)을 조합한 독수봉이라는 이름으로 불린다.

서쪽 길에서 277개의 계단을 올라서 정상으로 간다. 도시의 동쪽을 흐르는 이강, 도시를 푹 감쌀 듯이 서 있는 수많은 기봉이 보인다. 육조의 시인 안연지가 자주 머무르며 시를 지었다는 암가(岩家)와 절벽에 새겨진 한시들이 많이 새겨져 있다.

독수봉의 동쪽 이강의 기슭에는 기이한 복파산이 있다. 복파산의 중턱 일대는 공원과 후한 시대의 마원(馬援) 장군을 기리는 정월사가 있다. 복파산은 정상까지 올라갈 수 있으며 이곳에서 보는 경치가 최고라 말할 수 있다.

산의 남쪽으로 내려오면 환주동과 천불애 등 볼만한 것들이 많이 있다. 복파산의 북쪽으로 5~6분 걸어가면 첩채산(疊彩山)이 나온다. 첩채산은 독수봉, 복파산과 달리 정상이 4개가 있는데 223m인 명월봉(明月峰)이 그것이다. 명월봉은 계림시내에서 가장 높은 산으로 표면이 마치 비단을 포개어 놓은 것과 같은 모양을 하고 있어 첩채산이라고 부른다.

산 속으로 들어가면 석가상이 있고 바로 옆에는 풍동(風洞)이라는 동굴이 있다. 동굴 안의 벽화에는 청나라 시대에 새겨진 시와 그림이 있다.

첩채산의 터널을 지나면 배를 타고 강을 건너면 시내와는 전혀 다른 조용한 곳으로, 물소가 풀을 뜯고 오리가 헤엄치고 있다. 한가로운 풍경을 보고 싶은 사람에게 알맞은 곳이다.

코끼리 모양의 상비산(象鼻山)은 이강과 도화강이 합류하는 곳으로 코끼리가 물을 마시려 하고 있는 모습을 그대로 표현한 듯한 바위다. 전에는 주위가 산만했으나 지금은 잘 정비되어 아름다운 공원으로 조성된 곳이다. 주변의 강에서 아낙네들이 빨래하고 있는 모습을 자주 볼 수 있다.

상비산을 돌아서 시내 쪽으로 향하면 칠성공원이 나온다. 공원에는 월아산, 칠성암, 낙타봉 등이 있다. 북두칠성을 말하는 것으로 이 부근의 봉우리들이 북두칠성과 비슷하게 위치하고 있다고

계림 낙타봉에서

해서 칠성공원이라는 이름이 붙여졌다.

공원에서 볼만한 것은 칠성암의 종유동굴이다. 적, 청, 녹색의 불빛이 비쳐지는 종유석이 정말 아름답다. 공원 안에는 동물원도 있다. 완전히 낙타 모습과 같은 낙타봉 앞에 미국 클린턴 대통령이 연설했던 장소가 그대로 있다.

중국인들은 뱀 요리를 즐겨 먹는다. 대만의 야시장에 가면 어린이들이 뱀을 닭고기 뜯어먹는 것과 같이 즐겨 먹는 것을 볼 수 있다. 뱀을 즐겨 먹는 것은 중국 어느 지역에서나 쉽게 볼 수 있는 광경이다.

무릉도원 장가계(張家界: 짱자제)

도연명의 '도화원기(桃花源記)'에는 진(晉)나라 시대 어느 어부가 복숭아꽃이 많이 피어 있는 강을 따라 가다가, 큰산이 가로막혀 구멍 하나가 있기에 들어가니 사람들이 많이 살고 있었다.

사람의 생김새나 말씨와 입은 옷이 모두 같았는데, 그들은 진(秦)나라시대 나라가 혼란할 때 이곳에 도망 와 살았다는 것이다.

살기 좋은 낙원을 무릉도원이라고 부른데, 장가계를 무릉도원이라고 말할 수 있는 곳이다. 실제로 장가계시에 무릉원이라는 지명이 있다.

장가계는 호남성 서북부에 위치한 곳으로, 장가계에 가기 위해서는 상해, 북경, 광주(廣州), 중경 등에서 국내선을 이용할 수 있다.

장가계가 알려진 것은 몇 년 전부터이다. 전에는 항공기 몇 편되지 않았지만 지금은 많이 증편되었기 때문에 즐겨 찾는 관광코스가 되었다.

중국 대륙을 관광할 때 계림을 보고 장가계로 가는 코스가 좋다. 계림에서 장가계까지 12시간의 장거리 기차를 타야 한다. 조금 힘들기는 하지만, 침대 칸을 이용하기 때문에 낭만적이다.

기차가 장가계 부근에 이르면 바위에 커다란 구멍이 뚫린 천문산이 나타난다. 얼마 전에 영국인이 비행기를 조종하여 이 구멍을 통과했다. 지금 케이블카를 이용하여 천문산까지 올라갈 수 있을 것이다.

무릉원에는 하늘을 찌를 듯이 우뚝 솟아 있는 기암 절벽과 맑

장가계의 기암괴송

고 아름다운 호수, 그리고 곧게 뻗은 수려한 나무와 숲들이 제 모습을 뽐내고 있는 천하비경이 감추어져 있다. 때론 감히 인간이 범할 수 없는 신의 경계에 관광객은 당혹스러운 환희를 감출 수 없다.

장가계는 계림, 곤명 등에 비해 개발이 늦어 크게 알려져 있지 않은 중국 관광지 중 하나다. 1992년 유네스코에서는 세계 자연 유산으로 지정할 정도로 그 가치를 인정받고 있다.

무릉원은 장가계 국가삼림공원, 삭계욕 풍경구, 천자산 풍경구 등 세 개의 풍경구로 나누어져 있다. 이들은 모두 인접해 있고 산책로로 연결되어 있다. 전체를 다 보려면 최소한 4~5일은 소요될 정도로 넓고 크다.

장가계는 지각운동으로 해저가 융기하여 육지가 된 후 침수와 자연붕괴가 반복되고 바람과 기온의 영향으로 지형이 서서히 바뀌면서 깊은 협곡과 기이한 봉우리, 천연의 맑은 계곡 등이 생겨 형성되었다.

장가계의 웅장함은 계림에 비할 바가 아니지만, 장가계를 남성적이라 하면, 계림은 여성적이라 할 수 있다. 장가계는 관광객을 맞이하기 위해 10여년 동안 도로공사를 마쳐 지금은 잘 닦여진 길로 다닐 수가 있게 되었다.

천하의 명승 천자산(天子山)

장가계의 대표적인 관광지로는 깎아 내리듯 웅장한 절벽과 구름이 어우러져 마치 천상의 모습 같은 천자산을 들 수 있다. 해발 1,300m의 천자산 아래로는 천하절경 무릉도원이 펼쳐진다.

홍콩 자본이 들어와 케이블카가 건설되었기 때문에 홍콩의 해양공원 케이블카와 비슷하다. 300~400m의 돌기둥 위로 지나가면서 아래를 내려다보면 현기증이 날 정도로 아슬아슬하다.

지구상에 이보다 더 아름다운 곳이 있을까? 하는 생각이 든다. 너무나 아름다운 풍경에 무어라 형용하기 어려울 지경이다. '바로 이런 곳에 신선이 살겠구나'하는 생각이 든다.

천자산에서 바라보면 임금님이 글을 썼다는 어필봉(御筆峰), 선녀가 꽃을 받친다는 선녀산화(仙女散花) 등 수 만 가지가 한 눈에 보인다. 바로 옆에 하룡공원이 있다.

하룡공원에는 하룡(賀龍) 장군의 동상이 있다. 하룡 장군은 모택동의 10대 참모로 중국을 건국하는데 대단한 공로가 있다고 하여, 동상을 크게 만들었다.

병기관, 하룡전시관 등이 있고, 동상의 높이는 6.5m이고 무게가 9톤으로 현재 중국에서 가장 큰 동상이라고 한다. 공원 입구의 하룡공원이라는 네 글자는 1995년 강택민이 직접 쓴 것으로 눈길을 끈다. 하룡 장군이 담배를 대단히 좋아했는지 동상의 형상이 담배 파이프를 물고 있는 모습이다.

천자산에 오르면 어필봉이라는 봉우리가 절경을 이룬다. 세 개의 봉우리가 구름과 하늘을 가리키고 있으며 높고 낮음이 들쭉날쭉 하면서도 잘 어울린다. 흙이 없는 돌 봉우리 위에 푸른 소나무가 마치 붓을 거꾸로 꽂아 놓은 것 같다.

어필봉의 전설에 의하면 전쟁에서 진 후 천자를 향해 황제가 쓰던 붓을 던졌다고 해서 어필봉이라는 이름이 붙었다고 한다. 어필봉은 무릉원의 수많은 봉우리 중에서도 걸출한 대표로 꼽힌다.

천자산에서 버스로 30여분간 버스를 타면 원가계(袁家界)가 나온다. 아직은 도로포장이 잘 되어 있지 않지만 중국인들의 관광산업에 대한 투자가 빠르게 진행됨으로 곧 포장도로가 뚫릴 것이다.

원가계는 한바퀴 도는데 1시간 이상 걸리는데, 약 3km 이상 되어 보인다. 천자산에서는 높은 봉우리를 멀리서 바라보는데, 원가계는 봉우리들을 가까이서 바라볼 수 있는 곳이다.

천하제일교이란 바위는 높다란 절벽에 위에만 닿아 있어 커다란 다리 같다. 양쪽이 이어졌는데, 그 위로 걸어 갈 수 있고, 또

한 자기의 소원을 열쇠에 채워 두면 뜻이 이루어진다고 하여, 수많은 열쇠들이 채워 있다. 마치 항주의 천도호에 있는 열쇠를 묶어 놓은 것과 같았다.

원가계를 다 돌고 323m의 엘리베이터를 이용하여 하산할 수 있다. 바로 도착한 곳이 수요사문이다.

걸어가는 계곡 금편계곡(金鞭溪谷)

금편계곡 가는 길은 소풍 가는 어린아이처럼 마냥 발걸음이 가벼워지는 곳이다. 금편계곡은 도보로 약 2시간, 8km 정도의 산책코스라 할 수 있다. 온갖 형상의 거대한 암석들과 깊은 계곡마다 깔린 안개, 유리알처럼 맑고 차가운 물, 세상 온갖 더러움을 씻어버릴 듯이 신선한 공기가 그 신비스러움을 더한다.

금편계곡에서 빼놓을 수 없는 풍물은 가마다. 2인1조의 가마꾼이 의자처럼 생긴 1인용 가마를 메는 것인데 몸이 불편할 때나 탈 것이지 가마를 타는 일은 마음이 영 불편하다. 작은 몸집으로 이리저리 가마를 들고 걸어가는 모습이 고단한 그들의 삶을 엿보는 것 같아 좌불안석이었다.

금편계곡은 계곡 입구에 금편암과 취라한이라는 두 개의 바위봉이 우뚝 솟아 있어 선경이라고도 하고 지옥의 입구라고도 한다. 그에 비해서 가장 안쪽에 있는 자초담까지 가는 길은 평탄하고 잘 정비되어 있다.

장가계를 가장 여유 있게 산책하기에 좋은 코스다. 마지막 걸어서 도착하는 곳이 수요사문이다. 수요사문은 원가계나 금편계곡, 십리화랑으로 갈 수 있는 곳이다.

장가계는 한나라시대 장량(張良)이 이곳으로 도망 와 살았다 하여 장가계라 한다. 그리고 수요사문에 장량의 묘라는 푯말이 있지만, 묘는 없다.

수요사문은 금편계곡과 원가계로 가는 곳이다. 그곳에서만 있어도 장가계를 다 보는 것과 같다. 주위를 쳐다보면 둥그렇게 되어 있어 사방이 산으로 막혀있다.

장량의 사당은 섬서성 한중(漢中)에 있다. 한중에는 제갈공명의 사당인 무후사가 있다. 무후사는 성도에도 있으며, 우리나라 곡성군에도 있다.

십리화랑은 길이가 약 5km쯤 되는 협곡이다. 협곡의 양쪽으로 수풀이 무성하게 자라고 있고, 기이한 봉우리와 암석이 각양각색의 형상을 띠고 있어 마치 한 폭의 산수화를 보는 듯 하다. 십리화랑은 꼬마열차를 타고 구경 할 수 있다.

십리화랑이란 말은 십리(十里)가 화랑(畵廊)과 같다는 말이다. 십리를 걸어가는데, 마치 화랑에서 그림을 감상하는 것과 같았다. 왼쪽으로만 많이 아름다운 풍경이 펼쳐 있기 때문에 꼬마열차를 타고 가면서 왼쪽만 바라보면 된다.

십리화랑에서 가장 기이한 것은 약초 캐는 노인과 세자매봉이다. 삭계욕 자연보호구 남부엔 보기 드문 높은 협곡과 평평한 호수가 있다.

보봉호라고 불리는 호수의 길이가 2.5km로 호수 중앙에는 녹색의 섬이 있다. 아름다운 호수와 그윽한 주위 환경이 어울려 무릉원의 수경중의 대표작으로 손꼽힌다.

좁은 협곡을 막아 높이 100m의 호수를 만들었는데 호수 위에 배 한 척에 토가족 남녀가 토가족 노래를 불러주고 있다.

황룡동굴은 이름 없는 촌부가 발견한 것으로 언뜻 보기엔 흔히 볼 수 있는 돌산에 불과하지만 작은 입구를 지나쳐 들어가면 널따란 동굴의 진가가 드러난다.

밖의 기온에 관계없이 동굴 안은 10도를 나타낸다. 황룡동굴도 심양의 본계수동이나, 계림의 관암동굴처럼 배를 타고 다니지만, 신비스러움은 관암동굴이나 본계수동에 미치지 못하다.

수직높이가 120m에 달하는 황룡동굴은 지하도시를 연상케 한다. 수만은 종유석과 석순 등은 헤아릴 수 없는 환상적 풍경이다.

황룡동굴은 모두 4층으로 되어 있다. 신기하게도 동굴 안에 풀이 자라고 있는 것을 볼 수 있다. 이것은 누구가 심은 것이 아니라, 동굴 안으로 날아 들어온 풀씨 들이 잠들어 있다가 전기 불에 의해 싹이 튼 것이다. 참으로 경이로운 일이다.

황룡동굴 가는 길에 '와와'라는 물고기를 볼 수 있다. 보봉호수에 자란다는 이 물고기는 짐승 같기도 하고, 어린이 같기도 하다.

울 때는 어린 아이처럼 와와라고 울기 때문에 와와라고 한다. 발이 어린아이의 손가락처럼 되어 있는데 신기할 따름이다. 와와를 보는데 중국돈 1원이다.

토가족(土家族) 민속촌

장가계시 인구의 60%는 토가족이다. 장가계의 면적은 자그마치 우리나라 도와 같은 크기다. 토가족 민속촌에 들어가면 귀엽게 생긴 아가씨들이 환영의 노래를 불러준다.

토가족은 노래하고 춤추는 것을 아주 즐긴다. 전통가옥은 보통 3~4층으로 높게 짓는데 습기와 산짐승들로부터 보호하기 위해서이다.

토가족 여인네들은 뛰어난 손 솜씨를 가지고 있어 어디를 가나 햇볕 아래에 다소곳이 앉아 뜨개질하는 여인들을 쉽게 찾아볼 수 있다.

그 곳에서도 우리나라 옛 여인들처럼 직접 물레를 돌려 여인들이 실을 만들어 베를 짠다. 그들이 손수 짠 옷 가방 그림 등을 판매하는데 그 섬세함에 혀를 내두를 정도이다.

토가족 여인들의 삶은 옛부터 울음과 밀접한 관계가 있다고 한다. 시집갈 때 우는 모습이나 소리를 듣고 잘 울면 대접을 크게 받고 그렇지 않으면 매운 시집살이를 면키 어려웠다고 한다. 그래서 이들은 딸이 태어나면 어렸을 때부터 우는 연습을 시킨다고 한다.

토가족 처녀들이 나와 돈을 받고 노래를 부른다. 가장 슬픈 노래는 진시황 때 만리장성을 쌓기 위해 징용간 남편을 그리워하는 맹강녀의 노래이다. 12절로 되어 있는데, 우리 돈 만원을 주면 눈물을 흘리면서 감동적으로 부른다.

어둠이 깔린 민속촌은 흥겨움으로 그 얼굴을 바꾼다. 여기저기서 경쾌한 민속음악이 흘러나오고 관광객들과 토가족 주민들이 리듬에 맞춰 발을 맞춘다. 건물마다 밝힌 조명등으로 축제분위기는 무르익고 처마 밑에 달린 홍등은 축제의 분위기를 연출한다.

민속촌에서는 토가족 전통음식을 맛볼 수 있는 레스토랑도 있다. 전통 요리로는 비둘기, 꿩, 토끼 등 야생동물 요리가 주를 이루며 날씨가 따뜻한 곳이라 훈제요리도 즐긴다. 맛은 짜고 맵고 독특한 향료를 많이 사용한다.

토가족은 남녀를 가릴 것 없이 엄청난 주량을 자랑하는데 술 도수는 50도 정도로 손님에게 3잔 정도를 연속해서 권하는 것이 예의다. 그런 독주를 연거푸 입에 털어 넣는 것에 기가 질릴 정도다.

이외에도 가볼 만 한 곳이 많다. 황석채, 황사채, 양가계, 모암하 등 볼 수 있다. 장가계는 마치 코리아타운과 같다. 길거리에 한글이 많이 보인다.

한국인들이 제일 먼저 들어갔다. 아직 일본인이나, 서양인들은 거의 찾아오는 사람이 없다. 그래서 한국돈이 가장 잘 유통되는 곳이기도 하다.

강남을 일으키는 남창(南昌: 난창)

남창에 처음으로 간 것은 다른 지역보다 관광지가 부족하기 자주 가지 못한다.홍교공항에서 비행기를 탔는데, 박광보라는 분이 나를 보고 깜짝 놀랐다.

자기가 남창에서 살고 있는데, 일본사람들은 보이는데, 한국사람들이 보이지 않았는데, 오늘 만나니 반갑다는 말을 하였다. 남창에서 음악학원을 운영한다고 하였다고 한다.

그가 남창시 간부들이 만나고 싶다고 하였지만, 일정이 바빠서 만나지 못했다. 남창은 인구 500만명이 넘으며, 봄에는 매우(梅雨)가 내리고 여름은 중경, 남경, 무한과 더불어 화로라는 명칭이 붙는 곳이다. 또한 남창은 1927년 8월 1일 새벽 2시에 남창봉기로 유명한 곳이다.

남창에 유명한 등왕각(滕王閣)이 있다. 무한의 황학루, 악양의 악양루와 더불어 중국 3대 누각이다. 등왕각이란 말을 들은 지 40년이 넘었는데, 오늘에야 비로소 오르니 설레이는 마음이었다. 다른 누각처럼 당, 송, 원, 명, 청대의 누각이 그려져 있다.

등왕각은 653년 당태종의 동생인 등왕 이원영이 홍주(남창) 도독으로 있으면서 세운 누각이다. 675년 당나라 시인 왕발(王勃)이 27세에 등왕각이라는 시를 지어 더욱 유명해지게 되었다.

> 등왕의 높은 누각은 강가에 임했으나, 기생들의 노랫소리는 이미 끝이 났네. 채색한 아름다운 건물은 아침에 남포의 구름 속으로 날아가고, 주렴은 해질녁에 걷히었네.

한가로운 구름은 연못에 비치고 해는 유유하며, 세상 만물이 바뀐 지 몇 해이던가. 누각 속에 있던 등왕은 지금 어디에 있는가, 난간 밖에는 긴 강물만 유유히 흐르네.

등왕고각임강저(滕王高閣臨江渚)
패옥명란파가무(佩玉明鑾罷歌舞)
화동조비남포운(畵棟朝飛南浦雲)
주렴모권서산우(珠簾暮卷西山雨)…

등왕각에 모택동이 왔다갔으며, 바로 이 등왕각시를 써 놓은 것을 전시하고 있다. 현재 엘리베이터를 이용하여 6층까지 올라갈 수 있으며, 이곳에서 아래에 흐르는 감강(贛江)을 바라볼 수 있어 옛날 왕발의 시에 젖기도 한다. 강서성을 가리키는 감(贛)은 바로 여기에서 따온 글자로, 이 강은 중국 제일의 호수 파양호로 들어가 다시 양자강으로 흐른다.

알맞은 봄 의춘(宜春: 이춘)

길림성의 장춘(長春)은 봄이 길지 않고 겨울이 길며, 봄은 순식간에 가버리지만, 의춘은 글자 그대로 알맞은 봄인 것 같다. 의춘에 조현도 목사가 살고 있는 곳이다.

그는 길림성 출신으로 북한 출신의 부인과 사이에 딸이 있다. 한국에서 신학 공부를 하고 선교활동과 한국어교육을 시키고 있어 조목사를 만나러 갔다. 그는 한국 노래도 잘 불며 한국어를 유창하게 잘한다.

의춘 출신으로 현재 부주석인 증경홍(曾慶紅)이 있으며, 미국의 핵물리학자 전삼강(錢三强)의 스승인 오유훈(吳有訓)의 고향이라고 한다. 오유훈의 석상이 시내 원산공원에 최근에 만들어졌지만 잘 꾸며져 있었다.

세계 제2의 온천도시로 이름이 나 있다. 물이 무려 78도로 시내에 온천물이 나와 그곳에서 발을 담그고 있는 사람들이 많았다. 온천수는 목욕도 하며, 마실 수도 있고, 집집마다 물이 공급되어 난방도 한다. 의춘 시내에 흐르는 강은 수강(秀江)으로 야경이 아름답다.

인구는 500만명이 넘으며 면적은 우리나라 도(道)보다 더 크다. 수강 바로 옆에 송강원(松江園)이란 공원 내에 자연박물관이 잘 만들어져 있었으며, 구경을 하고 나오니 방명을 하라고 하여 글을 남겼다.

저녁식사에 임도영 부서기의 초청을 받았는데, 의춘 출신 중에 등자룡(鄧子龍) 장군이 임진왜란 때 조선을 도와 전사했으며, 그의 동상이 있다고 한다.

등자룡장군은 임진왜란 때 진린장군과 함께 나이 70세에 임진왜란 전투에 참여하여 이순신장군과 노량해전에서 전사하였다. 진린장군이 제독, 등자룡장군이 부제독으로, 전사하자 선조가 특별히 시신을 잘묘셔 중국에 까지 보냈다고 한다.

의춘시는 남창과 멀리 떨어져 있지만, 등자룡장군의 고향의 현급시인 풍성시에 있으며, 커다란 동상이 있다.

시내에서 멀지 않은 곳에 명월산(明月山)에 올라갔으나 안개로 인하여 볼 수 없었지만, 케이블카를 이용하여 30분 동안 올라가야 볼 수 있다고 한다. 주변에 사진으로 걸어 놓은 것을 보면 아름다웠다.

여산(廬山)의 眞面目은 보기 어렵다

남창에서 약 100km 떨어진 구강(九江)시에 있는 여산은 이백이나 소동파의 시로 유명하다. 마침 올라간 날이 비가 오고 안개가 자욱하여 여산의 진면목을 볼 수 없었다.

여산의 미려(美廬)별장은 장개석과 모택동이 기간을 달리하였지만 두명이 사용한 곳으로 유명하이다. 1937년 6월 4일과 7월 14일 주은래가 여산에서 국공합작(國共合作)을 한 곳으로 유명한 한 곳이며, 특히 장개석의 부인 송미령의 유물이 많이 남아 전시되

중국인이 가장 많이 찾는 여산 폭포

어 있다.

모택동의 사진에 선인동(仙人洞)에서 나오는 사진이 걸려 있다. 선인동은 신선들이 사는 곳으로 지금도 도복을 입은 도사 두명이 점을 치고 있었다.

여금호(如琴湖)란 조그만 호수는 바이올린과 같은 호수라 하여 그렇게 부르는데, 바로 옆에 꽃길이란 화경(花徑)이 있다. 이곳 백락천초당에 대림사 도화란 시가 적혀 있다.

특히 이백의 망여산폭포에 나오는 비류직하삼천척(飛流直下三千尺)은 떨어지는 폭포 길이가 삼천 척이나 된다, 소동파의 서림사 벽시에 불식여산진면목(不識廬山眞面目)는 여산의 진면목을 알 수 없구나, 구절이 유명하다.

여산 풍경관리국 이아동부서기의 초대를 받아 식사를 하면서 이백의 시와 소동파의 시를 읊으면서 여산 진면목을 볼 수 없어 정말 아쉽다고 말하자, 얼마 후에만 오면 반드시 보여 주겠다는 말을 하였다. 여산은 중국인들이 가장 많이 찾는 곳으로 유명하다.

중국 속의 중국 정주(鄭州: 쩡저우)

우리가 흔히 말하는 중원(中原)은 하남성을 말한다. 중국 속의 중국에 잘 오셨다는 하남성 이극 상무부성장의 말과 마찬가지로 하남성은 중국 속의 중국이다. 우리나라에서 하남성으로 가는 국제선이 없기 때문에 중요한 관광지가 많이 있지만, 한국인들이 많이 가지 않는다.

중국 어느 곳이나 마찬가지로 성도에 들어서면 놀라울 정도로 도시를 건설하고 있다. 이곳 정주에도 새로 지은 컨벤션센터를 보면 주변에 특급호텔이 즐비한 것을 보면 알 수 있다.

정주시에 하남성 박물관과 소림사가 있다. 박물관은 대만 고궁 박물관과 흡사할 정도로 잘 만들어져 있다. 소림사는 중국무술의 본산이며, 우리에게 너무나 많이 알려진 곳으로 유명하다.

마침 우리가 방문했을 때 석영신(釋永信) 방장 스님을 만났는데, 요즈음 한국인들이 많이 찾아오고 있다고 한다. 소림사는 생각보다 그리 크지는 않지만 워낙 무술로 알려진 곳이라, 세계 곳곳에서 찾아오고 있다.

소림사 주변에 탑림(塔林)은 스님들의 사리가 보관된 곳으로 유명하며, 무술을 관람할 수 있는 무술관에서 소림사 전통 무술을 볼 수 있다. 약 20여분간 관람할 수 있는 코스가 있는데, 관광국장이 내가 왔다고 말하자 30분간 공연을 해준 것을 보았다. 우리 같으면 어림도 없는 일이다.

소림사 바로 옆에 중국 오악(五嶽)의 하나인 중악 숭산(嵩山)이 있다. 밑에서 보기만 해도 아름답게 보이는 산이다. 숭산이 태실산과 소실산으로 구분되어 있는데, 소실산 바로 옆에 있어 소(少), 수풀 속에 있어 림(林)을 붙여 소림사라 했다고 한다. 소림사 무술은 세계 곳곳에서 공연을 하고 있다.

우리에게 많이 알려진 쿵후가 바로 이것이다. 그러나 지금은 쿵후라 하지 않고 무술의 중국 발음인 '우슈'로 통일되어 있다. 전국체전이나 아시안게임에 정식종목이 되었으나, 아직 올림픽에는 정식 종목으로 들어 있지 않다.

한국민요에 등장하는 낙양(洛陽: 뤄양)

정주에서 낙양으로 가는 길에 두보와 범중엄의 묘가 있다. 두보는 고향이 공의시 출신이다. 호남성 주주시에 무덤이 있는데 이곳에도 있다. 그리고 소주 출신이며, 산동성에서 성장하고 청백리의 한 사람인 범중엄의 묘가 고속도로 주변에 있는 것을 보았다.

두보와 범중엄은 악양루와 인연이 있다. 두보는 악양루에서 '등악양루'라는 시를 지어 유명하며, 범중엄은 '악양루기'로 유명하다.

낙양에 도착하여 위립봉국장과 점심을 하면서, "한국에는 살아서 낙양의 노래를 부르고 죽어서 낙양에 온다"고 말하자 의아해 했다. 그래서 못 부른 노래를 불렀다.

"낙양성 십리하에 높고 낮은 저 무덤은 영웅호걸이 몇몇이냐, 절세가인이 그 누구냐, 우리네 인생 한번 가면 저기 저모양 될터이니 에라 만수, 에라 대신이야" 성주풀이를 한곡 하였다.

낙양에 십리하(허)가 있는가를 물어보자 십리하(十里河)는 없지만 십리포(十里浦)는 있다고 한다. 정주시에 칠리하(七里河)가 있는 것을 보면 옛날에 십리하가 있었을 것이다. 그러나 성주풀이에 십리허로 말하기 때문에 어느 것이 맞는 지는 모르겠다.

용문석굴은 너무나 유명한 곳이다. 성도의 낙산대불과 비슷하면서 다르고, 우리나라 경주의 석굴암과 비슷하다고 말할 수 있다. 큰 것 작은 것 합하여 수만개가 넘는다. 들어가는 입구에 용문(龍門)이란 상해 초대시장을 했던 진의의 글씨가 보인다. 강물은 아름답게 잘 정돈되어 보이고, 바로 건너편 산에 백락천이 비파행을 연주했다는 곳도 있다.

드문드문 흩어져 있는 옛 무덤들은 천년고도 낙양임을 상기시켜 준다. 2005년 10월 낙양에서 연개소문과 그의 후손들의 무덤이 발견됐다. 중국 길림성 사회과학원에서 발간한 동북사지에 '연개소문과 그 직계 후손들의 무덤이 낙양에서 발견됐다'는 내용의 논문이 실렸다.

낙양은 BC 21세기경 하왕조가 도읍을 정한 이후 상·서주·동주·후한·조위·서진·북위·수·당·후량·후당·후진까지 13개 왕조 1300여 년간 정도(正都) 혹은 부도(副都)로 중국의 정치·문화의 중심지였다.

흔히 사람이 죽는 것을 「북망산 간다」고 하는데, 북망산(北邙山)은 낙양 북쪽에 있는 망산(邙山)을 가리킨다. 낙양에서는 고구려나 백제 유민들의 무덤이 다수 발견되었다. 현재까지 묘지명(墓誌銘)을 통해 확인된 인물은 백제 의자왕의 아들 융, 고구려 연개소문의 장남인 천남생, 남생의 아들 헌성, 헌성의 손자 천비, 남생의 동생 남산, 흑치상지- 흑치준 부자 등을 비롯해 보장왕의 손자 고진, 고구려 귀족 고자 등이다.

융은 660년 백제가 멸망하자 당으로 끌려갔다. 이때 당으로 끌려간 백제인들은 고위층 인사 88명 등 1만 2천명이었다. 이후 그는 당의 벼슬을 받고 귀국해 백제부흥운동군을 이끌던 동생 풍과 대결했다.

663년 왜의 지원을 받는 부흥군이 패퇴한 후, 항복한 흑치상지와 함께 입당했다. 665년에 당의 웅진도독·백제국왕으로 다시 입국해 문무왕과 회맹(會盟)을 가졌다. 신라가 백제 고토에 소부리주를 설치해 백제 고토의 지배권이 신라에게 돌아가자 당으로 돌아가 명목상의 백제도독으로 생을 마감했다.

당으로 끌려간 고구려·백제 귀족들은 낙양의 일정한 장소에 거주했고, 또 죽으면 지정된 장소에 묻혔던 것이다. 낙양시 동쪽 지역인 회맹진(會盟津) 외하촌(雷河村) 일대가 고구려·백제인 묘역일 가능성이 크다고 한다.

대개의 묘지명에 빈해지동(濱海之東), 해동(海東) 등의 표현이 나타나는 것으로 보아 낙양시의 동쪽인 회맹진과 언사시 일대가 이들 고구려·백제인에게는 적절한 지역이 될 것이며, 의자왕이 묻힌 곳도 이 일대라고 추정된다.

우공이산(愚公移山)의 고장 제원(濟源)

낙양을 조금 지나면 황하의 삼협댐이라는 소랑저(小浪底)가 나온다. 이곳 황하는 맑다. 약간 누렀지만, 물을 저장하여 두면 황토가 가라앉은 관계로 맑은데, 얼마동안 물을 방류했다가 막는데, 마침 갈 때, 물을 방류하는 과정을 보았는데, 양자강의 삼협댐과 같았다.

제원시는 제수(濟水)의 발원지이다. 이 강물이 흘러 산동성 제남까지 흐른다. 이 도시는 산 속의 도시라고 보아야 할 정도로 중국에서 가장 조용하고 깨끗한 도시이다. 설흥국 상무부시장과 저녁을 먹으면서 말하기를 인류가 살기 가장 좋은 도시라고 말한 것을 보면 알 수 있었다.

이 도시는 농구의 도시이기도 하다. 마침 간 날 대만과 중국의 대표팀이 경기를 하였는데 중국이 이겼다. 전에 한국팀이 와서 경기도 했다는데, 체육관도 잘 지어졌으며, 특히 작은 도시에도 불구하고 호텔들도 많이 있었다.

중국의 민족정신을 우공이산이라 부른다. 바로 이곳의 왕옥산을 우공이 옮겼다는 전설이 있는 곳이다. 모택동이 쓴 우공이산이란 휘호가 있는 것을 보면 전설이 분명 이곳에서 나온 것은 사실인 것 같다.

장가계와 맞먹는 운대산과 오룡구

이곳에도 장가계와 맞먹는 태행산맥에 운대산과 오룡구가 있다. 오룡구는 제원시에 있고, 운대산은 초작시에 속해 있지만 그리 멀지 않다.

오룡구 입구에 들어서면 폭포수 물줄기가 떨어지는 것으로 보이는데, 도착해보면 엘리베이터가 158m 높이로 되어 있어 그렇게 보였다. 그리고 엘리베이터 입구까지 가는데, 약 200m 경사를 홍콩의 삭도 같은 것을 타고 올라가야 올라갈 수 있다.

너무나 아름다운 산에 감동하였지만, 글로 적을 수 없는 것이 한스러울 뿐이다. 이곳에 원숭이가 3천마리나 살고 있고, 깊숙이 들어가면 원숭이학교에서 공연하는 것을 볼 수 있다.

운대산 입구는 중국에서 관광지 입구에 가장 잘 만들었다고

죽림칠현이 살았던 운대산

해도 과언이 아니다. 이곳은 죽림칠현(竹林七賢)이 살았던 곳이고, 시인 왕유(王維)가 산동성에 있는 동생들을 그리워하여 지은 시가 유명하다.

홀로 타향 땅에 나그네 되었으니, 매년 명절이 되면 부모형제가 곱절로 생각난다(獨在異鄕爲異客, 每逢佳節倍思親).

이곳에서 가장 아름다운 곳은 홍석협으로 68m 깊이에 물이 흐르다 없어진다. 폭은 약 5m도 안된 곳도 있으며, 옛날에 바다였다는 증명인 파흔석(波痕石)이 있다. 파흔석은 옛날에 파도가 친 흔적이 있는 돌 기념비가 세워져 있다.

이곳은 대만의 화련과 같은 곳이라 생각하면 된다. 이곳에도 물고기가 살고 있다. 아마도 조금 위에 저수지를 만들어져서 있는 것 같다. 물고기 이름을 물어보기에 돌 속에서 살고 있으니 석어(石魚)라 이름까지 지었다.

아름다운 황룡폭포가 떨어지는데, 주변에 무수한 물줄기는 벨기에의 오줌싸게 동상에서 꼬마 어린이처럼 수천명의 어린이가 오줌싸고 있는 모습과 같았다.

수유봉이란 곳에 아래를 내려다 볼 수 있는데, 이곳에서 내려다 보면 환상적이라 말할 수 있다. 밑에서부터 올라갈 수 있는데, 굴의 길이만 4km로 20여개나 된다.

그러니 구불구불 간다는 것을 생각해보면 알 수 있는데, 1977년부터 1987년에 걸쳐 만든 곳이다. 운대산 관리국 이걸 부국장이 나에게 왕유의 시 한폭을 써 준 것을 보면 대단한 서예가였다.

포청천의 도시 개봉(開封: 카이펑)

얼마 전에 우리나라에 포청천의 드라마는 우리의 드라마 대장금이 중국에서 인기 있는 것과 마찬가지였다. 개봉은 정주시로 옮기기 전 하남성의 성도였다.

중국의 쇼핑센터에 팔고 있는 송나라시대 장택단의 청명상하도(清明上河圖)가 유명하다. 이 그림을 본 따 청명상하원이 있으며, 절강성 횡점에도 영화촬영을 하기 위해 청명상하원이 있다.

중국 제일의 철탑인 천하제일탑은 유리전탑으로 55.6m이다. 중국의 탑은 벽돌로 만든 전탑이라 아름답지 않지만 이것만은 정말 아름답다.

40만년 전에 개봉에서 코끼리가 발견되었다고 한다. 그래서 하남성을 나타내거나 차량번호 앞에 예(豫)자를 붙인다. 시내 중심에 포청천의 포공사와 포공호수가 있다.

호텔에서 개봉시 마복국장과 저녁을 먹으면서 포공호를 바라보는 경치는 정말 아름다웠다. 모든 경치란 낮에 보는 것보다 밤에 보는 것이 더 아름다운 것은 사실이다.

▌강원구

행정학박사
한중문화교류회장
전국시도관광협회 연합회장
광주광역시 관광협회장
광주 상아탑학원장
동신대학교 초빙교수
중국 심양시 명예시민
한국공항공사 명예 홍보대사
전 광주권발전연구소장
전 조선대, 호남대, 목포대 출강

홈페이지: http://www.hanjoong.pe.kr
이메일: kwg8800@hanmail.net, ihanjoong@hanmail.net

강원구 박사의 중국문화 탐방

2006년 10월 1일 —— 인쇄
2006년 10월 5일 —— 발행

저 자 —— 강원구
발 행 —— 강정채
발행처 —— 전남대학교출판부

등록 1981. 5. 21. 제53호
500 - 757 광주광역시 북구 용봉동 300
TEL. (062) 530 - 0571 ~ 3
FAX. (062) 530 - 0579
http://altair.chonnam.ac.kr/~cnup

값 12,000원

ISBN 89 - 7598 - 568 - 7 (03810)

이 도서의 국립중앙도서관 출판시도서목록(CIP)은 e-CIP홈페이지(http://www.nl.go.kr/cip.php)에서 이용하실 수 있습니다.(CIP제어번호: CIP2006002030)